国家社科基金重大招标项目多卷本《西方城市史》（17ZDA229）阶段性成果

国家出版基金项目
NATIONAL PUBLICATION FOUNDATION

城市思考者 关键40人

KEY THINKERS ON CITIES

［英］里甘·科克（Regan Koch）

［英］艾伦·莱瑟姆（Alan Latham）

主编　李文硕　译

上海三联书店

FOREWORD | 总

序

第二次世界大战后,科技革命引起了整个社会从生产方式到生活方式乃至思维方式等各个层面的深刻变革,而战后经济复苏又推动了西方世界城市化进程进一步向纵深发展,城市学随之兴起并走向繁荣。之所以如此,原因正如法国《年鉴》杂志 1970 年《历史学与城市化》专号里所说,"近年来城市的发展让所有的人文科学都行动了起来,这不仅仅是为了设计城市开发方案,构思城市特殊病理之救治药方,还为了在更深层次上有意识地、科学地探究看上去对我们社会至关紧要的物和事"。

在这种"普罗米修斯式"的大合唱中,历史学当然不能缺位。20 世纪 60年代,美国和英国先后召开两次城市史会议,会后出版的两本会议论文集《历史学家与城市》和《城市史研究》为现代城市史研究奠定了重要基础。也是在这一时期,美国爆发了城市发展危机,随后兴起的"新城市史"力图从社会的维度廓清城市化进程带来的变革与挑战。一批年轻的史学家聚集在史蒂芬·瑟恩斯托姆周围,采用计量方法研究城市的社会流动、少数群体政治、市中心贫民窟,以及工作与休闲之间严峻对立等问题。与此同时,以马克思主义理论为指导的"新马克思主义城市学"也开始应运而生,其代表人物主要有亨利·勒费弗尔、大卫·哈维、曼纽埃尔·卡斯特尔等。他们主张在资本主义生产方式理论框架下去考察城市问题,着重分析资本主义城市空间生产和集体消费,以及与此相关的城市社会阶级斗争和社会运动。

总的说来,西方城市史学的发展基本上与各个国家或地区的城市发展历程相适应。作为一门基础学科,历史学之于城市发展的功用不容轻忽。首先在现实层面,城市发展规划和城市问题的解决,能够通过反思城市发展的历史找到合理的方案或正确的办法。就宏观的城市化进程而言,西方发达国家业已经历的城市化历史，能够为尚处于城市化初级阶段或高速发展阶段的国家和地区提供有益的经验或教训；就微观的城市建设而言，一个城市在发展历史上表现出的特性能够为该城市的特色发展提供有益的指导，某一城市的发展历程也能为其他城市的多样化发展提供有益的借鉴。其次在精神层面，了解城市的历史能够帮助我们更好地理解和适应一个城市。不同的城市在风俗、观念、饮食、语言乃至建筑风格方面都会有差异，其原因只有回溯这个城市的历史才能发现；生活在城市里的人们需要了解他们所生活的城市的历史，唯有如此，他们才能与城市更好地融为一体，在感知城市过去的心理历程中展望城市的未来。

当下之中国，城市化进程正如火如荼地进行着，传统农村社会正向城市社会急剧转型，这对城市的快速、健康发展提出了挑战，也对国内学界的城市研究提出了要求。在此背景下，国内城市史研究逐步兴起，并呈蓬勃发展之势。有鉴于此，我们不揣浅陋，怀"他山之石，可以攻玉"之初衷，策划译介一批西方学界城市史研究方面的代表性作品，希图在增益国人有关城市知识的同时，能在理论模式建构、研究方法综合和研究面向选择等各个方面为国内学界的城市学研究提供些许借鉴或启迪。

陈恒、洪庆明

2017 年 5 月 25 日

致 谢

我们在此对各章作者表示真诚的谢意,正是他们极大的努力和耐心才保证本书得以顺利完成,希望他们像我们一样为眼前的这本书感到欣慰。在此,我们也感谢罗伯特·罗杰克(Robert Rojek)、马修·奥德菲尔德(Matthew Oldfield)和 SAGE 集团产品部门的所有工作者,他们使本书从想法变为现实;当然也不会忘记本书的审稿人,在他们的帮助下,我们最终精选出了您将看到的 40 位关键之人。

感谢我们在伦敦玛丽女王大学和伦敦大学学院的同仁和学生,他们的激励与支持让我们对城市的理解不断深入。在此要特别感谢的是城市、空间与权力专业的学生们,他们读过某些词条的草稿;安娜·普莱乌什特娃(Anna Plyushteva)、杰克·莱顿(Jack Layton)、迈克尔·纳特拉斯(Michael Nattrass)和萨姆·迈尔斯(Sam Miles)则对序言部分提出了敏锐的建议。

在此,里甘感谢家人和朋友一直以来的支持。

在此,艾伦感谢丽塔(Rita)、托马斯(Thomas)和路易莎(Luisa),感谢你们的耐心与爱意。

CONTENTS 目录

导言：如何思考城市 ………………………………………… 1

加内特·阿布-卢哈德(Janet Abu-Lughod)

约瑟夫·希斯考特(Joseph Heathcott) …………………… 13

阿什·阿明(Ash Amin)

叶俊佳(Junjia Ye) ……………………………………… 21

伊莱贾·安德森(Elijah Anderson)

迈克尔·德兰(Michael DeLand) ………………………… 29

迈克尔·巴蒂(Michael Batty)

海伦·库克蕾丝(Helen Couclelis) ……………………… 36

布赖恩 J. L. 贝利(Brian J. L. Berry)

埃尔文·怀利(Elvin Wyly) ……………………………… 43

M. 克里斯蒂娜·博耶(M. Christine Boyer)

奥古斯丁·科科拉-甘特(Agustin Cocola-Gant) ……… 51

尼尔·布雷纳(Neil Brenner)

陶里·图夫科尼(Tauri Tuvikene) ……………………… 57

特蕾莎·卡德丽亚(Teresa Caldeira)

索尼娅·罗伊特曼(Sonia Roitman) ……………………… 64

曼纽尔·卡斯特(Manuel Castells)

菲尔·哈伯德(Phil Hubbard) …………………………… 71

贾森·科伯恩(Jason Corburn)

安德鲁·巴菲尔德(Andrew Barnfield) ………………… 78

迈克·戴维斯（Mike Davis）

梅拉妮·隆巴德（Melanie Lombard）·······························85

傅以斌（Bent Flyvbjerg）

马蒂吉·杜尼维尔德、克里斯托弗·范·阿斯奇、拉乌尔·伯恩
（Martijn Duineveld，Kristof Van Assche and Raoul Beunen）··········93

马修·甘迪（Matthew Gandy）

安德鲁·卡夫嫩（Andrew Karvonen）·····························100

内斯特·加西亚·坎克里尼（Nestor Garcia Canclini）

安杰拉·吉利阿（Angela Giglia）·······························108

简·吉尔（Jan Gehl）

安妮·马坦（Annie Matan）·····································115

爱德华·L. 格莱泽（Edward L. Glaeser）

于尔根·艾斯莱比克勒（Jurgen Essletzbichler）···················122

斯蒂芬·格拉汉姆（Stephen Graham）

库尔特·艾夫森（Kurt Iveson）·································129

大卫·哈维（David Harvey）

路易斯·莫雷诺（Louis Moreno）·······························136

多洛伊斯·海登（Dolores Hayden）

莱斯利·克恩（Leslie Kern）····································143

简·雅各布斯（Jane Jacobs）

奥莉·莫尔德（Oli Mould）·····································150

珍妮·M. 雅各布斯（Jane M. Jacobs）

瑞恩·森特纳（Ryan Centner）·································157

娜塔莉·杰罗米年科（Natalie Jeremijenko）

克莱门斯·德莱森（Clemens Driessen）···························164

雷·库尔汉斯（Rem Koolhaas）

戴维·庞兹尼（Davide Ponzini）·································171

亨利·列斐伏尔（Henri Lefebvre）

戴维·平德尔（David Pinder）··································178

凯文·林奇（Kevin Lynch）

昆廷·斯蒂文斯（Quentin Stevens）·····························186

威廉·J.米切尔（William J. Mitchell）

戴维·比尔（David Beer） ……………………………………… 193

哈维·莫洛特克（Harvey Molotch）

尤金·麦卡恩（Eugene McCann） ……………………………… 200

恩里克·佩纳罗萨（Enrique Penalosa）

胡安·巴勃罗·加维斯（Juan Pablo Galvis） ………………… 207

詹妮弗·罗宾森（Jennifer Robinson）

拉亚什里·N.里迪（Rajyashree N. Reddy） ………………… 213

安娜雅·罗伊（Ananya Roy）

汉娜·西尔布兰特（Hanna Hilbrandt） ……………………… 220

萨斯基亚·萨森（Saskia Sassen）

米歇尔·阿库托（Michele Acuto） …………………………… 226

理查德·桑内特（Richard Sennett）

艾伦·莱瑟姆（Alan Latham） ………………………………… 233

凯伦·塞托（Karen C. Seto）

麦琪尔·弗兰基亚斯（Michail Fragkias） …………………… 240

阿卜杜马利克·西蒙尼（AbdouMaliq Simone）

科林·麦克法兰（Colin McFarlane） ………………………… 247

尼尔·史密斯（Neil Smith）

汤姆·斯莱特（Tom Slater） …………………………………… 253

迈克尔·斯托普（Michael Storper）

艾伦·莱瑟姆（Alan Latham） ………………………………… 260

马里亚纳·瓦尔夫德（Mariana Valverde）

里甘·科克（Regan Koch） …………………………………… 268

卢克·华康德（Loic Wacquant）

汤姆·斯莱特（Tom Slater） …………………………………… 275

吴缚龙（Fulong Wu） viii

张一春（I-Chun Catherine Chang） ………………………… 282

莎伦·祖金（Sharon Zukin）

马克·杰恩（Mark Tayne） …………………………………… 289

索引 …………………………………………………………… 295

导言：如何思考城市

里甘·科克　艾伦·莱瑟姆

（Regan Koch　Alan Latham）

> 像其他种种活动一样，思考有自己的战略和策略。若要思考城市且　1
> 有所得，必先了解城市提出了怎样的问题，毕竟一种思路不能解决所有
> 困惑。

> 简·雅各布斯（Jane Jacobs）
> 《美国大城市的死与生》（1961 年版第 558 页）

一、导言

我们开始思考吧。城市被视作人类最伟大的成就之一，它们令人惊奇，是人类对自身基本需求所作出的集体性的回应。城市是创新中心，创造财富、提供机遇；城市是生产中心，那里有市场和工厂，有摩天大楼、购物中心和运动场馆，不管是汽车、面包机、家具、笔记本电脑等"硬件"，还是经验、趋势、合同、法规等"软件"，都源源不断地从城市中走出来；城市是"魔力"中心，变魔术般容纳并哺育了千百万人。城市中鱼龙混杂，人们求新求异、特立独行；城市孕育自由，人们标新立异、我行我素。因此，许多不和谐的因素也汇聚于此——城市可以制造贪婪和不平等，富者以剥夺贫弱来积累财富；城市可以藏污纳垢，臭气弥漫而污浊遍野；城市可以区隔社会，丑恶现象与人情冷漠挥之不去。精密复杂、谨小慎微的规划影响了城市生活的方方面面。想象一下，每天有数百万通勤者涌入城市又涌出城市，其管理何等精巧！城市上下水、房屋供暖和制冷、通信和网络系统，这些日用而不知的基础设施又是何其灵妙。城市服务体

系不限于此,还有一系列正式和非正式的协议、规定和机构来满足人之所需所欲,包括儿童教育、病弱扶助。毋庸讳言,城市有低效和失误的一面,也有不公正和不平等;但不得不说,城市内部的差异太多,而城市的责任太广。

2　　本书展现了思考城市和城市生活的不同思路,通过介绍当代城市研究领域的 40 位前沿学者,旨在为读者提供一系列理解城市的理论传统和方法路径。社会科学家形成了多种不同方法,以描述城市环境并将其概念化。经济学家的思路与社会学家不尽相同;人类学家、规划师和空间研究者眼中的"城市环境"并不一致;人文地理学家、艺术家、建筑师和城市设计师也各说各话。本书收录的 40 位思考者来自不同领域,毫无疑问属于跨学科的城市研究领域;而本书的目的正是为后者提供指南。对于非专业人员,本书是通向城市研究的阶梯;对于专业人士,本书足以启发他们以新的方式展开思考。

二、城市问题的种类

城市与城市环境莫不高度多样化。对于城市研究者而言,研究城市既要思考城市问题,又要思考城市属于哪一类问题。实际上,城市并非属于某一类问题,而是一系列问题的组合,而且这些问题各有其形成路径。本书侧重从六个方面加以探讨。

(一)经济(Economic)

经济就是问题的一类。如果说工业革命从 18 世纪的英格兰乡村开始,继而工业部门向曼彻斯特、格拉斯哥、利物浦和伯明翰等新兴城市集聚(布里吉斯,1965 年;克拉克,2000 年;哈维,1989 年);世界其他地区也与之类似。美国成为全球经济和工业霸权很大程度上也得益于美国向城市社会的转型,即以纽约、波士顿、芝加哥、底特律、克利夫兰、巴尔的摩和洛杉矶等城市为中心的社会。在日本,工业化同样依靠东京、大阪、横滨和名古屋等城市的发展(艾伦,1981 年;贝利,1973 年;格莱泽,2011 年;霍尔,1998 年;莫斯克,2001 年)。当代中国的崛起同样是农村社会快速城市化的结果,京沪广等先发展的城市经历了巨大增长,三四十年前规模不大的城市如深圳等也已成长起来(布雷纳和施密德,2014 年;卡斯特,2014 年;吴,2015 年;吴和高巴茨,2013 年)。这些现象引发了如下问题：为何如此之多的经济活动集中在城市地区？这些城市为何能够成为财富和权力中心？此外还有许多具体的问题。为何有些城市主导了国家和区域，而其他城市却没有？为何城市发展有快有慢？为何有些城市从曾经的增长中心变成贫困和萧条的渊薮？

3

（二）社会(Social)

经济集聚吹响了社会集聚的前奏曲。城市和城市环境有不同的人口规模，人口蔓延有之，难以统计者有之，高度密集者亦有之(Demographica 网站，2016 年；帕乔内，2001 年；世界银行，2015 年)。首尔的人口密度几乎是纽约市的 5 倍；菲尼克斯的人口密度只有孟买或香港的 1/13，仅为纽约的一半；摩纳哥只有区区 2 平方公里，而布宜诺斯艾利斯则超过 2500 平方公里。但无论大小疏密，城市莫不需要处理由人口集聚引起的一系列社会问题，包括如何满足住房、水和食品等人的基本需求，以及不同族裔群体和社会阶层如何在城市中共处，也包括如何照顾和教育儿童、如何扶助老弱、如何维持和控制社会秩序(盖尔，2010 年；海登，1980 年；贾维斯等编，2001 年；诺克斯和品钦，2010 年；托克斯，2013 年；祖金，1995 年)。因此，城市既是经济问题也是社会问题——有关社会秩序和组织的问题。既然没有单一的城市形态，社会问题也就没有唯一答案，不同城市社会为此提供了多种方案：有些社会形成了鲜明的隔离与不平等，有些则致力于构建平等和包容(阿布-卢哈德，1980 年；卡德丽亚，2000 年；埃斯皮诺，2015 年；霍尔，2013 年；林奇，1981 年；麦克劳伦和阿耶曼，2015 年；马西，2005 年；罗宾森，1996 年；史密斯，1996 年；华康德，2008 年)。

（三）制度(Institutional)

将城市理解成为经济和社会问题的集合也为我们打开了第三种思考路径，即城市也可以被视作制度。市场、交易所、学校、医院以及供电供水和下水系统并非自然生成的，背后有一整套制度来维持和协调。首先我们来看一下法律和法律体系，它们在日常生活中的组织和结构功能往往被人忽略，但在其基础上形成了城市的经济和社会生活，并已为我们想当然地接纳(金，2015 年；科克，2015 年；卢卡托-塞德里斯和艾伦托伊希特，2009 年；瓦尔夫德，2012 年)。当然制度也在城市生活中扮演显性角色，如规划体系和城市政府已经渗

透到了城市生活的方方面面（博耶，1994 年；卡德丽亚，2000 年；傅以斌，1998
年；霍尔斯顿，2008 年；莫洛特克，2014 年）。但从制度的角度出发来思考城
市，即城市不同要素间的交往方式，也启发我们关注那些不那么正式的制度性
安排（安德森，1999 年；加西亚·坎克里尼，2005 年；麦克法兰，2011 年；罗伊，
2003 年；桑内特，2012 年）。众所周知，所有城市都由复杂的联系网络来支持，
既包括亲属关系、宗教、族裔和职业，也包括友谊、邻里和共同爱好如体育和共
同节日所形成的联系（阿明和德里特，2002 年；德伯克和普里萨特，2004 年；菲
斯克，1982 年；斯莫尼，2004 年；威尔曼，1979 年）。但我们难以理解的是，为
何这些联系有时构成不同群体间的分裂敌对线，有时却是整合和凝聚的动力？
两种现象又是如何发生的呢？

（四）基础设施（Infrastructural）

下面就是又一种路径了，也就是基础设施的问题。城市从根本上来说是
共享和分配，这些共享和分配建立在公路和街道、电力网、大众交通系统、通信
网络、供水和废水处理等复杂基础设施之上并经由后者组织起来（甘迪，2014
年；格拉汉姆和马文，2001 年；休斯，1993 年；基奇和道奇，2011 年；麦克沙恩，
1994 年；OMA 等编，1995 年）。基础设施是一个社会的集体性功能得以发挥
的系统和网络，不一定要由公共机构提供，但却被公共使用。社会生活的方方
面面都不同程度地需要基础设施，但城市由于其庞大规模、人口集聚和多样性
却高度需要基础设施。城市始终需要发展社会—技术网络（Socio-Technical
Networks）以满足成千上万甚至上百万居民对水、住房、电力和供暖的需求。
东京和伦敦等大城市的基础设施足以满足每天数百万人来来往往。从基础设
施角度思考城市，也就是承认城市不仅仅是经济的和社会的，不仅仅是建成环
境，而且是社会—技术产品（拜克斯等编，1987 年；布洛克和法利阿斯，2016
年；霍莫尔斯，2005 年；米切尔，1995 年）和一系列社会—技术问题。工程师对
城市建设的贡献与规划师、建筑师一样多，但如何公平有效地提供基础设施则
不仅仅是一个技术问题。

（五）生态（Ecological）

值得注意的是，城市并非仅仅是人与人之间共享的场所。城市居民还与
许多非人类的"邻居"共存，像街道两旁的杂草、郊区空地上的野花，还有老鼠、

浣熊、松鼠、麻雀、壁虎、蜥蜴、鹦鹉、海鸥、鸽子、八哥以及猫和狗，其中许多"邻居"并不为人所熟知。实际上，许多在生态上与人类有关联的物种在这个人类创造的城市环境里与人类共存。随着人类这一物种的相当一部分成为城市人，这些物种也有许多成为"城市动植物"（杰罗米年科，2009 年；兰科莫德，2013 年；蒙博奥特，2014 年；尼亚美拉，1999 年；苏利文，2004 年）。这一共生现象的形成机制非常复杂，绝非简单的一方依附于另一方。城市环境以及生活在其中的人们依赖他们所创造的物质环境来获得食物、水和清洁空气，城市居民同样需要生态性服务和基础设施来处理大量生物废弃物，以免引发流行病（科尔伯，2013 年；福尔曼，2014 年）。因此，城市也可以被理解为生态问题，即人类如何与物质环境中的"自然"进程共处，或者说人类与非人类如何共存。从生态角度出发来思考城市，也就是把城市理解为巨大的能量新陈代谢系统，理解为多种不同生命共存的场所，理解为有机体与无机体、微生物与大型生物多维混居的复杂有机体（阿明和特里特，2002 年；本内特，2010 年；戴维斯，1998 年；甘迪，2003 年；斯维格杜，2006 年）。当然不要忘了，城市环境及其对能源和物质的需求正是气候学家所谓"人类世"（Anthropocene）的有机组成部分（伯克利和博希尔，2003 年；罗利莫尔，2015 年；塞托等编，2012 年；万斯，2014 年）。

（六）复合体（Complexity）

最后，我们也应当意识到城市是某种复合体，这种复合体在某种程度上来源于上面的五个方面。要理解城市与城市环境如何运转，就要明白城市是一系列关系的共时性互动。城市的活力很大程度上来源于多种要素在空间上的集聚。城市里有不同背景、不同技能、不同才能和不同世界观的人们，有多种多样的机构和组织，并以规划或未经规划的方式将多种物质和非物质要素紧密联系起来。实际上，多要素在城市中的混杂互动并非完全来自空间上的集聚，它们同样以不同方式与远方相联系。也就是说，城市及其环境在本质上是多元、多样和异质的——同样需要强调的是，城市的多元、多样和异质从根本上来说是城市自身的产物。城市的复杂性不仅因为其多元、多样和异质性，尽管事实的确如此，但我们还需要放宽观察的视野。城市和城市环境包含了精妙精微的联系和依附网络，同时也包括各种活跃的、相互交织的、突然兴起的和自我组织的系统；换句话说，城市是一种"组织起来的复合体"（巴蒂，2013 年；雅各布斯，1961 年；约翰逊，2001 年；斯托普，2013 年）。城市由一系列相互联系的系统构成，不仅这些系统纵横交织，而且其影响力要远大于构成系统的任何部分的影响力（米勒和佩琦，2009 年）。要想认真思考城市，离不开将这一复合体的影响纳入其中。

当然，并非所有发生在城市中的问题都想当然地是"城市的"问题，或曰城市特有的问题。城市和城市环境被一系列不同规模的活动整合在一起，有国家的、区域的，也有国际的、全球的（萨森，2006 年；斯托普，2013 年）。城市经济包容在一个更为广泛的交易网络中，社会交往也并非城市所独有，而是更宏大的社交网络的组成部分，并且与其他场所有着复杂的联系，正如种种社会制度和文化制度那样。构成社会—技术基础设施的知识和技能往往与全球技术及空间联系在一起。城市生态系统也并非局限在城市的边界之内。实际上，城市研究所面临的重要挑战就是区分上述复杂的多样性。事实上，尽管有学者试图突出"城市"（The City）或"城市化区域"（The Urban）的超然性，更多的学者持更为谨慎的态度，更愿意将城市和城市化区域视作是人类活动的独特领域。

三、思考城市的方法，理论化城市的路径

通过了解城市研究领域的关键思考者来进入这一领域，其优势之一就是能够凸显解决城市问题的多样途径——看看研究者们是如何研究城市的，会让我们意识到其多样性。既然城市可以被视作多种不同类型的问题，这些问题也就可以通过不同的途径加以解决。这些不同的思考城市的方法也许会导向不同的解决方案，甚至不同的解决方案之间存在冲突。这种多元性部分地来源于当代社会科学与人文学科的不同思想脉络和学术源流，当然，这种多元性也部分来自于对于"思考"的不同理解。

"思考"（Thinking）和"理论化"（Theorizing）很容易被混为一谈。西方知识传统在很大程度上，当然并非全部，强调心灵和身体的二分法、理论和实践的二分法、思想和行动的二分法。思考可以是发自内心的、实际可行的、充满想象力的，可以是导向行动的，也可以是抽象的、分析的、客观的。通过阅读本书关于四十位城市研究者的介绍，读者可以发现对城市的思考与理论建构紧密相连、与经验主义研究密不可分，并改变了城市空间和城市。下面我们将介绍城市研究领域中的五种思考城市的方法（排名不分先后）。

（一）对本地的解释和描述

城市研究主要关注不同城市形态中的不同因素及其相互关系，即那些让城市与众不同的特性。城市研究致力于描述人们在城市中如何共处互动，他们赋予自己行为的意义，以及他们对世界的想象。研究者明白，在不同城市和空间中存在着共同因素，正是这些共同因素使其研究有意义。但他们的研究重点并非在确定这些共同因素是什么，而是论述在研究中如何发现它们。伊莱贾·安德森和多洛伊斯·海登就是典型。作为城市民族志研究者，安德森着力于描述美国城市中的种族、社会阶层等因素通过何种机制显现出来；他总是审慎地将其论述置于当代美国城市这一更为宽广的背景中，但其说服力往往来自于"厚描"（Thick Description）的方法，例如他对费城社区的研究。与之类似，作为城市史学家的海登，其作品的力量也来自于大量的细节描述，比如他对郊区家庭生活和 19 世纪致力于建造性别平等住房的研究。吴缚龙的研究方法与之相仿但研究对象的规模更为宏大，他认为中国大规模城市化的核心动力在于政府的积极干预和以市场为导向的经济体制改革，他在作品中大量描述了中国的政治经济转型，以此来揭示中国的城市化是不同于世界其他地区的新模式。

（二）提供分析解释工具和启迪

在上述用描述来做出解释和论证观点的方法之外，也存在着更为宏观和抽象的研究；甚至与"厚描"相比，城市研究者的兴趣更多地在于提供某种正式的理论框架。这种理论框架的关键在于提供一种解释性的理论概念，指导我们思考和解决社会、政治、经济和生态问题，也就是说，对城市和城市空间的研究包括提供一套用于不同案例比较的工具和启迪。从实用角度看，概念是一种建构，可以帮助我们理解所面临的复杂而现实的困惑。萨斯基亚·萨森提出的"全球城市"（Global City）概念就是很好的例子。"全球城市"用来描述那些有着独特社会—经济特性的城市（实际上是某些城市中的某些特性），此前这些城市的独特性常常被忽视，但实际上它们在经济全球化中占据领先地位。"全球城市"概念的解释力并不在于萨森的观点正确与否即她所谓的全球城市是否真的存在，而在于这一概念所引发的争论和新问题。我们还可以看看另一个与之有所不同的例子。阿什·阿明和阿卜杜马利克·西蒙尼提出了关于城市经济、社会生活和基础设施的新概念，使我们可以更深入地思考城市如何联系在一起。相反，理查德·桑内特有意避开了理论和概念，而是通过大量案例和详细的描述，启发读者思考不同族群如何共处、陌生人如何适应等重要的城市问题。

（三）施加干预

把思考城市的理论框架和概念视作工具和启迪，强调的是思考的实用性。从这个角度看，概念的意义并不在于其是否正确，而在于能否帮助我们理解研究者所关注的问题。如果我们更进一步观察思考城市的路径，就会发现城市规划师、建筑师、政治家和艺术家等对城市的影响，比如规划制订、政策干预和艺术表现等一系列启发城市居民思考自身与周边关系的活动。这一思考路径最令人惊讶的，是其与城市日常生活中的流动性有直接关系。例如，艺术家和活动家娜塔莉·杰罗米年科创造性地通过设计启发城市居民与鸟、鱼、老鼠、植物和蝌蚪等"邻居"展开互动。建筑师简·吉尔对城市空间进行了重新规划，以使其与个体需求相适应；而凯文·林奇将自己的城市观念投入实践中。与之类似，曾经的波哥大市长恩里克·佩纳罗萨则通过政策干预城市生活，在提升波哥大市民生活质量的同时，也让居民感到城市是属于每个人的。

（四）用于批评

以干预为导向的思考不仅是行动，也包括行动的理论，这一点很容易被忽视。第四个路径则以理论化为中心，即作为批评的思考致力于揭示当代城市隐含的、不为人知的权力结构。批评的城市研究的基础，是描述将城市和城市环境组织起来的结构和权力。在这一思路中，尽管理论仍被视作工具和启迪，但更普遍的是，理论被视作揭示城市社会内在关系的可观工具。因此，如何思考城市也就变成了如何将城市结构的形成过程加以理论化。理论是基础，如果没有对城市发展内在动力的理论化，个案无异于一盘散沙。亨利·列斐伏尔、大卫·哈维和尼尔·布雷纳等新马克思主义者的研究就是典型。哈维对当代城市生活进行分析的前提，是以资本积累作为当代城市结构的基础，因此城市与城市结构的多重形成过程必须在这一基础之上才能理解。与之类似，列斐伏尔也在理论的基础之上进行城市研究，他认为城市化的整体过程塑造了当代城市。因此正如布雷纳所言，要想有效地研究当代城市生活，必先对

"城市"进行合理的理论化。

当然，并非所有城市研究领域内的批评都要理解城市的内生结构。除了上面提到的路径——对本地的解释和描述、提供分析解释工具和启迪——之外，将思考作为批评聚焦于城市关系整合的途径，其目的在于发掘导致不平等和不公平的内在机制。例如，克里斯蒂娜·博耶以纽约市为例，探讨了那些看似中立公平的遗迹保护措施如何建构起排斥性的集体记忆。傅以斌的研究与之不同，他以丹麦的城市规划进程为例，发现其规划更多地受制于权力，并且巩固了权力，整个过程并不像所展示的那样透明和民主。对博耶和傅以斌而言，批评是一种将城市与城市规划组织进程付诸讨论的方法。

(五) 构建模型

最后一种思考路径是构建正式的模型。与上面一种路径相似，构建模型也离不开理论化这一基础，但其目的并非揭示被忽视的内在结构，亦非解构现有认知。就其本质而言，模型就是简化版的对关系的描述；从这个意义上说，前面四种思考路径多多少少都有模型化的内容。不过严格说来，作为思考路径的模型化指的是创建正式的、经验可验证的、对城市世界的描述，包括图表和其他可视化方式，也可以是数学公式。与上述 4 种路径不同，构建模型与自然科学密不可分。构建模型离不开对量化数据的总结和图表工具的运用，因此将复杂的论述加以简化和图形化，以简洁的形式表现复杂的城市世界。然而，正如社会学家霍华德·贝克尔（Howard Becker）所言（2005 年，第 151页），"不真实并不意味着没有价值或没有用"。本书所涉及的学者布莱恩·贝利、迈克尔·巴蒂、凯伦·塞托和爱德华·格莱泽都强调其模型的科学性，与那些不依靠量化数据的研究相比，他们的作品更突出这一点；不过也不必过分强调模型化的价值和效用。构建模型可以让读者发现城市增长的形态变化、城市之间和城市内部的动态变化，以及集聚经济如何发挥作用等等方面。

上述五种思考城市的路径有其相同之处，这些相同之处不仅在于它们都在想象城市是什么，并且在于它们都在想象城市可能是什么。此外，看待城市或平和或充满抱负的观点也都是思考城市的方法。之所以我们会选择彼此存在交叉重合的路径，是因为我们相信这五种路径能够指引城市走向更加美好的未来。例如，作为批评的思考，其前提就是理论化，但也能够激发现实中的实践活动。列斐伏尔在 1996 年提出的"占有城市的权利"（Right to the City）

几乎就是城市政治斗争和社区组织的集结号。与此相反，作为理论工具和启迪方法的思考往往成为讨论如何完善城市的前提，这在阿什·阿明的研究中有所体现，他挑战了那些误导城市政策制定和执行的"想当然"。与之类似，细节丰富的描述和预测性模型构成了讨论如何解决城市现存问题和可能挑战的基础。我们想要说明的大问题是，尽管城市提出了多种多样的问题，但我们也有多种多样的手段加以应对。

四、如何使用本书？书中收录了哪些人物？

如今有很多介绍城市和城市研究的教科书和指南类读本（见布里奇和沃森，2010年；勒盖茨和斯图尔特，2011年；帕蒂森和麦坎恩，2014年；帕克，2015年），本书并非要取而代之。笔者希望本书能发挥下面三种作用：首先是为所有对城市研究感兴趣，但又不熟悉这一学术领域的读者提供入门阶梯。本书所列出的40位城市研究者涵盖了广泛的主题、概念和理论方法，涉及当代城市研究领域的大部分。其次，城市领域及相关学科的大学生和研究生会发现，本书将很好地配合教材和指定读物。本书所选择的40位关键人物极有可能出现在他们的学习中，每一条目都列出了该人物的主要思想和基本观念，可以帮助他们对不同人物进行横纵对比。最后，对于城市领域的研究者而言，本书都是价值极高的参考文献，有助于理解不同观点和研究脉络。总而言之，通过为本领域内的权威学者和那些正在重塑这一领域的学者提供素描式的梳理，本书致力于提供一幅城市研究的脉络图，以方便不同人群理解这一领域。

本书所列出的40位关键人物，均在最近几十年间深刻影响了城市研究这一领域，其中有些在不同学科均享有盛名，在学术圈之外也卓有声誉。本书并非《名人录》（*Who's Who*）式的只言片语或人物排名，也不打算确定哪些人属于权威；人物的选择旨在体现当今城市研究领域中观点、方法和研究路径的多样性。实际上，这种多样性正是当代城市研究的魅力之一，而本书致力于凸显这一多样性，并启发读者从多角度思考城市和城市环境。很多人物不可能不被收入本书（谁能想象一本关于城市研究关键人物的著作里会没有简·雅各布斯、大卫·哈维和萨斯基亚·萨森？），但有些似乎让人摸不着头脑——他们可能不是城市研究中的熟人，比如娜塔莉·杰罗米年科是艺术家、马里亚纳·

瓦尔夫德是法学家，其作品不仅仅包括城市。毋庸置疑，本书忽视了城市研究的某些领域，这是因为我们打算选择那些至少部分属于社会科学领域的学者，也是因为我们选择的是那些在英语世界引起影响的学者。尽管如此，本书列出的 40 人足以反映城市研究的基本动态和发展脉络。

　　那么问题来了，这 40 人的选择标准是什么呢？首先就是研究领域必须集中于城市的关键领域，即经济、政治和政府、社会文化生活、基础设施和科技、生态和健康以及规划与设计，也就是前文列出的六大领域。接下来，我们通过不同的理论和方法论来思考城市研究领域中的主要学科，即经济学、社会学、人类学、规划学、城市设计与建筑，以及人文地理学，其中既包括比较研究（马修·甘迪、詹妮弗·罗宾森和安娜雅·罗伊）和个案研究（傅以斌、哈维·莫洛特克、马里亚纳·瓦尔夫德和吴缚龙），也包括民族志研究（伊莱贾·安德森、特丽萨·卡德里亚、内斯特·加西亚·卡科里尼、洛克·华康德和沙伦·祖金）、量化分析和城市模型（爱德华·格莱泽、凯伦·塞托和迈克尔·斯托普），还包括历史研究（克里斯蒂娜·博耶、多洛伊斯·海登和理查德·桑内特）、批评的城市主义和政治经济学研究（尼尔·布雷纳、迈克·戴维斯、斯蒂芬·格拉汉姆、萨斯基亚·萨森和尼尔·史密斯）。此外还有行动者网络理论（Actor-Network Theory）和组合理论（Assemblage Theory）的支持者，包括阿什·阿明、简·雅各布斯、阿卜杜马利克·西蒙尼；和对多种多样的城市干预模式的探讨，包括贾森·科伯恩、简·盖尔、娜塔莉·杰罗米年科、雷·库尔汉斯、威廉·米切尔和恩里克·佩纳罗萨。在选择本书的 40 位关键人物时，我们有意挑选了对城市研究这一领域在 20 世纪六七十年代形成之时具有根本影响的人，比如已经去世的加内特·阿布-卢哈德、简·雅各布斯、亨利·列斐伏尔和凯文·林奇，以及仍然活跃在学界的麦克·贝蒂、布莱恩·贝利、曼纽尔·卡斯特和大卫·哈维。很多读者也许以为会在书中找到本雅明（Walter Benjamin）、罗伯特·帕克（Robert Park）、路易斯·沃思（Louis Wirth）、马克斯·韦伯（Max Weber）、格奥尔格·齐美尔（Georg Simmel）和刘易斯·芒福德（Lewis Mumford），但他们都被有意排除在外了，因为关于他们的导读指南类文章已经很多很多了，而那些较少被关注的学者同样值得了解和研究。

　　最后，对于如何使用您眼前的这本书并没有成规。也许大家不会按顺序从头到尾阅读本书，而是先翻看一遍全书，找找看有哪些熟悉的名字。您要仔细看的第一个人物也许是您最欣赏的学者，也可能是完全没听说过的那位。无论如何，我们希望每篇不长的介绍能够激发您更为深入全面地了解他们的研究，或者通过参考文献了解其他与此相关的学者。无论您如何使用面前的这本书，我们希望您能找到有用的材料，并且时常拿起本书翻翻找找。笔者相信，本书所涵括的 40 位城市思考关键人能够启发多元的城市想象，他们对不同维度下的城市问题始终保持敏锐的关怀。

读者朋友，欢迎您走进城市研究的殿堂！

加内特·阿布-卢哈德
JANET ABU-LUGHOD

约瑟夫·希斯考特　社会科学新学院

(Joseph Heathcott，The New School)

代表作：

Abu-Lughod，J.（1971a）*Cairo：1001 Years of the the City Victorious*.
　Princeton，NJ：Princeton University Press.

Abu-Lughod，J.（1980）*Rabat：Urban Apartheid in Morocco*. Princeton，
　NJ：Princeton University Press.

Abu-Lughod，J.（1989）*Before European Hegemony：The World System*，
　A. D. 1250－1350. New York：Oxford University Press.

Abu-Lughod，J.（1999）*New York，Chicago，Los Angeles：America's
　Global Cities*. Minneapolis：University of Minnesota Press.

Abu-Lughod，J.（2007）*Race，Space，and Riots in Chicago，New York，
　and Los Angeles*. New York：Oxford University Press.

导言

　　加内特·阿布-卢哈德[①]在城市研究领域的发展中占有重要地位,在世界体系理论、社会分析、城市史研究和比较研究等方面贡献良多。同时,她也孜孜不倦地发起和主持多个城市研究项目和研究机构,并领导着范围遍及全球的城市研究者、学生、活动者和致力于让城市更公平公正的职业人士所构成的

[①] 加内特·阿布-卢哈德,原为加内特·李普曼,阿布-卢哈德为夫姓。——译者注

联系网络。阿布-卢哈德是率先将计算机数据处理引入城市研究的先驱之一，并且善于构建统计学模型，开创了将定性研究与定量研究相结合的新方法。她的研究集中于两个方面，一方面是帝国、商路和战争等长时段问题，另一方面是开罗集市或芝加哥社区中复杂微妙的人际关系。在世界体系理论中突出城市的重要性，这是阿布-卢哈德最重要的成就之一，为后来"全球城市"研究的发展奠定了基础。

2013 年阿布-卢哈德去世时，她是纽约社会科学新学院（The New School）的历史与社会学荣退教授和西北大学社会学荣退教授。

学术经历与研究重点

16   阿布-卢哈德于 1928 年生于新泽西州纽瓦克（Newark），年轻时就已决定致力于城市研究——高中时，她已经阅读了刘易斯·芒福德的作品，后来又对哈莱姆文艺复兴（Harlem Renaissance）进行了研究。1957 年[①]，李普曼以优秀毕业生身份从芝加哥大学毕业，随后又进入芝大带有试验性的新城市规划项目；1950 年获得硕士学位后，她来到总部位于芝加哥的美国规划官员协会（American Society of Planning Officials，ASPO）担任研究部门主管，为期两年。1951 年，她与生于巴勒斯坦的学者和社会活动家易卜拉欣·阿布-卢哈德（Ibrahim Abu-Lughod）成婚；次年，由于丈夫要完成在普林斯顿大学的政治学博士学业，李普曼全家搬到普林斯顿居住。在此期间，加内特·阿布-卢哈德在宾夕法尼亚大学担任研究助理，并担任美国社区改进协会（American Council to Improve Our Neighborhoods）的顾问。

1958 年，阿布-卢哈德全家迁往埃及开罗。在这里，易卜拉欣主持一项联合国教科文组织（UNESCO）的研究项目，而加内特则执教于开罗的美利坚大学（American University in Cairo），并深深爱上了埃及的语言、文化和社会生活。她与埃及政府合作，在对国家统计数据进行分析研究后于 1963 年出版了《开罗资料手册》（*Cairo Fact Book*）。此时的阿布-卢哈德已开始了一项新的研究，这个长达十年的项目以她的第一部代表作出版而宣告结束，即《开罗：城市 1001 年间的成长》（*Cairo: 1001 Years of the City Victorious*）。1960

---

① 原文如此，疑为 1947 年。——译者注

年,阿布-卢哈德举家搬回美国后,加内特继续进行她关于开罗和伊斯兰城市的研究,并得到了美国国家科学基金(National Science Foundation)和雷德克里夫研究院(Radcliffe Institute)的资助。三年后,耶鲁大学以不接受已婚女性为由拒绝了她的博士申请,幸而马萨诸塞大学接纳了她。1966年,阿布-卢哈德获得博士学位;在此期间,她执教于史密斯学院(Smith College);为了处理自己从开罗获得的数据,她几乎天天泡在麻省理工学院—哈佛大学城市研究联合中心(MIT-Harvard Joint Center),利用那里的计算机设备。

1967年,夫妻二人同时在西北大学谋得教职;在接下来的21年中,加内特·阿布-卢哈德打造起一个实力雄厚的城市研究网络,并成长为国际知名的有影响力的、原创性城市思考者。在美国教育部的支持下,她在西北大学发起了比较城市研究项目(Program in Comparative Urban Studies),并与自己的研究生小理查德·海耶(Richard Hay, Jr.)合作主编论文集《第三世界的城市化》(Third World Urbanization),这部里程碑式的著作于1977年出版。她对比较研究的关注可以追溯到1969年,当时她已开始筹备对埃及、突尼斯和摩洛哥的比较研究。她曾在拉巴特(Rabat)与当地官员一起对近期的摩洛哥统计数据进行分析;1976年,即上述工作完成后的次年,她的比较研究获得古根海姆奖(Guggenheim Fellowship)。遗憾的是,由于无法获得埃及和突尼斯的数据,她只得将研究聚焦于摩洛哥,并在1980年出版《摩洛哥拉巴特的城市隔离》(Rabat: Urban Apartheid in Morocco in 1980)。在20世纪80年代,阿布-卢哈德将研究重点放在中东和北非城市的发展上,也注意到伊斯兰教对城市形态和文化的影响。同时,城市中的两性关系和家庭构建也引起了她越来越多的重视。她的研究领域越发宽广,涉及的时空范围更为广泛,并在1989年出版了她的代表作《欧洲霸权之前:1250—1350年的世界体系》(Before European Hegemony: The World System A.D. 1250-1350)。

1988年,阿布-卢哈德离开西北大学,来到纽约社会科学新学院担任历史与社会学教授,主持新学院的城市研究中心(Urban Research Center)和社会学系,指导了多届博士生;同时出版了多部在城市研究领域颇具影响力的著作。这一时期,她告别了被自己称作"长期不务正业"的长时段世界体系研究(阿布-卢哈德,1999年,第10页),将其研究重点转回美国。1994年出版的《从城中村到东村》(From Urban Village to East Village)是她第一部关于美国城市的著作,这本书将结构性要素与全球背景联系起来,为"芝加哥学派"的传统社区研究注入了新生命。

1999 年，阿布-卢哈德从新学院退休后仍然保持着旺盛的学术创造力，她的新书也在同年出版，即《纽约、芝加哥、洛杉矶：美国的全球城市》（*New York，Chicago，Los Angeles：America's Global Cities*）。该书将美国城市体系纳入全球背景中加以考察，得到了美国学术团体联合会（American Council of Learned Societies）的资助。随后，她开始关注城市骚乱，在 2007 年出版《三城的种族、空间与骚乱：芝加哥、纽约、洛杉矶》（*Race，Space and Riots in Chicago，New York and Los Angeles*）。2013 年 8 月 5 日，阿布-卢哈德在纽约家中离世，享年 85 岁。

核心理念

从根本上说，20 世纪六七十年代以来社会科学领域日益剧烈的张力是推动阿布-卢哈德学术道路的深层动力机制（可参见本书关于布赖恩·贝利和大卫·哈维的介绍），即对权利与公正的普遍认可和对人类社会进行量化研究之间的紧张。在《摩洛哥拉巴特的城市隔离》中，我们可以发现她的作品首先并且首要地是对道义的探求。阿布-卢哈德在此书前言中解释道，自己的研究目标并非是要像"古物学家那样重建过去"，而是要理解现在，并"向未来提出一个道义命题"（参见该书 1980 年版第 18 页）。对于阿布-卢哈德而言，这个"道义命题"包括两个方面：其一，后殖民国家能否在经历了几十年的殖民统治后成功地建立起新秩序？其二，鉴于当代学科体系内含的民族性，学术界对于后殖民主义能否做出真正有意义的研究？正如社会学家克里斯托弗·蔡斯-邓恩（Christopher Chase-Dunn）所评，正是来自对民族性的警惕促使阿布-卢哈德终生对社会科学中的欧洲中心主义冷眼旁观（蔡斯-邓恩，2014 年）。

阿布-卢哈德在开罗的经历彻底改变了她的学术道路。她原打算用芝加哥学派的范式理解北非城市生活，但当地的实际情况却让她在 60 年代转向了法国年鉴学派（Annales）的历史学家们，关注起了后者关于长时段的讨论。不过，她并未像年鉴学派那样将气候与地理视作文化和历史的决定性因素，而是更认同其同辈学者伊曼纽尔·沃勒斯坦（Immanuel Wallerstein）和曼纽尔·卡斯特关于城市的观点，即城市并非空间上的孤岛，而是被一系列跨越领土的力量所塑造，包括贸易、技术、财富积累和国家建构；但她同时指出，城市并不能简单地等同于上述力量,不同的城市由于文化、宗教、人口和历史的不同而呈现独有的特色。由此,阿布-卢哈德尤其强调世界城市体系理论的重要性,为后来萨斯基亚·萨森等人的"全球城市"理论奠定了基础,这也是阿布-卢哈德最为重要的学术观点之一。

　　然而,年鉴学派对政治与经济的忽视促使她再度转向,这一次吸引她的是马克思主义,也就是对劳动形式、生产方式和结构性不平等的强调;但与许多同辈学者相似,阿布-卢哈德认为城市有其多重面向、具有自治特征并且历史悠久,因此对其理解应当是多元角度的。她对摩洛哥拉巴特的研究已经突破了马克思主义的研究范式,法国殖民当局对种族隔离的支持只能用其他理论来解释(参见该书 1980 年版第 17 页)。

　　世界体系论是阿布-卢哈德的药方,用来调和马克思主义的结构主义与其他更重视不同文化经验的社会研究方法。伊曼纽尔·沃勒斯坦在 1974 年出版的《现代世界体系》(*The Modern World System*)给包括阿布-卢哈德在内的许多人以理论的惊喜,但这本书关于中东和北非城市的几个关键结论却与她的研究和经验不符,尤其是沃勒斯坦自己也承认,所谓"世界体系"其实是西欧知识、权势和扩张的结果,这更不能得到阿布-卢哈德的认同。

　　《欧洲霸权之前:1250—1350 年的世界体系》正是对沃勒斯坦的回应,也是她最具影响力的著作。该书认为,13、14 世纪是全球历史性发展的关键时期,理解当代世界的时间、空间和文化维度都应从这一时期开始,这实际上否定了沃勒斯坦关于 1500 年以后欧洲创造世界体系的理论,也否定了贸易霸权塑造全球新社会关系的观点。所谓"西方的崛起"在阿布-卢哈德看来,本质上是东方在几百年的贸易霸权后走向衰落,而西方则占据了由此产生的真空地带。该书揭示了 17 世纪地中海地区商业网络的建构和相互间的竞争,这也意味着曾经由中国、印度以及中亚掌控的贸易霸权就此易手。她的这一观点随即引发学界热议,争鸣商榷类文章不时见诸报刊和会议,并开拓了研究的新领域。

　　阿布-卢哈德的第三次学术转向发生在 20 世纪 90 年代到 21 世纪初,她将全球范围内的种种转型变迁与芝加哥学派的传统相结合。在影响深远的著作《纽约、芝加哥、洛杉矶:美国的全球城市》中,她将三个美国大都会各自的产业集群、金融资本和社会关系融入跨区域乃至跨国的政治经济语境,超越了城市传记的框架。在《三城的种族、空间与骚乱:芝加哥、纽约、洛杉矶》中,她发现 20 世纪 60 年代的城市骚乱往往产生于特定的、直接的不公正现象或事件，但这些现象或事件却深深植根于种族隔离、城市化、移民和资本流动等宏观进程，上述进程并非短时段历史的结果，而是 400 年来全球变迁不均衡的产物，正是在这一不均衡发展中，美国城市及其种族关系得以成为今天的模样。

对城市研究的贡献

纵观其学术生涯，阿布-卢哈德的城市研究虽然经历了不同阶段，但每个阶段都对这一领域产生了持续性的影响。其早期的研究可谓典型的芝加哥学派风格，致力于社会调查、数据分析和对社区的近距离观察（参见本书关于伊莱贾·安德森和哈维·莫洛特克的介绍）。从 20 世纪七八十年代开始，阿布-卢哈德的研究取向逐渐转向后殖民主义、城市规划和后殖民主义城市（参见本书关于简·雅各布斯和安娜雅·罗伊的介绍）。她的论文《为所有人设计城市》（"Designing a city for all"，阿布-卢哈德，1971b）是她"城市权利论"的早期表述。《摩洛哥拉巴特的城市隔离》则探讨了宗主国的城市规划师在殖民城市社会关系的碎片化、种族—阶级的空间分化和不均衡发展中的作用。1987 年，她发表了具有开创性意义的论文《伊斯兰城市：历史、宗教与现实》（"The Islamic city: Historic myth, Islamic essence, and contemporary relevance"），矛头直指东西方学者所过度关注的"伊斯兰"要素。到了《欧洲霸权之前：1250—1350 年的世界体系》，阿布-卢哈德则明确否定了城市史和城市理论中的欧洲中心主义。

20 世纪 90 年代是她在城市研究领域中开辟新阵地的十年，1991 年的教科书《变迁中的城市》（*Changing Cities*）体现得最为明显。阿布-卢哈德指出，"从来就没有'作为生活方式的都市生活'[①]，这一脱离文化语境和特定人口的论断使得社会交往变得可以预见"（该书第 6 页），这无异于向芝加哥学派明火执仗般地进攻。尽管她重视经济因素，却从未将城市变迁简单地视作经济变动的产物，诸如视其为资本积累和阶级斗争之结果的陈词滥调。与其同辈学人相比，阿布-卢哈德更重视宗教、家庭结构和女性地位在城市长时段发展中

---

① "Urbanism as a Way of Life"，这是芝加哥学派代表人物路易斯·沃思的里程碑式的论文的题目。——译者注

的角色(参见本书关于多洛伊斯·海登的介绍)。

拓荒者的身后总不乏批评者,阿布-卢哈德也不例外。安德烈·贡德·弗兰克(Andre Gunder Frank)和巴里·吉尔斯(Barry Gills)指出,她关于"西方的崛起"和"东方的衰落"的讨论忽略了许多关键环节,如果她能将东印度群岛、西非和斯瓦西里海岸纳入对贸易的分析中,其论断当更为精恰。尼尔·布雷纳在2001年指出,阿布-卢哈德后期的作品中有时会存在一种张力:一方面是视角宏阔的分析方法;另一方面则是审慎地将地方要素从全球趋势中分离出来,却将其视为城市变迁的非正式动力。此外,她的研究前提是将"地方"(Local)与"全球"(Global)视作各不相同且泾渭分明的两部分,而实际上二者是交叉重叠的(参见本书关于阿什·阿明的介绍),因此在她的著作中,资本流动、产业迁移、移民和要素变迁往往充当城市转型的背景,而非其中的组成部分。

尽管如此,阿布-卢哈德的学术成就依然引领着城市研究,她那力透纸背的高远之音足以穿越时代,回响在今天。在技术上,她是运用计算机处理海量城市数据的先行者;在方法上,她为几代学人提供研究范式,无论其研究对象的空间大小、时间长短;在视角上,她启迪了当代全球城市研究中对后殖民主义和比较方法的关注(参见本书关于詹妮弗·罗宾森和安娜雅·罗伊的介绍)。总之,她将城市视作人类创造性和奋斗力的产物。1967年埃及和以色列之间的第三次中东战争爆发时,阿布-卢哈德刚刚完成《开罗》一书的第一稿,面对战争她写道,"突然之间,未来的开罗灰飞烟灭"。不过,即便丧钟已然敲响,她依然不失乐观,"再没有哪一种人类的创造物能够在剧烈的文化和技术变迁中顽强地生存下来,除了城市"(阿布-卢哈德,1971a,第238—239页)。

参考文献

Abu-Lughod, J. (1961) "Migrant adjustment to city life: the Egyptian case", *American Journal of Sociogy*, 67(1): 22 - 32.

Abu-Lughod, J. (1971b) "Designing a city for all", in L. S. Bourne (ed.) *Internal Structure of the City*. Oxford: Oxford University Press.

Abu-Lughod, J. (1987) "The Islamic city: Historic myth, Islamic essence, and contemporary relevance", *International Journal of Middle East Studie*s, 19(2): 155 -176.

Abu-Lughod, J. (1991) *Changing Cities: Urban Sociology*. New York: Harper Collins.

Abu-Lughod, J. (ed.) (1994) *From Urban Village to East Village: The Battle for New York's Lower East Side*. Oxford: Blackwell.

Abu-Lughod, J. (2000) "Lewis Mumford's contribution to the history of cities: A critical appraisal", First Annual Lewis Mumford Lecture, University of Albany. Available at: http://mumford.albany.edu/mumford/files/1st _ annual _ mumford _ lecture. pdf (accessed 18 June 2016).

Abu-Lughod, L. and Attiya, E. E. D. (1963) *Cairo Fact Book*. Cairo: Social Research Center, American University of Cairo.

Abu-Lughod, L. and Hay, R. Jr. (eds) (1977) *Third World Urbanization*. Chicago, IL: Maaroufa Press.

Brennerm N. (2001) "World city theory, globalization and the comparative-historical method," *Urban Affairs Review*, 37(1): 124 - 147.

Chase-Dunn, C. (2014) "In memoriam: Janet L. Abu-Lughod's contributions to world-systems research", *Journal of World Systems Research*, 20(2): 173 - 184.

Henada, M. and Miura, T. (eds) (1994) *Islamic Urban Studies: Histroical Review and Perspectives*. New York: Kegan Paul International.

Sarbib, J. L. (1983) "The University of Chicago Program in Planning: A retrospective look", *Journal of Planning Education and Research*, 2(2): 77 - 81.

Wallerstein, I. (1974) *The Modern World System*. New York: Academic Press.

阿什·阿明
ASH AMIN

叶俊佳　梅西大学
（Junjia Ye，Massey University）

代表作：

Amin，A. （2002） "Ethnicity and the multicultural city：Living with diversity"，*Environment and Planning A*，34(6)：959 - 980.

Amin，A. and Thrift，N. （2002） *Cities：Reimagining the Urban*. Cambridge：Polity.

Amin，A. （2008） "Collective culture and urban public space"，*City*，12(1)：5 - 24.

Amin，A. （2012） *Land of Strangers*. Cambridge：Polity.

Amin，A. （2013） "The urban condition：A challenge to social science"，*Public Culture*，25(2)：201 - 208.

导言

　　凭借对当代城市生活多重空间性的研究，地理学家阿什·阿明蜚声海内外。他的观点颠覆了社会科学家们对如何理解城市的传统看法，在"日用而不知"之处大胆设疑，比如何为大小、何为远近，哪里是全球、哪里是地方，以及物质和非物质分别是什么。他的著作启发读者重新思考塑造城市和支撑城市的权力（Power），其形式为何、其活力何在。

　　在阿明看来，权力不仅仅是人类意志的产物，同时也受制于一系列混杂的、超人类的实体和网络，既包括建成环境，也包括基础设施、信息、法规、情绪乃至影响。这一方法已经生成了一系列关于城市生活的论点，它们既有启发性，又有待完善。在阿明看来，城市公共空间的塑造不仅受到物质条件和基础设施的影响，人际关系的力量同样不容忽视。全球化绝非抽象，而是实实在在地体现在地方上，将此地与彼地联系起来。经济则不仅仅是资本积累，而且是多种多样的文化活动。而日常生活中的现实例如种族和族裔都是生物政治学和地方实践的混杂，而非城市社会中必然存在的类别。阿明的城市研究充满了想象力和跳跃性，他笔下的城市的多重空间通过不断的聚合分离而持续调整。

目前，阿明是剑桥大学 1931 地理系主任（1931 Chair of Geography）。

学术经历与研究重点

22   阿明是巴基斯坦裔的英国学者，生于乌干达的坎帕拉（Kampala）。他在雷丁大学（University of Reading）意大利研究专业学习，于 1979 年获得艺术学学士，随后留校深造，在地理系获得博士学位后前往纽卡斯尔大学，先后担任城市与区域发展研究中心（Centre for Urban and Regional Development Studies）研究员和地理系讲师，最终在此获得教授职位。2005 年，阿明加入杜伦大学，创办并主持高等研究院（Institute of Advanced Study），直到 2011 年来到剑桥。

起初，经济地理尤其是欧洲的全球化与区域发展是阿明的关注重点，他曾对全球企业网络下新产业集群的崛起进行研究，围绕着工业生产中的后福特制度，阿明主编或参与了多部著作，包括与约翰·戈达德（John Goddard）共同主编、1986 年出版的《技术变迁、工业结构调整和区域开发》（*Technological Change, Industrial Restructuring and Regional Development*），1991 年出版的《通向新欧洲？欧洲经济的结构变迁》（*Towards a New Europe? Structural Change in the European Economy*），1995 年出版的《后福特主义读本》（*Post-Fordism: A Reader*）以及同年与尼格尔·斯里夫特（Nigel Thrift）共同主编的《欧洲的全球化、组织结构和区域开发》（*Globalization, Institutions, and Regional Development in Europe*）。这些著作探讨了欧洲产业地理的重构究竟是后福特主义区域产业集群崛起的结果，还是全球企业网络引起的劳动力国际和跨区域分工的产物。对于不同经济组织如何超越空间和行政边界而整合起来的关注,促使阿明对知识经济的空间分布进行了仔细探讨。与同类著作不同的是,阿明的研究强调有形资产、人际网络和隐性知识在知识经济中始终很重要;而传统观点则相信,知识是不依附于具体地域的,也不具有可以测量的重量(阿明等编,2000年)。2004年,阿明与经济学家帕特里克·科恩戴特(Patrick Cohendet)主编出版了《知识的建筑》(*Architectures of Knowledge*),进一步明确了上述观点。

此后,阿明的研究日益聚焦在城市上,从早期对区域知识网络的关注开始,转向探索城市如何与一系列遥远的要素联系起来,在形成全球化与临近性等新的研究路径的同时,也在探索思考族裔、多元文化和社区纽带之作用的新方法。阿明相信,如今社会科学界在全球化和信息技术崛起背景下的城市研究方法论——无论是主流还是"异端"——明显不足,因此应当提出更多关于城市的概念,以获得更多路径来研究城市的功能。在2002年与斯里夫特合编的《城市:重新想象都市生活》(*Cities:Reimaging the Urban*)体现了阿明的上述观点,并给予城市新的定义,即"不可移易的多元混杂物"(Irreducible Product of Mixture,参见该书2002年版第3页)。换句话说,城市化是一个多重要素在流动和互动中不断生产新的空间形态的过程。

阿明善于从不同社会和理论传统中发掘新视野和新方法,这是他的研究特色,例如,他既从批评的社会理论中寻求启迪,也没有忽视美国实用主义哲学和后人类主义(Post-Humanism),因此其城市研究与政治经济学派和新马克思主义都不相同。对于传统研究所关注的特定人群和机构的霸权和压迫,阿明敬而远之,而是强调从异质性和多样性入手来分析和想象城市。他的新观点和新思想集中体现在2012年出版的《陌生人的土地》(*Land of Strangers*)中,该书以跨学科的视角探讨了世界的文化复杂性,重视的是不受人际关系影响,而通过空间与实体、人类与非人类等门类来实现的种种联系,以此来提出如何思考多元化生活的新方法,并构建一个不同的陌生人的政治学。次年,阿明又推出了一部更为细致的研究:《政治的艺术:左派的新视野》(*The Arts of the Political:New Openings for the Left*),这本书同样是与斯里夫特共同主编的。

核心理念

阿明的城市研究涉及多个领域，对全球化、文化身份、社区和种族都有影响，但贯穿其中的主线无疑是从社会—物质混杂性（Socio-Material Hybridity）来理解城市的方法，这也是阿明城市研究的突出特色。换句话说，阿明的核心理念是将城市日常生活突破人类范畴、突破人际关系范畴。通过分析一系列网络、依附与联系，阿明构建了进步主义的城市政治，认为人们在其中形成了新型政治认同。阿明不认为存在反抗全球霸权的统一力量，而是城市居民通过多层次的关系整合在一起。从最宏观的角度，阿明的研究可以分为三类。

（一）城市社会状况

阿明对于城市内部集群的当代形式深感兴趣（阿明，2012 年、2013 年），认为应当通过关注"交往"来研究城市生活，这样，那些看起来似乎不重要的、偶然的和短暂的事件和关系才会凸显其意义，并尤其强调移动、流动和网络的重要性。因此，阿明所研究的城市，是一个充满暂时性和混杂性的社会场域，其内在地包含着或多或少的一致性和持续性、广泛的覆盖性以及高度的不确定性（阿明，2007 年）。城市既不是社区的简单拼合，也不是集群的累积叠加；实际上，城市之间并不竞争人口和经济活动的集聚，真正的竞争者是城市中的企业等机构，这一观点贯穿阿明作品的始终；换句话说，城市本身不是经济活动的参与者，而是一个塑造有利于经济发展之文化的空间（阿明和斯里夫特，2007 年），这一观点一定程度上影响了他对城市经济的分析。同样，在阿明看来，城市生活也许是高度结构化并受到严密规制的，但出乎意料、不确定、缺少制约和受限于各种各样的命令也是城市社会状况的组成部分。

（二）陌生人社会

在阿明所强调的城市"交往"中，日常生活中陌生人之间的交往是他颇感兴趣的话题。《陌生人的土地》探讨的就是我们日常生活世界中的文化复杂性，并超越了学术界现有的概念，包括日常生活的文化多元主义（Multiculturalism)、混杂性(Hybridity)和世界主义(Cosmopolitanism)。对于当代城市社会而言,背景迥异的陌生人在其中相会,其异质性毋庸置疑,作为对早期文化多元主义叙事和相关政策的反思和延伸,该书可谓恰逢其时。在书中,阿明并不支持以政策干预的方式强化城市陌生人之间的交往和联系,而是呼吁一种"冷淡的政治"(Politics of the Impersonal),即尊重人与人之间的距离和相互不在意(该书第 7 页);正是从这里衍生了信任、协同性、责任和创新,衍生了共同参与的结果而非促进了共同参与(该书第 8 页)——对于阿明而言,这才是陌生人构筑的城市社会生活及其多样性的特质。尽管阿明尚未对陌生人做出明确定义,但已从两个宽泛的角度对其进行了基本界定:其一是种族化了的陌生人,即"9・11"事件后不断出现且持续增多的移民、难民和寻求庇护者(该书第 9 页);其二是被社会和政治进程排斥在外的"他者"们,其境况各有不同(诺布尔[Noble],2013 年,第 32 页)。

此外,阿明还描述了陌生人之间通过公共交往熟悉起来的过程,这也是他最有说服力的研究成果之一。成为敌人和成为朋友并非陌生人关系演变的必然结果,更有可能是相互适应。笔者在自己的著作中喜欢称其为"熟悉的陌生人"(Familiar Strangers),他们并非生活在超越时间的话语真空中,他们的关系是熟悉与陌生相混杂,二者的程度也在不断演化(叶俊佳,2013 年)。这也说明,城市生活的社会经验是不断积累并在积累中变迁的,并且由不同的社会形式构成。阿明指出,并非所有在地化的行为都能有目的地将陌生人连接在一起,并非所有的行为都能够产生实质的影响和改变(阿明,2012 年,第 59页)。不过,这些在地化的行为对于公共空间的生产却十分重要。熟悉与陌生的混杂和转化显示出日常生活中的共存性和凝聚力,也显示出在多元社会中人类认知能力的限度,即人们不可能全部认识,更不用说喜欢在公共空间中遇到的每个人。与此同时,陌生人之间也有互信和相互的责任,由此形成了城市氛围,日常生活正是在这一氛围中得以生产和再生产的。阿明将陌生人概念化,不仅凸显了城市社会中交往的可能性,也凸显了合作与冲突的矛盾,更凸显了友好与敌意的悖论。

(三) 城市世界的活力

在阿明笔下,异质性不仅仅是人类社会的特性,同时也延伸到更广泛的物质世界,他关于交往的研究并不局限于人际之间,基础设施、动物、技术、病毒等非人类实体同样存在交往（阿明，2007 年、2014 年）。他认为，"公共空间中出现的集体性冲动是人们对'在地化的多样性'（Situated Multiplicity）的本能和潜意识反应，也是对人与物的大量集聚以及这一共享空间之多种用途和需求的反应"（阿明，2008 年，第 8 页）。在最新一部著作中阿明指出，我们对社会生活的迷恋并非仅仅来自于对人际关系的渴望，同样也因为我们热爱非人类的物质和空间；也就是说，既不存在脱离物质的社会性，也不存在仅属于人类的社会生活（阿明，2014 年，第 138 页）。因此，阿明没有从外界寻求塑造人类生活的因素，而是从内部——也就是多重要素的纠合、社会纽带和情感会在陌生人和熟悉的人之间构建联系，这一过程无需直接的政治活动或民众运动（阿明，2012 年）。人类定居地的物质性才是社会身份和依附关系的真正决定性力量，也塑造了求同存异的生活方式。

对城市研究的贡献

阿明的研究推动了一系列领域从混沌走向清晰，从浅显走向深入，从区域经济、社会和文化生活、基础设施，到种族和多元文化主义、治理以及全球化，对于城市研究的保守派们而言，他的观点无疑是颠覆性的，挑战了既有成果，搅乱了这"一潭死水"。大卫·哈维和尼尔·史密斯曾批评，阿明的观点过度强调了多元化的政治，使左派学者的政治观念和行动难以为继。而对于阿明来说，批判的社会科学尤其是地理学离不开对多样化的清晰认知，尤其要避免围入单一的框架，无论是马克思主义还是其他理论流派（阿明和斯里夫特，2005 年）。

阿明的研究大多强调城市中社会行为的在地化，以及城市的多元化和多维度，他在 1997 年与格雷厄姆一起提出了"多维城市"（Multiplex City）这一术语用以批评已有的城市理论，认为后者并未将多元、多样、多维纳入其中。阿明认为，多元空间、实践和关系网络在当代城市中共存共生，将地方性的地点、要素和碎片整合进全球经济、社会和文化变迁的网络之中。这种对跨部门城市复杂性进行更细致研究的主张，也是对现有城市化理论，尤其是偏向政治经济学理论的深刻批判，这些理论强调解释的针对性，因此往往在一系列因素中倾向某一些而忽略另一些。意识到在地化行为的不同形式，可以进一步理解城市和城市形成中的多样性和多维度。简单说，"多维城市"旨在打破对城市的本质主义式的理解（佩克［Peck］，2015 年）。同时，他的研究也推动了城市政治的深化，即关注场所中的政治（Politics in Place），主张从多元、开放和相互竞争的角度理解政治行为（阿明等主编，2000 年）。

强调地方政治独特性的观点是阿明的突出特色。在他看来，权力是一支催化剂，在具体事件中得以体现，通过空间上的临近或依托远距离的网络得以施加。然而，许多人谴责其理论框架暧昧不清，夸大了城市中的多样性和复杂性。就像迈克尔·斯托普（Michael Storper）和艾伦·斯科特（Allen Scott）在 2016 年的文章中问道，如果无法从宏观上得出对城市发展进程的整体性认识，我们该如何比较不同的城市？尽管如此，阿明的著作依然不失为当代城市研究领域最富想象力，也最具启发性的研究成果之一。

参考文献

Amin, A. (ed.) (1991) *Towards a New Europe? Structural Change in the European Economy*. Cheltenham: Edward Elgar.

Amin, A. (1995) *Post-Fordism: A Reader*. Oxford: Blackwell.

Amin, A. (2001) "Spatialities of Globalization", *Environment and Planning A*, 34(1): 385 - 399.

Amin, A. (2007) "Re-thinking the Urban Social", *City*, 11(1): 100 - 114.

Amin, A. (2010) "Remainders of Race", *Theory, Culture & Society*, 27(1): 1 - 23.

Amin, A. (2014) "Lively infrastructure", *Theory, Culture & Society*, 31(7/8): 137 - 161.

Amin, A. and Cohendet, P. (2004) *Architectures of Knowledge*. Oxford: Oxford University Press on Demand.

Amin, A. and Goddard, J. B. (eds) (1986) *Technological Change, Industrial Resturcturing and Regional Development*. London: Allen and Unwin.

Amin, A. and Graham, S. (1997) "The Ordinary City", *Transactions of the Institute of British Geographers*, 22(4): 411 - 429.

Amin, A. and Thrift, N. (1992) "Neo-Marshalliam nodes in global networks", *International Journal of Urban and Regional Research*, 16(4): 571 - 587.

Amin, A. and Thrift, N. (eds) (1995) *Globalization, Insitutions, and Regional Development in Europe*. Oxford: Oxford University Press.

Amin, A. and Thrift, N. (2005) "What's left? Just the future", *Antipode*, 37(2):

220 -238.

Amin, A. and Thrift, N. (2007) "Cultural-economy and cities", *Progress in Human Geography*, 31(2): 143 – 161.

Amin, A. and Thrift, N. (2013) *The Arts of the Political: New Openings for the Left*. Durham, NC: Duke University Press.

Amin, A. , Massey, D. and Thrift, N. (2000) *Cities for the Many Not the Few*. Bristol: Policy Press.

Noble, G. (2013) "Strange familiarities: A response to Ash Amin's Land of Strangers", *Identities: Global Studies in Culture and Power*, 20(1): 31 – 36.

Peck, J. (2015) "Cities beyond compare?", *Regional Studies*, 49(1): 160 – 189.

Storper, M. and Scott, A. (2016) "Current debates in urban theory: A critical assessment", *Urban Studies*, 53(6): 1114 – 1136.

Ye, J. (2013) "Note on the familiar stranger: Thinking through ambivalence in public space. Part One", *NUS FASS Cities Cluster Research Blog*. Available at: http://blog. nus. edu. sg/fasrda/2013/08/23/notes-in-the-stranger-thinking-through-ambivalent-encounters-in-public-spaces-part-one/.

伊莱贾·安德森
ELIJAH ANDERSON
迈克尔·德兰　耶鲁大学
（Michael DeLand，Yale University）

代表作　　27

Anderson，A.（1978）*A Place on the Corner*. Chicago：University of Chicago Press.

Anderson，A.（1990）*Streetwise：Race，Class，and Change in an Urban Community*. Chicago：University of Chicago Press.

Anderson，A.（1999）*Code of the Street：Decency，Violence，and the Moral Life of the Inner City*. New York：W. W. Norton.

Anderson，A.（2011）*The Cosmopolitan Canopy：Race and Civility in Everyday Life*. New York：W. W. Norton.

Anderson，A.（2015）"The White Space," *Sociology of Race and Ethnicity*，1(1)：10 - 21.

导言

　　城市民族志学家伊莱贾·安德森主要关注芝加哥和费城，但其影响力却远远超出这两座城市，深刻改变了我们对城市日常生活中的种族、族裔和阶层分化的理解。

　　安德森认为，民族志是系统性的文化研究。而所谓"文化"，安德森则受到人类学家克利福德·格尔茨（Clifford Geertz）1983 年提出的"地方知识"（Local Knowledge）的启发，认为"文化"是特定社区一系列共享共有的理解。

几十年来，安德森致力于民族志研究，投身于田野调查，由此在不同环境中接触到不同人群对世界的不同理解，以及他们如何应对和组织日常生活。作为一个民族志学者，安德森的经历丰富多彩，他既要跟毒贩和小偷打交道，又要深入到很多家庭中看一看他们的生活；也许你会在办公室看到他陪你的非洲裔美国人同事上班，也许你会在大街小巷看到他与陌生人吃饭喝咖啡，也许你还会看到他在某个贫民窟的街角和小混混们举杯共饮。通过将这些调查化为文字，安德森揭示了城市中的贫困、暴力、种族隔离与歧视，当然还有帮派生活、公共空间和社区变迁。

如今，安德森在耶鲁大学社会学系担任小威廉·兰曼讲席教授（William K. Lanman, Jr. Professor of Sociology）。

学术经历与研究重点

28   伊莱贾·安德森生于美国南部，祖父和父亲都曾是棉花种植园中的奴隶。像许多南部的非洲裔美国人家庭一样，安德森一家在第二次世界大战后迁往美国北部。安德森在印第安纳州一个种族混合的工人阶级社区中长大，其父在当地谋得一份稳定工作。这些幼年的经历影响了安德森对美国种族与阶级问题的看法。

从印第安纳大学布卢明顿校区获得社会学学士学位后，安德森进入芝加哥大学社会学系攻读博士，在这里深受社会学系主任莫里斯·贾诺威茨（Morris Janowitz）和城市民族志学者杰拉尔德·萨特尔斯（Gerald Suttles）的影响。尽管此时社会学主流已转向宏观功能主义理论和量化研究，但芝加哥学派的理论和方法却依然牢固地扎根在芝加哥大学。在 20 世纪二三十年代，芝大社会学系的学者们对城市生态、社会组织和交往进行了深入细致的研究，并推出了一系列经典作品。安德森在继承这一传统的同时也融入了新的思想——在攻读博士期间的最后几年，他追随西北大学的霍华德·贝克尔从事研究，此人堪称异常行为与社会交往研究的标志性人物。

为了撰写博士论文，安德森选定一家名为杰里士（Jelly's）的酒吧做田野调查。杰里士坐落在芝加哥南区（South Side），也就是芝城的非洲裔美国人聚居区，安德森在这里结识了不少来喝酒的常客，记录了酒吧里的潜规则和不同的社会角色，并渐渐懂得了人们对这里的看法，他在 1978 年出版的第一部专著《角落之地》(*A Place on the Corner*)正是脱胎于此,对杰里士酒吧中的交往模式和日常生活进行了厚描式的深刻分析,也因此成为城市民族志研究中的经典之作。在安德森笔下,芝加哥的非洲裔美国人可以在杰里士酒吧得到认可和尊敬,对于这些生活在被隔离的少数族裔社区中的人来说,这份认可和尊敬可谓弥足珍贵。

在斯沃斯莫尔学院(Swarthmore College)短期执教后,安德森加盟宾夕法尼亚大学社会学系,并把田野调查的"老毛病"带到费城,很快就熟悉了这座城市的大街小巷、广场酒吧,也为随后出版的三部著作,即 1990 年出版的《精明老手》(*Streetwise*)、1999 年出版的《街头法则》(*Code of the Street*)和 2011 年的《大都会穹顶》(*The Cosmopolitan Canopy*),打下了基础。如果说,安德森的处女作是以微观角度切入的以小见大之作;那么,《精明老手》和《街头法则》关注的则是社区变迁和族群暴力的一般模式。为此,他的田野调查更加关注研究对象独特的历史过程,以揭示去工业化、蓝领工资缩减、可卡因泛滥和绅士化(Gentrification)如何影响了实实在在的社会生活。

他最近一部作品关注的则是费城的公共空间,他发现,假如没有公共空间,那些居住在隔离社区中的居民也许永远没有机会相遇和交往;这些富有魅力的空间也往往将城市中依旧明显的种族界线遮掩起来,以免它们重新唤起非洲裔美国人和土著美国人不堪回首的历史记忆。

在宾夕法尼亚大学近 30 年的时间里,安德森与欧文·戈夫曼(Erving Goffman)、威廉·拉博夫(William Labov)和勒尼·福克斯(Renee Fox)等同事建立了密切的学术联系并从中受益良多。2007 年他离开费城,来到耶鲁大学执掌城市民族志项目(Urban Ethnography Project),致力于传承美国社会学中的民族志传统。

核心理念

安德森的许多核心理念在他的第一部作品《角落之地》中就已经形成了。通过对一家看上去没有故事的芝加哥酒吧的细致研究,安德森开始了自己对种族隔离、歧视、隔都化(Ghettoization)、贫困和道义的关注,并延续至后来的作品中。这些重大话题在这部书中都有讨论,具体体现在关于"地方"的三个相互联系又相互区别的方面。

"地方"的第一层含义是物理的、地理的和生态的区位并且从属于居住在其中的人。在《角落之地》中，安德森笔下的杰里士酒吧发挥着让普通非洲裔美国人成为"某位人物"的功能，暂时远离烦琐破碎的家庭生活和不尽如人意的工作经历。在《精明老手》中，安德森对两个"地方"进行了比较：一个是多种族混合且正在经历绅士化的社区，另一个是非洲裔美国人的隔离社区。对于这些地方的居民来说，在如此复杂的社会环境里想要"吃得开"，既离不开塑造良好的公共形象，也必须向别人展示自信。能意识到这一点的居民，必然了解别人是如何看待自己的种族、性别和阶级身份的。安德森在研究中发现，绅士化的结果并非只有地价的上升，也使得社区的非洲裔美国人居民逐渐产生无家感，感觉自己成为自己社区中的异乡客。在其他城市社区中，类似现象也一再上演，老居民要想"吃得开"只能不断接受新现实。

"地方"的第二层含义指的是某人在特定社群中的地位。居民的身份地位在自我定位与其他人对自己的认知的互动中形成，因此其在社群中的地位——即"地方"的第二层含义——处于变化之中，受到人际关系的影响。即便在杰里士这个小小的酒吧中，酒客们的身份也有不同，他们之间被区分为常客、酒鬼和混混儿，且常常变换。当最受尊敬的常客们不在场的时候，某些酒鬼甚至混混儿也会表现出赢取尊敬的姿态，但当常客们出现后，前者只能退居次席——这是一个"山中无老虎，猴子称大王"的故事。但即使是最受尊敬的常客，当安德森陪他们去工作——往往是蓝领工作——时，也会失去在杰里士那副受尊敬的霸气，接受在新环境中的低下地位。在这里，安德森回到了社会学中历史悠久的相互作用论者的思路上，他告诉读者，人的自我处于流动中并受制于环境，由主体表现出来并不断被重塑。

笔者几乎可以从安德森所有的著作中发现"地方"的这层含义，尤其是在《街头法则》中。安德森注意到内城非洲裔美国青年中间盛行的非理性的暴力活动，认为在缺少警察保护、法律无法执行和没有足够政府扶持的社区里，居民不得不遵守某些潜规则。而这些潜规则往往强调"面子"，鼓励好勇斗狠，主张随心所欲，上述种种莫不推动年轻人走上暴力的道路。

也许费城所有的非洲裔美国人隔都区都有某种潜规则，但潜规则在不同人心中却又有所不同。在这些地方，居民中间有"正统派"（Decent）和"街头派"（Street）之分，安德森认为他们对待潜规则有明显差别。"街头派"往往倾向于遵守潜规则，也乐于主动将这些潜规则视作行为规范；他们动辄认为别人不给自己"面子",并立马报之以颜色;他们总是"找面子",要别人给予自己尊重。"正统派"对于潜规则较为冷淡,也更认同社会的一般规则。但为了在隔都区生存下去,即便他们有时也不得不屈从于潜规则,表现出需要利用潜规则获得尊重的样子。杰里士酒吧的客人们也是如此,视情况决定如何使用潜规则。因此,那些最"正统"的孩子们尽管在学校里成绩出色,但回到自己的社区里仍会以暴力为武器,这也就毫不奇怪了。

"地方"的第三层含义受到社会学家赫伯特·布卢默(Herbert Blumer)的影响。布氏于 1958 年发表的论文《作为族群地位意识的种族偏见》("Race prejudice as a sense of group position")深刻影响了安德森,使后者形成了通过白人观察非洲裔美国人社会地位的研究方法。《角落之地》里酒客们的激烈冲突提醒读者注意美国社会中严峻的种族歧视,后来的作品则更为直白地揭示了种族等级的金字塔。《大都会穹顶》告诉读者,有些公共空间扮演着穹顶的功能,将不同族裔的人笼罩在尊敬和友好的假面之下。安德森也发现,当非洲裔美国人退回属于自己的空间中时,他们大多对社会持怀疑和不信任之感。书中有如下一幕:一位非洲裔美国人经理的白人同事对他的生活极为好奇,可这种好奇总是有冒犯之处,而当他发现前者居然住着大房子开着豪车时,惊讶之情溢于言表,使这位非洲裔美国人经理顿生挫败之感(安德森,2011 年,第 259—264 页)。这一幕令作者久久不能忘怀。安德森发现,非洲裔美国人普遍相信,他们只有在某些前提之下才能被社会所接受。"黑鬼时刻"(Nigger Moment)即基于种族的冒犯在任何时间、任何地点都可能出现,即便是在这一穹顶下。

在安德森的著作中,"地方"在地理、人际和种族三个方面的含义并非独立的,而是交织在一起,他的最新著作又以独特的方式将三个层次融合起来。例如,安德森分析了非洲裔美国人的隔都区如何从边界明显的地理空间转变为观念上的标志物。在当代美国,黑皮肤意味着内城的隔都区,即便其主人已跻身精英阶层之列。因此,尽管渐进式的种族融合进程推动越来越多的非洲裔美国人进入中上阶层,但许多人仍然感到被排斥在美国主流社会之外(安德森,2012 年)。当他们挤入"白人空间"(White Space)时,这种象征性的种族主义会变得越发实际(安德森,2015 年)。通过他的研究,读者会理解在地理意义上的地方,人们如何争夺其人际中的地方即地位,但他们在种族意义上的地方会阻挠或削弱其努力。

对城市研究的贡献

31   在城市研究领域,安德森通过对研究对象感同身受的近距离观察,凸显了
宏观的城市变迁模式如何塑造和影响了实实在在的日常生活。他的研究并不
是为读者提供了前所不知的新领域,而是促使读者设身处地地感知那些以往
被遗忘者的悲惨经历,以激发"理解之同情"。用戴维·马特扎(David Matza)
的话说,同情是一种副产品,是博物学式的传统社会学中"严酷而又充满规训
的人类生活"(马特扎,1969 年,第 8 页)。

安德森的研究方法与迈克·戴维斯和卢克·华康德等倾向于宏观理论的
社会学家明显不同,他致力于发掘人类社会内部的结构性力量。华康德在
2002 年发表了一篇针对《街头法则》的书评,在这篇后来广受引用的文章中他
批评道,安德森忽视了从理论上发掘国家的意义,简单地将居民分为"正统派"
和"街头派"两部分,并站在了那些恪守中产阶级价值者一方,而且只是反复描
述街头生活却没有解释其为何强力支配了隔都区居民的生活。对于华康德而
言,安德森对"正统派"的保守而又浪漫的看法代表了一种新自由主义的意识
形态,这一意识形态将城市问题简化为个人失败,认为是受害者本人的错误,
与社会无关。

安德森在同年就对华康德的批评做出了回应,坚持其在《街头法则》中的
方法和立场,并试图找出华康德批评的哲学源头,即后者宁愿相信,街头活动
来自于行为主体对根深蒂固的霸权结构的不满和挑战。无论这种解释多么契
合华康德对城市社会的理解,安德森却无法在自己的研究对象中发现这一点。
对于安德森来说,他宁肯以如实直书的方法将研究对象的所思所想所为再现
出来。

这种在地化的研究使他与特蕾莎·卡德丽亚和莎伦·祖金等学者枹鼓相
应,卡德丽亚和祖金在关注日常生活的同时,致力于得出概括性的描述。安德森
尝试将居民及其对自身生活的理解置于历史、种族和经济语境中,希望发现宏观
进程如何影响了实实在在的生活。尽管许多学者将其研究视角转向全球发展和
变迁,但安德森依然坚守自己的阵地,将全球视作解释本地生活方式的背景。

安德森对于城市生活的研究已然渗入并塑造着公共政策与规划、教育学、
犯罪学和社会工作。美国决策者们在制定针对城市问题的解决方案时,常常

会从安德森的研究中寻求参考,以了解方案对象的诉求和可能的影响;或是用现实的调查数据验证他关于社区生活和街头暴力的概括分析是否准确。政府部门也开始试着理解他的"穹顶"理论,希望构建、设计和促进能够融合不同社群的公共空间。如果说威廉・朱利叶斯・威尔逊(William Julius Wilson)和迈克尔・卡茨(Michael Katz)等研究城市不平等的学者强调社会阶层的重要性,安德森则把日常生活中的种族不平等引入了城市研究领域。

在借鉴实用主义者和交互作用论者理论的基础上,安德森为我们呈现了研究对象如何生活的生动图景,他的研究更像是再现画面而非讲述事实。他的作品之所以成为经典,一方面是因为其深刻的分析,同时也因为对社会生活的生动描述,而这些描述是很难在其他学术研究中发现的。一位安德森作品的爱好者说,"比起其他任何人,他的研究有更多关于非洲裔美国人街头生活的生动描述,并且真切地呈现给读者"(卡茨,2004年,第86页)。只要学术界仍然关注城市中的种族、阶级和不平等,只要我们仍然需要头脑清醒的冷眼旁观者,安德森的著作就不会丧失其魅力。

参考文献

Anderson, E. (2002) "The ideologically driven critique", *American Journal of Sociology*, 107(6): 1533 - 1550.

Anderson, E. (2012) "The iconic ghetto", *The Annals of the American Academy of Political and Social Science*, 642(1): 8 - 24.

Blumer, H. (1958) "Race prejudice as a sense of group position", *The Pacific Sociological Review*, 1(1): 3 - 7.

Geertz, C. (1983) "Local knowledge: Fact and law in comparative perspective", in *Local Knowledge: Further Essays in Interpretive Anthropology*. New York: Basic Books.

Katz, J. (2004) *Commonsense Criteria*. Arlington, VA: National Science Foundation.

Wacquant, L. (2002) "Scrutinizing the street: Poverty, morality, and the pitfalls of urban ethnography", *American Journal of Sociology*, 107(6): 1468 - 1532.

迈克尔·巴蒂
MICHAEL BATTY

海伦·库克蕾丝　加州大学圣芭芭拉分校
(Helen Coulelis，University of California，Santa Barbara)

33　代表作

Batty，M.（1976）*Urban Modelling：Algorithms，Calibrations，Predictions*. Cambridge：Cambridge University Press.

Batty，M. and Longley，P.（1994）*Fractal Cities：A Geometry of Form and Function*. London and San Diego，CA：Academic Press.

Batty，M.（2005）*Cities and Complexity：Understanding Cities with Cellular Automata，Agent-Based Models and Fractals*. Cambridge，MA：MIT Press.

Batty，M.（2013a）*The New Science of Cities*. Cambridge，MA：MIT Press.

导言

迈克尔·巴蒂来自英国，身兼地理学家、城市理论家、计算机城市建模师和城市—区域规划师等多重身份。从 20 世纪 70 年代进入职业领域，如今巴蒂已活跃在城市研究领域逾 45 年。他对于这一领域的贡献可以归纳为 4 个维度，即认为城市是规划的对象、受人口条件制约、是复杂社会空间体系的表现、是城市化交互网络的物质产物。当时，主张量化研究的学者还未意识到通过处理数据进行分析，而巴蒂则善于运用数学模型和计算机进行研究。但在他的非技术文章里可以发现，这一方法受到多重限制和制约，也让读者明白狭义实证主义并不简单。

如今,巴蒂是伦敦大学学院规划系的巴特利特讲席教授,并担任高级空间研究院(Centre for Advanced Spatial Analysis,CASA)主任。他几乎将本领域所有的荣誉头衔尽收囊中,包括皇家学会会员和 2004 年度大英帝国司令勋章(CBE),并在 2013 年斩获有地理学诺贝尔奖之称的魏特琳·路德地理学国际大奖(Prix International de Geographie Vautrin Lud)。

学术经历与研究重点

利物浦是迈克尔·巴蒂的故乡,他生于斯长于斯,就读于霍利班克男子高中(Quarry Bank High School for Boys),该校被称作"工党的伊顿公学",虽然学生富有才华,但大多来自普通家庭。[①] 他在曼彻斯特大学学习规划,指导教师乔治·查德威克(George Chadwick)和布赖恩·麦克劳林(Brian McLoughlin)堪称城市规划和社会科学领域中系统研究方法的先驱。正是在二人点拨下,巴蒂形成了对城市模型的兴趣,终生致力于追求理性规划和一种真正的城市科学,并在雷丁大学的城市体系课题组(Urban Systems Unit)获得了学术生涯中的第一个职位。十年后,巴蒂在卡迪夫大学(Cardiff University)获得教授讲席,并最终前往美国主持三个国家地理信息与分析中心(National Center for Geographic Information and Analysis,NCGIA)中的一个,这是联邦政府资助的研究机构。在美国的五年为巴蒂积累了掌管大型研究中心的经验,随后他重返英伦,并于 1995 年在伦敦大学学院(University College London)开启了令他蜚声国际的机构——高级空间研究院。尽管行政工作繁忙,巴蒂的学术研究却并未受到影响,研究院吸引了许多有头脑的年轻人和资深学者,研究领域广及城市与区域研究和规划,巴蒂也迎来了学术生涯的高峰。

在其为数众多的学术成果中,有三个领域始终是重点,即城市、城市规划和设计,以及城市建模。当然,这三个领域的涉及范围很广,巴蒂的研究重心也并非一成不变,他的四本书代表了其在不同时期的不同重点,这四本

---

① 巴蒂很喜欢 1957 年霍利班克的一张全家福,约翰·列侬(John Lennon)也在其中。参见 www. complexcity. info/files/2013/08/school. jpg。

书分别于 1976 年、1994 年、2005 年和 2013 年出版。在曼彻斯特大学学习规划的经历深刻影响了他的第一本书；也是在这一时期，美国城市开发中已经开始使用数学模型（参见本书关于布赖恩·贝利的介绍）。通过这种方法使城市规划更为合理，这一下子激发了巴蒂的想象力。尽管"规划支持系统"（Planning Support Systems）这一术语不久前才出现在该领域的文献中，但巴蒂在其 1976 年出版的《城市建模：运算、校准和预测》（*Urban Modelling：Algorithms, Calibrations, Predictions*）一书中已经表达了相似观点。这本书的题目就说明了作者对技术的重视，"运算"指的是将数学模型输入电脑，"校准"指的是对数据进行核实精确，"预测"则说明了城市建模的价值和意义。

巴蒂的第二本书是 1994 年出版的《分形城市》（*Fractal Cities*），这本 18 年后问世的著作与《城市建模：运算、校准和预算》有巨大差别，已不再关注规划以及与之相关的城市模型。该书意味着巴蒂的研究进入了新的阶段，那些从物理学中直接推导出的纯粹的数学方法被用来研究实际的城市。"分形"是一个几何术语，指的是几何学中的不规则形碎片，如①、②之间，②、③之间的分形维数。分形可以构建欧氏几何中所没有的自然的、不规则的形状。在《分形城市》中，巴蒂和朗利指出，许多城市形态可以通过分形几何进行研究，并理解城市发展进程与其规则状形态的关系。通过分层和自相似性，分形可以"拓展城市人口密度理论"（第 6 页）。作者在最后一章中用分形方法对卡迪夫和首尔进行了卓有成效的个案研究，并对诺福克（Norfolk）和英格兰东南部等区域做出了分析。

在 2005 年出版的《城市与复杂性：通过细胞自动机、主体模型和分形理解城市》（*Cities and Complexity：Understanding Cities with Cellular Automata, Agent-Based Models, and Fractals*）中，巴蒂探讨了另外两种城市建模学家们常用的形态研究方法：第一种是细胞自动机，该方法用细胞间相互影响的思路理解单位土地及其邻里的空间增长和变迁过程；第二种是主体模型，即大量主体（Agents）间相互作用，这里的"主体"指的是对城市土地所有者的空间选择行为在计算中的抽象。创新之处在于复杂性理论的框架，这一理论从自下而上而非自上而下的角度审视不同模型及其互动和整合，强调知识的限度和未来的不确定性，这也是数学中复杂性理论的标志。这本书与前面两部著作一样都有巴蒂的思维实验，不过这次更为关注对空间进程的分析。

书中同样有对实际案例的分析以及现实城市中的人类行为(例如步行)的分析。

巴蒂的最新著作是 2013 年出版的《新城市科学》(*The New Science of Cities*),该书鲜明地体现了巴蒂在学术上的雄心壮志,既是他学术成果的综合和提升,也是再一次的转向。全书共分为三部分,既包括全书相关概念和数学基础的介绍,也包括对自己及他人所提出的六类模型的概括,是向早年所关注的城市规划与设计的回归。该书的突破在于对复杂的互动网络的重视,这被许多学者视作城市存在与发展的根基。在这本书中,我们依然可以看到巴蒂长期以来关注的数学原则,包括分层、幂律、位序—规模法则等;也能够发现他对量化城市的模式越发关注——数据揭示了区域中城市的规模与收入、专利数量、经济分化和犯罪等指标的意义密切相关。来自全球的城市量化分析证明,上述种种指标并非随着人口的增长而呈现线性增长的趋势。许多知名物理学家也受到巴蒂影响,在这一方面发表研究成果,共同推动了大众对于"新城市科学"的关注(参见本书关于凯伦·塞托的介绍)。

核心理念

通过巴蒂的三部著作和数百篇文章可以发现他的核心理念有如下三个。首先,城市的社会进程复杂多样、难以把握,因此合理的研究策略应该是关注多样化的城市空间结构——空间结构可以反映、强化和约束社会进程(参见本书关于简·雅各布斯的介绍)。这一方法是以倒果求因的方式,通过分析作为结果的城市空间形态来寻求作为其原因的城市社会进程,与以因求果的经典社会科学范式恰恰背道而驰。其次,巴蒂相信,城市的复杂性和多样性可以通过相对简单的、可操作的数学规律来表达和分析。最后,与一般将模型视作现实的简化不同,巴蒂认为模型是思维的实验,是暂时性的比喻,有助于将直觉的感知固定下来。那些将建构模型的方法视作象牙塔中掉书袋的人,应当首先看看自己是否能够构建一种可验证的城市体系。通过巴蒂的方法,足以得出关于城市的宏观上的新认识,也有助于理解个别的城市。

不过巴蒂的方法并非没有批评者,学界常有声音指责他对城市和规划的研究过于机械和简略,并忽视了半个世纪以来城市社会的巨大变迁。但对于这一方法,似乎还是巴蒂本人的解释最为公道,他在《分形城市》的前言中写道：

> 如今，人们的注意力集中在城市的制度结构，集中在城市的社会进程
> 与冲突，集中在城市的贫困和匮乏，以及城市在地区和全球经济中的多种
> 角色。一百年来，人们努力要理解城市，但关于城市的知识依然支离破
> 碎、挂一漏万，其来源复杂多样，其背景色彩斑斓……几乎可以肯定地说，
> 我们尚未开辟足够的路径来理解城市……不过庆幸的是，我们都知道城
> 市的物理形态是一系列社会和经济进程的缩影，受到大自然和人类社会
> 两方面的影响和塑造。(1994 年，第 1 页)

所以，要理解巴蒂关于城市模型与城市建模的技术性研究，还是要到他那
些非技术性的论述中，比如上文这样的专著前言，以及他在《环境与规划 B》
(*Environment and Planning B*)数十年如一日工作中写下的按语，还有那些
数不清的文章和随笔——无论它们是关于城市建模和城市变迁的哲学思考，
还是关于城市模型预测之局限和城市间巨大差别的感慨。得益于时常在城市
之间的长途旅行，他的按语总是围绕着城市社会、经济和政治条件，其中不乏
奇思创想和生花妙笔。这些文章带领读者突破传统关于城市形态的观点及其
局限，去往那些尚未被人探索的领域。

对城市研究的贡献

巴蒂对城市研究的贡献一方面来自于他的学术研究，另一方面来自于他
在学界内外的领袖地位。作为知名学者，巴蒂在其研究领域内享有巨大威望，
在城市建模、规划和设计领域拥有强大影响力。即使那些与他学术传统不同
的人，也不能不受到巴蒂的影响并从中受益。

37   在现在这个计算处理能力越来越强、数据规模越来越大、城市建模的投入
经费越来越多的时代，巴蒂依然坚守着"小就是好"的传统理念。尽管现在这
些大规模工程的结果往往只能是有条件的预测，但巴蒂的研究却提醒我们，对
于这些高度复杂、依赖大规模数据的研究，最好还是不要太过信任。想一想
吧，如今大多数领域的决策正越来越依赖"证据"，似乎智慧可以直接从数据中
得来，巴蒂的看法堪称一针见血。

除了亲自在学术的沙场上建功立业,巴蒂在 CASA 也培养了一代又一代的博士生,其中许多如今已在知名学府谋得教授席位。同时,CASA 也成为一个巨大的学术"广场",来自世界各地的城市研究者在这里进行访问研究,对资深学人和初入门者莫不有所助益。他的另一个学术研究领域之外的贡献在于主编《环境与规划 B》。此外,他的文章发表在许多刊物和自媒体上,其中大多属于物理学领域,还有科普类杂志以及博客上;巴蒂还受到各国学术界的欢迎,演讲邀约数不胜数。

巴蒂的作品并不适合所有人。他很少提及政治、社会和经济,很少提及社会正义、不平等、贫困和压迫,甚至很少提及城市学家或者普罗大众所关注的问题。在《新城市科学》第三部分,巴蒂尝试着探讨规划和设计领域中政治性的集体决策,但似乎并不成功。这似乎是自相矛盾的,因为巴蒂很享受自己的国际知名度。他的著作影响了许多不同领域的城市研究者——他的模型简约却很有启发性,他为不同领域的专家搭建了沟通的桥梁,尤其是物理学,他的观点的创新之处影响了很多人。他的观点甚至有些形而上的味道,把表面上混乱的城市生活与建筑和街道等实体联系在一起。巴蒂关于思维实验的看法可以解释他的观点为何吸引人。从最好的角度看,这种方法能够在无处入手的社会力量中找到可操作和可量化的切入点;即便从最差的角度看,这种方法也可以启发读者思考。这里没有所谓"科学权威"。他的"新城市科学"往往是暂时性的,而且没有定型。对于巴蒂提出的问题,进行量化研究的城市研究者无法回答;他所引用的数据多达数百甚至上千。

参考文献

Batty,M. (2008a) "Fifty years of urban modelling: Macro statics to micro dynamics", in S. Albeverio, D. Andrey, P. Giordano and A. Vancheri (eds.) *The Dynamics of Complex Urban Systems: An Interdisciplinary Approach*. Heidelberg: Physica-Verlag, pp. 1 – 20.

Batty,M. (2008b) "The size, scale, and shape of cities", *Science*, 319 (5864): 769 –771.

Batty,M. (2012) "Building a science of cities", *Cities*, 29: 9 – 16.

Batty,M. (2013b) Michael Batty at TEDxLondon-City 2. 0. Available at: www. youtube. com/watch? v=q00h_oSwySw.

Batty，M.，Desyllas，J. and Duxbury，E.（2003）"Safety in numbers? Modelling crowds and designing control for the Notting Hill Carnival"，*Urban Studies*，40(8)：1573 -1590.

Centre for Advanced Spatial Analysis (CASA)（n. d. ）The Bartlett School，University College London. Available at：www. bartlett. ucl. ac. uk/casa.

布赖恩 J. L. 贝利
BRIAN J. L. BERRY

埃尔文·怀利　英属哥伦比亚大学

(Elvin Wyly，University of British Columbia)

代表作 39

Berry，B. J. L. (1964) 'Cities as systems within systems of cities'，*Papers of the Regional Science Association*，13：147 – 163.

Berry，B. J. L. and Kasarda，J. (1977) *Contemporary Urban Ecology*. New York：Macmillan.

Berry，B. J. L. (1991) *Long-Wave Rhythms in Economic Development and Political Behavior*. Baltimore：Johns Hopkins University Press.

Berry，B. J. L. (1992) *America's Utopian Experiments*：*Communal Havens from Long-Wave Crises*. Hanover，NH：Dartmouth College/University Press of New England.

Berry，B. J. L. and Wheeler，J. (eds) (2005) *Urban Geography in America*，*1950 – 2000*：*Paradigms and Personalities*. New York：Routledge.

导言

毋庸置疑,布赖恩 J. L. 贝利是将量化空间分析和科学方法引入城市研究的先驱。贝利虽然生于英国,却是彻彻底底的美国地理学家,他在美国社会的冷战焦虑——担忧被苏联科学赶超——中迎来了自己的学术高峰。大量资金投入大学用于计算机研究,由此引发了社会科学领域的"量化革命"(Quantitative Revolution),即通过数据处理可以验证和完善理论框架,可以精确测量城市化—工业化社会的复杂性。贝利着手构建了"城市科学"(Science of Cities)，使得城市研究和地理学在地位、影响力和准确性上足可匹敌物理学等 19 世纪发展起来的"硬"科学。相比之下，传统城市研究以历史学为主，强调的是城市间的差异与偶然性，贝利的实证主义方法则旨在揭示经济发展、移民和社会变迁导致对空间的一般影响——他的研究利用的是可测量的假说和可复制的测量方法来形成一般性的理论和科学法则。贝利是美国国家科学院最年轻的当选社会科学家，毫不妥协地致力于追求科学般的客观性、经验可证的理论和与决策相关的研究。

40

布赖恩 J. L. 贝利是得克萨斯大学达拉斯分校（University of Texas at Dallas）的劳埃德·维尔·伯克纳评议教授（Lloyd Viel Berkner Regental Professor），曾任经济、政治和政策科学系主任。

学术经历与研究重点

贝利于 1934 年生于英格兰斯塔福德郡的一户工人家庭。他精于学业，1955 年在伦敦大学学院获得经济学学士（并辅修地理）后得到富布赖特项目（Fulbright Scholarship）资助前往美国攻读研究生，从这里开始，贝利点燃了美国地理学界的量化革命之火。

在西雅图华盛顿大学攻读硕士（1956 年）和博士学位（1958 年）期间，贝利开创了将经济学和空间分析有效结合的方法。他将经济学的方法运用到生产和交换空间的分配上，并整合了"区域科学"（Regional Science）这一年轻学科的两种路径：一方是逻辑的、演绎的抽象方法，另一方是通过观察进程和模式而得出的归纳的、经验的方法。由此，贝利将城市化定义为经济竞争、技术创新和社会—政治变迁的一种可以科学测量的进程。在他看来，城市的空间变迁是人类社会和自然—社会关系的基本特征，并且用一系列数据和数据分析支撑了这一观点。

1958 年，也就是芝加哥社会学派（Chicago School of Sociology）这一现代工业社会的社会科学与城市翘楚正处于巅峰之时，贝利来到了芝加哥大学，并很快带动了芝加哥地理学派（Chicago School of Geography）的崛起。1967 年，贝利的第一部著作《市场中心和零售分配的地理学》（*Geography of Market Centers and Retail Distribution*）出版，针对第二次世界大战后美国勃兴的消费经济,这本书提出了新的分析框架以解释其空间变迁,书中的模型和数据既可以分析不同商品和服务的等级体系,也可以分析提供不同商品和服务的城镇的等级体系,可谓城市零售业分析的宏大而有效的路径。在 1973 年出版的《城市化对人类的影响》(*The Human Consequences of Urbanization*)中,贝利将"区域科学"放大到全球,由此提出了对现代化与城市化伴生关系这一传统观点的质疑,通过探讨世界主要区域之社会政治系统的不同生成路径,分析了城市化如何反映时间和文化的差异并将其再生产。1976 年,贝利发表论文《城市化与反城市化》("Urbanization and Counterurbanization"),分析了交通和通信技术在美国城市去中心化和分散化过程中的作用,使其为"全国整合性社会"(A National Society)中的"全国性定居系统"(A National Settlement System)。次年,贝利与约翰·卡萨达(John Kasarda)合著的《当代城市生态》(*Contemporary Urban Ecology*)出版,此书修正了芝加哥大学社会学派在前计算机时代对邻里的个案分析,运用地理学的方法,并结合大量数据,对当代大都市社会—文化的多重面向展开了分析。

　　贝利于 1975 年入选美国国家科学院,次年获聘哈佛大学城市与区域规划杰出教授,并担任计算机制图学和空间分析实验室(Laboratory for Computer Graphics and Spatial Analysis)主任。1981 年,贝利出任卡内基-梅隆大学 41 (Carnegie Mellon)城市与公共事务学院院长,1986 年加盟得克萨斯大学达拉斯分校担任政治经济学教授,其学术重点也转向城市化中经济、人口和政治的长时段变迁。

核心理念

　　可以说,贝利的三个理念彻底改变了城市研究。首先是城市体系(Urban Systems)这一研究框架,即不同城市在功能上被货物、服务、观念、资本、劳动力和政治权力联结在一起,相互依赖并构成城市体系(参见本书关于加内特·阿布-卢哈德和萨斯基亚·萨森的介绍)。城市体系是典型的等级结构,通过城市体系可以高度准确地预测不同定居模式的数量、多样的经济功能及其服务的贸易区域的规模,而预测的精准性既提高了实证主义城市研究的科学性,也使得研究者可以对城市的种种服务进行有效量化。预测与实际之间的偏差可以用历史或地理因素加以解释,包括自然资源的分布、气候和地形、殖民主义的历史、人口迁移、民族主义和战争。经济活动的空间性一方面制造了城市内部的等级结构，同时在外部形成了等级化的城市体系，正如贝利在关于塑造战后社会科学之系统论的里程碑式研究中所言，城市是"城市体系中的体系"（Systems within Systems of Cities，参见本书关于简·雅各布斯的介绍）。

其次是城市化的长周期。两百年来，美国城市化的平均周期大约为五十年，与之类似的是扣除通货膨胀后的人均国民生产总值（GNP）周期，在贝利看来，城市建设与经济波动之间的密切联系反映了资本主义城市化深层次的社会机制，他引用了大量与价格周期（康德拉季耶夫长周期，Kondratiev Waves）和宏观经济增长（库兹涅茨周期，Kuznets Cycles）相关的数据，创造了一个多层次的变迁模式：在大约五十五年的危机—复苏—繁荣—停滞的周期中，存在着二十五至三十年的通货膨胀和通货紧缩。几乎所有的政治系统、企业、投资人以及个人和家庭关于教育和职业的规划都受到这一长周期的影响，因此，长达数代人之久的经济周期成为贝利城市研究的背景——在这样的周期里，个人、家庭和社会政治机构做出选择和决断。在这一长周期内的一些无意的措施可能会强化或放大内部的周期，那些在萧条和恐慌之后出现的报复性投资很可能会进一步加剧。贝利认为，"无论你喜欢与否，我们总是生活在剧烈的复杂性中无法自拔，从整体上看，人类社会是一个可以自我调节的有机组织，在不断发展的道路上前后摇摆，保持平衡"（1991 年，第 11 页）。

第三个核心理念可以被称作进化的城市政治经济（Evolutionary Urban Political Economy），这一理念来自于成长过程中的社会政治变迁。贝利求学的阿克顿郡文法学校校长迈尔斯（G. C. T. Miles）是英国共产党中央执行委员，晚年前往中国定居。对于贝利而言，"学校的知识氛围就是那样，而且社会民主主义政府正在掌权，冷战也在加剧，所以我们时常关注共产主义和资本主义的竞争"，"当时学校外面常有人问我们政治问题，我后来常常想起这些问题"（2002 年，第 19 页）。两相比较之下，贝利选择了美国，选择了资本主义，他在伦敦大学学院求学的最后一年，在历史地理研讨课上确定了自己的研究方向，即弗雷德里克·杰克逊·特纳根据美国历史提炼出的边疆模式。他在美国求学的机会和初出茅庐时的工作恰逢美国资本主义在冷战时代的黄金时期，学校的主要经费和研究资助一方面来自联邦政府与企业达成的高速公路规划和民防工程合同，另一方面来自海军研究的需要。但当贝利毕业并进入大学工作后,也就是他所说的"在教室后排听米尔顿·弗里德曼(Milton Friedman)讲授宏观经济学的时候"(1993 年,第 439 页),经济、人口、文化和政治的长周期进入新阶段,城市开始动荡不安。与此同时,实证主义研究饱受批评——所谓的客观性和政治中立背后实际上是国家权力、缺乏思考的平庸观点,而打着"官方"旗号的数据只是强化现状,无益于改变。

但贝利并没有坦然接受反对派的观点,并与大卫·哈维展开激烈辩论。哈维与贝利同是英国人,在布里斯托尔时从事的实证主义地理研究堪称该领域的《圣经》;但 1969 年哈维来到美国约翰·霍普金斯大学后却转向马克思主义,此后学术观点日益激进,而且投身政治,积极支持民权运动,反对美国参与越战。哈维曾把贝利称作是"技术官僚式的精明小子"(Technocratic Whiz Kid),这话可不是赞美——罗伯特·麦克纳马拉①曾与他的"精明小子们"(Whiz Kids)在二战后用系统分析方法成功改造了福特公司,后来他们又把系统方法用到了国防部,结果越战升级了。在哈维看来,贝利就是另一个麦克纳马拉,"对于客观性持自由主义者的态度,天真地信仰技术官僚式的'科学'方法,浑然不知其中蕴含着'更大悲剧的种子'"(1975 年,第 103 页)。

贝利捍卫这样的"科学",并推动美国地理学渐进式而非革命式的前进,提出了"空间系统的适度变迁"理论,将城市体系、长时段与同时期关于社会进化的诸多系统性理论融合在一起,他的这一观点首先发表在《南非地理学刊》(*South African Geographical Journal*)上,几年后在其就任美国地理学家组织(Association of American Geographyers)主席的演讲中进一步完善。在他看来,"社会有机体"(Societal Organism)借助技术进步以及更丰富的信息可以拥有更强大的控制能力和动员能力,足以抵抗周期性的衰退、保持稳定增长,前提就是"我们利用信息时代的全部成果"(1980 年,第 458 页);而"比起作为资本主义发展核心的'个人过度'(Individual Excess),我们不但可以深化对人类自身的认识,也可以确保未来免于集体无意识行为的后果"(1991 年,第 198 页)。哲学家怀特海(Alfred North Whitehead)的理念即宇宙处在不断的进化中影响了贝利,促使后者提出了"自适应学习体系"(Adaptive Learning Systems)的概念,即人类和整个宇宙都相信进化,历史、事件和对未来的预期

43

---

① 罗卜特·麦克纳马拉(Robert McNamara),曾任福特公司首席执行官和美国国防部长,是美国全力投入越战的积极鼓动者。——译者注

都发生在这一背景中——例如，已经发生的事情所形成的环境是将要发生的事情的背景，如此一环扣一环，共同指向一个长远的终极目标。相比帕特里克·盖迪斯 1915 年在《进化中的城市》提出的观点，以及罗伯特·帕克为代表的芝加哥学派的人类生态学的观点，贝利的进化城市主义理念更为全面，他写道："有必要认识到自然与文化进程的相互依赖产生了种种模式，包括实现期望的方法；这又反过来促进或修正了自然与文化的进程。换句话说，这是一种期待式的进化。"（1980 年，第 456 页）可以说，今天的进化经济学、新自由主义的去管制理念以及硅谷等智慧城市遇到的新问题都验证了贝利之论断的准确性。

贝利认为，这意味着美国的所有学科都必须符合"那些塑造美国学术景观的一系列规则和前提"，尤其是"社会主流一致认可的看法，也就是通过私营部门中的个人努力才能产生解决问题的办法；美国社会致力于给人们提供更多的机遇，增加关于个人机遇的信息，以使更多的人融入社会主流、增强社会流动性，同时保证权力的适度集中，使那些受市场波动冲击的人有更强的抗风险能力"（1980 年，第 455 页）。

就在贝利这番关于美国主流社会的宏论发表之后几个月，罗纳德·里根（Ronald Reagan）以压倒性优势当选总统，其背后是反对大政府的右翼保守派和卷土重来的基督教福音派。里根的当选意味着美国与撒切尔夫人治下的英国和皮诺切特治下的智利一样进入了新自由主义市场化的通道，但美国的独特之处在于，尽管社会达尔文主义之风弥漫——例如经济竞争中的适者生存——却鲜少有人拥护社会达尔文主义。20 世纪 80 年代以来，贝利的研究基本分成两方面。一方面，贝利继续自己对后工业时代美国和其他国家大都市区和技术进步所导致的空间变迁的研究；另一方面，随着对新学术观点质疑的加深，以及在文化趋势和"免遭长时段危机袭扰的社区"理念的影响下，贝利开始从事文化政治经济学研究，并在 1992 年斩获纳尔逊·洛克菲勒社会科学奖（Nelson A. Rockefeller Prize in Social Sciences）。他正在观察美国，并不认为"长时段的文化适应就是进化"（1980 年，第 457 页）。贝利与埃利奥特共同研究了所谓的"奥巴马问题"（The Obama Question）——即康德拉季耶夫周期转折期的选举——并警告说，奥巴马执政下的民主党正在失去其传统联盟即北部多族裔的城市政治机器和南部种族主义的经济民粹主义者的支持，其选民基础正转向大都市区青年、少数族裔、同性恋、移民和土著美国人，"宪法捍卫的公民权利”正处于危险之中（2015 年，第 265 页）。

对城市研究的贡献

贝利既将实证主义方法融入地理和城市研究，又把地理和城市研究纳入 44
实证主义方法，但其最初的结果并不尽如人意——贝利最初在 20 世纪 50 年
代发表的论文经常被观点保守的编辑拒绝，认为这“不是地理，而是数学”。但
情况很快发生了变化，不到十年，当社会科学引文目录（*Social Sciences
Citation Index*）第一版问世时，贝利是地理学中引用率最高的学者，这一地位
持续了二十五年之久。自从 1956 年第一次在学术作品中署名后——那是一
部为华盛顿州民防局所撰写的核战争之后如何保命的著作，贝利和他人共同
完成了其中一章——贝利共发表各类学术文章逾 550 篇（部），包括科研报告、
论文、书评、专著、著作的章节以及编者按，此外还主持了超过 115 篇博士论文
的答辩。

学术声望给了贝利影响政策的机会，他的理论不断在实践中经受检验。
贝利认为，社会—自然进化是潜在的、普遍的原则，用他自己的话说，就是“经
济生活的地理组织，其根本特征是成系统的等级化”（1960 年，第 12 页）。他
的这一观点支配了发展和规划的理论，也被那些寻求贝利专业知识的机构所
接纳。白宫全国发展目标研究办公室（White House National Goals Research
Staff）、世 界 银 行、阿 巴 拉 契 亚 区 域 委 员 会（Appalachian Regional
Commission）、美国国际开发署，以及印度尼西亚、巴西、斯里兰卡政府等都向
贝利寻求帮助。他的理论影响了投资人、规划师和开发商，帮助他们适应今日
快速变化、结构调整中的和城市化的空间经济。贝利引领了城市科学的建构，
由此引起了一连串的革命，无论实证主义与否，对城市和城市生活的理解都更
为多元。

参考文献

Berry, B. J. (1960) "The impact of expanding metropolitan communities upon the central
　　place hierarchy", *Annals of the Association of American Geographers*, 50 (2):
　　112-116.

Berry, B. (1967) *Geography of Market Centers and Retail Distribution*. Englewood

Cliffs, NJ: Prentice-Hall.

Berry, B. (1973) *The Human Consequences of Urbanization: Divergent Paths in the Urban Experience of the Twentieth Century*. Chicago, IL: Chicago University Press.

Berry, B. (ed.) (1976) "Urbanization and counterurbanization", *Urban Affairs Annual Reviews*, 11.

Berry, B. J. L. (1980) "Creating future geographies", *Annals of the Association of American Geographers*, 70(4): 449 – 458.

Berry, B. (1993) "Geography's quantitative revolution: Initial conditions, 1954 – 1960. A personal memoir", *Urban Geography*, 14(5): 434 – 441.

Berry, B. (2002) "Clara voce cogito", in Peter Gould and Forrest R. Pitts (eds) *Geographical Voices: Fourteen Autobiographical Essays*. Syracuse, NY: Syracuse University Press, pp. 1 – 26.

Elliott, E. and Berry, B. (2015) "Long waves in American politics, Part two: The Obama question", in L. Grinin, T. Devezas and A. Koratayev (eds) *Kondratieff Waves: Juglar, Kuznets, Kondradiev*. Volgograd: Uchitel Publishers, pp. 265 – 275.

Geddes, P. (1915) *Cities in Evolution*. London: Williams and Norgate.

Harvey, D. (1975) "Review of The Human Consequences of Urbanization", *Annals of the Association of American Geographers*, 65(1): 99 – 103.

Turner, F. J. (1921) *The Frontier in American History*. New York: Holt.

M. 克里斯蒂娜·博耶
M. CHRISTINE BOYER

奥古斯丁·科科拉-甘特　里斯本大学
（Agustin Cocola-Gant，University of Lisbon）

代表作　　　　　　　　　　　　　　　　　　　　　　　　　45

Boyer，M. C.（1983）*Dreaming the Rational City：The Myth of American City Planning*. Cambridge，MA：MIT Press.

Boyer，M. C.（1985）*Manhattan Manners：Architecture and Style，1850 - 1900*. New York：Rizzoli.

Boyer，M. C.（1994）*The City of Collective Memory：Its Historical Imagery and Architectural Entertainments*. Cambridge，MA：MIT Press.

Boyer，M. C.（1996）*Cyber Cities：Visual Perception in the Age of Electronic Communication*. New York：Princeton Architectural Press.

导言

　　M. 克里斯蒂娜·博耶既是城市史学家也是城市理论家,主要研究美国城市规划史、城市历史遗产及其保护和计算机科学,同时对于增进对城市政治经济和文化经济的理解产生了重要影响。博耶的作品主要关注三个问题——城市规划史中隐含的权力关系、城市形象背后的政治和城市的历史意向,以及当代城市与虚拟信息网络间的关系。尤其是前面两个,可谓博耶对城市研究最重要的学术贡献,集中体现在她于 1983 年出版的《筑梦理性城市》(*Dreaming the Rational City*)和 1994 年出版的《集体记忆的城市》(*The City of Collective Memory*)。通过研究城市史,博耶用谱系学的视角来理解城市和公共空间在从现代社会向后现代社会的过渡中之作用，揭示了对利润和社会控制的追求是资本主义城市发展的内在逻辑。

如今，博耶是普林斯顿大学建筑与城市学小威廉·凯南讲席教授（William R. Kenan Jr. Professor）。

学术经历与研究重点

46　　M. 克里斯蒂娜·博耶在麻省理工学院学习美国城市规划史和比较城市开发，并获得硕士和博士学位。此后，博耶先后执教于宾夕法尼亚大学和哥伦比亚大学，担任纽约普拉特学院（Pratt Institute）教授并主持城市和区域规划项目（City and Regional Planning Program），直到 1991 年来到普林斯顿。

博耶在城市研究领域涉猎甚广，她的四部专著涵盖了广泛的主题。第一部著作即《筑梦理性城市》尝试了结构主义哲学与城市规划史的结合，这也是她早期的学术兴趣之所在。这本书挑战了城市规划史的基本观点，即人道主义和市政改进决定了城市规划的发展历程，而认为资本积累和维护秩序才是规划的真正动因，这也是规划未能解决城市结构性弊病的根源。博耶虽然强调经济因素和地产开发商在资本主义社会中的重要角色，但更重要的是，她将米歇尔·福柯（Michel Foucault，参见福柯，1984 年）的观点引入城市规划史研究。福柯认为，人类社会存在着一套看不见的"规训系统"（Discipline）来规范社会成员的行为，其目的在于维系现存的社会结构；这种维系并非通过强制手段，而是通过观察、注视等日常生活中的潜移默化。博耶用福柯的方法来研究 19 世纪末到第二次世界大战期间的美国城市史，并将城市规划视作一系列维系社会秩序的手段之一。凭借大量原始档案和官方文献，博耶告诉读者自己的观点并没有错。

博耶的第二部著作《曼哈顿方式》（*Manhattan Manners*）则探讨了 1850—1900 年间曼哈顿的历史变迁。此书尝试了社会史与建筑学和城市规划的结合，重点关注房地产利益集团在为纽约精英阶层提供居住空间中的作用。读者阅读该书不难发现，一个有产者阶层正浮现在世纪末的曼哈顿，他们急于用建筑——无论住房还是商用建筑——展示自己的财富、地位和奢华；但他们并不能完全掌控建筑，建筑商和地产商同时将其作为一种投资活动来施加影响。

第三部著作《集体记忆的城市》则进一步完善了博耶的政治经济学研究方

法,对于城市史研究和城市理论均产生了巨大影响。"集体记忆"(Collective Memory)是法国哲学家莫里斯·哈布瓦赫(Maurice Halbwachs)在1925年提出的概念,他否定记忆是一项个人的心理行为,认为社会的主导群体控制了记忆的塑造过程。博耶将其应用到城市研究中,探讨了人们如何通过举办纪念活动和保护历史遗迹来过滤集体记忆,并由此揭示出记忆不仅具有社会属性(Social),也具有空间属性(Spatial),这是她对哈布瓦赫概念的完善。这本书的时间跨度从前工业时代直到20世纪90年代,依靠来自艺术学、历史学、地理学、规划和批评理论的多种概念,一方面解释了不同时代的集体记忆如何被生产,另一方面揭示了集体记忆与公共空间重构间的关系。博耶同样注意到市场化和商品化对城市历史遗迹景观的影响,从这一点出发可以更好地理解对历史的社会建构。读者都明白,统治阶层往往采用重构或强化历史的方法,把多种记忆与具体的地点相联结;博耶告诉我们,当代城市中的历史遗迹也被用于休闲娱乐,因此也是场所提升(Place Promotion)的重要路径。

47

博耶的下一部著作《赛博城市》(Cyber Cities)标志着她的学术志趣转向计算机科学和虚拟信息网络。与威廉·米切尔类似,博耶也关注信息技术如何改变了当代城市的社会和空间秩序。她再一次从法国哲学界寻找启发,这一次发现了吉尔·德勒兹(Gilles Deleuze),后者认为现代发达技术尤其是计算机技术主导下的数字社会(Numerical Societies)已经取代了福柯的规训空间,数字符号代替了社会规范。博耶借用了小说家威廉·吉布森(William Gibson)创造的"赛博"一词,并引用了大卫·哈维和爱德华·索佳(Edward Soja)的时空压缩理论,在书中提出了虚拟世界将取代我们生活中的地点和场所的观点。她意识到,随着我们越发依赖计算机和电子技术,人类正在与他们生活的场所隔离开来。

核心理念

博耶从历史入手,为理解当代城市打开了一条通途,但她的方法论并非传统意义上的史学,也就是以时间为线索的线性进步的历史,而是福柯式的谱系学,致力于探索社会中的特定权力关系(参见本书关于亨利·列斐伏尔的介绍)。福柯式的权力尽管更多的是隐藏在深层次的社会结构中而非为所有成员所显见,但有明确的空间特征;正是从这里出发,博耶建构起福柯式权力与规划史的联结。对于博耶来说，真正值得关注的是从 19 世纪到 20 世纪 90 年代期间推动空间变迁的社会因素，在对这些因素进行的研究中，博耶通过谱系学深化了对于现代向后现代转型中城市与公共空间的作用。

与此同时，博耶在其谱系学中融入了马克思式的经济分析，由此创造了研究城市政治经济与空间之社会构造的新方法。《筑梦理性城市》与《曼哈顿方式》堪称这一新方法的代表，这两部著作指出，城市的统治集团将城市视作牟利工具，由此决定了房地产商对城市规划的巨大影响。与列斐伏尔等关注后工业城市之空间生产的学者不同，博耶告诉读者，发达资本主义同样离不开历史资源，并揭示出在大企业和房地产业，尤其是在他们影响政府的能力的左右下，城市规划在城市发展过程中只能扮演次要角色。

48　　《集体记忆的城市》是用历史学的方法分析城市形象的构建，探讨了 20 世纪七八十年代重塑美国和欧洲城市的历史遗迹保护、城市设计和后现代主义建筑。对于上述话题的探讨并非博耶的独创，但其他学者如沙伦·祖金，更为关注历史遗迹保护和城市设计帮助城市在资本和劳动力的争夺战中获胜的作用（通过改善城市形象和增加象征资本［Symbolic Capital］），而博耶注意的则是城市历史形象与再现的政治（Politics of Representation）之间的关系。在该书中，博耶分析了 19 世纪一座城市的形象如何被植入和影响当代人对这座城市的看法，那些在城市空间绅士化中扮演重要角色的房地产集团，他们对老建筑和旧社区的维护被博耶视作"审美回归城市规划"（1988 年，第 49 页），同时也将 19 世纪城市的视觉形象和城市建设中再现的政治带入当代，而建筑也再度充当了场所提升中的商品和公共形式。

博耶对现代社会向后现代社会转型中的城市的研究，其根基在于对集体记忆和记忆之空间形态的历史学研究，在她看来，社会记忆与社会空间相结合，构成了现代身份认同的主体，这与多洛伊斯·海登等学者的观点类似。所不同者，博耶通过分析 19 世纪末到 20 世纪 90 年代不同的再现系统（System of Representation），揭示了对历史和空间物质形态的关注如何转化为政治权力，从而将历史从思想观念转化为城市形象并将形而上的意义展现转化为现实中的操作手段。博耶的历史研究方法从根本上质疑了后现代主义关于地方传统与景观的解释，而更强调在历史之流中以连续性的角度观而察之。

《集体记忆的城市》也批判了后现代主义"对整体的否定"，即对现代主义权威性的批判和对多元异质性的呼吁。由此出发，博耶提醒我们不要忘记德国哲学家本雅明的观点，即历史是胜利者的历史，现存的历史记载体现的是资产阶级的价值观；因此，当下对历史的再利用和再现的政治也是资本主义发展阶段的体现。历史和传统都是被发明的，与其相反的声音会被集体记忆的社会生产机制过滤；历史也不断被商品化，由历史资源所塑造的新型空间也随之被碎片化，从而形成了"城市舞台"（City Tableaux）即岛屿状的休闲生活方式，这是博耶的重要观点。也就是说，历史被商业化是资本再生产的天然逻辑，反对声即使存在也无法表达。

电子通信技术在人类经验与城市生活中所扮演的角色，是博耶关于后现代主义城市的核心观点，尤为重要的是人类如何在虚拟时代构建自己的社区，这也是如威廉·米切尔等许多学者的观点。博耶认为，由于电子通信技术和赛博空间起到了压缩时空的作用，虚拟世界将重置地方社区的生活经验；因此，被视作冲击了现代主义权威的后现代"多元主义"也成为其《赛博城市》一书的核心观点。后现代主义认为，赛博空间和新技术将构建持久的联系，并形成开放型和扁平的关系结构从而形成新型社区；但博耶的观点恰恰相反，认为虚拟世界将导致人脱离其周边物质环境，后现代主义对整体的否定及其对统一性与中心性的颠覆表现出激进的反城市态度，并使后现代主义与城市的现实相悖——尽管城市是现代主义的焦点，但城市正在衰退，计算机却崛起成为文化和社会的新节点。战争已经打响，旨在颠覆城邦（Polis）作为西方公共生活中心的地位，这将打破城市规划的重要性，也将改变自启蒙时代以来关于公共生活的共识。虚拟世界的扩张、电子通信技术的发展以及时空被压缩共同构筑了一幅幻象，让人们自以为获得了更多选择的自由和表达异议的自由，但实际上正如博耶所言，这一切也意味着沉重的代价，那就是当代城市中社区精神和公共生活的消失。

49

对城市研究的贡献

博耶告诉我们，城市研究离不开对当代城市之历史根基与发展进程的关注，她的经验主义研究关注了一系列后现代主义城市的特征，包括城市空间的商品化、城市形象、社会控制以及资本积累与城市规划的关系；这些问题并非没有先例，而是在18—19世纪均已出现。通过研究历史上的类似问题，博耶重新思考了后现代主义，认为这一看似背离现代主义传统的激进观点所揭示的现象实际有其历史的根源,是启蒙时代以来社会主导权力的延续。

同时,博耶的跨学科方法也突破了历史研究的局限,并影响了人文社会科学的许多领域,尤其是她对记忆与场所之关系的研究——记忆的社会属性以及空间的社会生产,构建记忆场所以联结历史与现实的方法等。不难发现,博耶关于利用公共纪念活动、纪念碑和历史遗迹来重构集体记忆的研究影响了许多学科的学者,尤其是文化地理、社会学和文化研究。

博耶对城市研究的重要贡献在于将福柯的理论与方法引入城市规划研究。尽管她也借鉴了后马克思主义和批评理论的核心思想,但福柯理论与方法才是博耶分析空间关系的关键工具,这对于规划师和建筑师来说尤其重要——虽然他们的工作本来就是联结人与空间,但福柯的理论与方法深刻揭示了空间与社会属性的分裂。所以尽管他们掌握着具体的规划工具和技术,但博耶的著作提示我们,规划的社会属性万万不可忽视。

参考文献

Boyer,M. C.(1988)"The return of aesthetics to city planning",*Society*,25(4):49 –56.

Boyer,M. C.(1992a)"Cities for sale:Merchandising history at South Street Seaport",in M. Sorkin(ed.)*Variations on a Theme Park:The New American City and the End of Public Space*. New York:Hill and Wang,pp. 181 – 204.

Boyer,M. C.(1992b)"The imaginary real world of cybercities",*Assemblage*,18:114 – 127.

Boyer,M. C.(2007)"Urban operations and network centric warfare",in M. Sorkin(ed.)*Indefensible Space:The Architecture of the National Insecurity State*. New York:Routledge,pp. 51 – 78.

Boyer,M. C.(2008)"The many mirrors of Michel Foucault and their architectural reflections",in M. Dehaene and L. de Cauter(eds)*Heterotopia and the City:Public Space in a Postcivil Society*. London:Routledge,pp. 53 – 74.

Boyer,M. C.(2010)"Societies of control and chrono-topologies",*Critical Studies*,32:203 – 222.

Foucault,M.(1984)*The Foucault Reader:An Introduction to Foucault's Thought*. London:Penguin.

尼尔·布雷纳

NEIL BRENNER

陶里·图夫科尼　塔林大学

（Tauri Tuvikene，Tallinn University）

代表作　51

Brenner，N.（1999）"Globalization as reterritorialization：The re-scaling of urban governance in the European Union"，*Urban Studies*，36(3)：431-451.

Brenner，N. and Theodore，N.（2002）"Cities and the geographies of 'actually existing neoliberalism'"，*Antipode*，34(3)：349-379.

Brenner，N.（2004）*New State Spaces：Urban Governance and the Rescaling of Statehood*. Oxford and New York：Oxford University Press.

Brenner，N.（ed.）（2014a）*Implosions/Explosions：Towards a Study of Planetary Urbanization*. Berlin：Jovis.

导言

　　尼尔·布雷纳是当代城市学家中的翘楚,其作品深受亨利·列斐伏尔和马克思主义影响,反过来又影响了关于城市等级、新自由主义和城市关系的研究。他的学术生涯开始于对国家尺度再调整(State Rescaling)与新自由主义的关注,并出版专著《新国家空间》(*New State Space*)。此后,布雷纳转向对城市理论的研究,尤其是批评的城市研究(Critical Urban Studies)和"城市"(Urban)概念的探讨,对前述话题的关注虽然仍在继续但已所剩无几。尤其是担任哈佛大学研究生院设计专业的城市理论学教授以来,布雷纳尤为关注城市概念以及星球城市化(Planetary Urbanization)。在此之前,他曾在纽约大学担任社会学与大都市研究教授。

学术经历与研究重点

布雷纳的城市研究方法和他对"尺度"概念（Scale）的关注始自他在芝加哥大学的博士论文《全球城市，全球-地方国家：欧盟的国家尺度再调整和城市治理的再造》（"Global Cities，Glocal States：State Rescaling and the Remaking of Urban Governance in the European Union"）。有意思的是，他毕业于政治学而非与城市相关的学科。这篇论文来自他在法兰克福和阿姆斯特丹的调查，这也是他在研究国家尺度再调整时经常用的两个案例城市。在此之前，布雷纳于 1995—1996 年在加州大学洛杉矶分校地理系获得硕士学位；尽管只有短短一年，洛杉矶分校的经历却激发了他对社会—空间理论、政治经济地理和城市研究的兴趣，不然的话，未来的布雷纳也许会投身哲学、社会学或政治学，他在这些领域也投入不小。

正是得益于如此广泛的社会科学知识背景，布雷纳的研究有着强烈的理论和概念倾向，信息量丰富、思辨性极强，他对城市研究的贡献主要不在于细致的研究成果，而在于开辟新的理论和概念框架。他的大部分著作是与其他学者合作完成的，包括共同主编的专著和共同撰写的论文，例如与罗杰·基尔（Roger Keil）、鲍勃·杰索普（Bob Jessop）、克里斯蒂安·施密德（Christian Schmid）、尼克·西奥多（Nik Theodore）、杰米·佩克（Jamie Peck）、玛吉特·梅耶（Margit Mayer）、戴维·梅登（David Madden）、马丁·琼斯（Martin Jones）和戈登·麦克劳德（Gordon McLeod）等学者的合作。因此要了解布雷纳对城市研究的贡献，不仅要关注他独著的作品，更要关注他与其他学者的合著，后者往往更具影响力。

布雷纳广泛的研究领域大概可以划分为三个方面。第一个方面是他的早期研究，关注城市治理的形式、机构和参与者，并从概念的角度出发，探讨了政权（State）在超国家（Supra-Nation）和亚国家（Sub-Nation）层面的作用，尤其是后者。布雷纳与尼尔·史密斯和埃里克·斯温格多（Erik Swyngedouw）等学者一道批评当代城市研究，深化了对城市等级再生产及其背后的政治的理解。第二个方面是国家尺度再调整的延伸，涉及新自由主义尤其是新自由主义的城市治理。他与尼克·西奥多和杰米·佩克进行的合作研究，在欧盟和美国等国家付诸实践,促使城市纷纷出台竞争性的政策。第三个方面是对有关城市的概念的探讨,致力于超越物质和经验的框架来理解城市化,并尝试探讨亚马逊雨林或南极等非城市化地域的城市关系。布雷纳城市研究的问题意识深受法国马克思主义哲学和亨利·列斐伏尔的影响,在其早期对国家调整和新自由主义的研究中即有所体现,但在此后的研究中才真正占据了中心地位。

核心理念

在布雷纳看来,城市化与国家尺度再调整密切相关,他极力强调新国家空间的出现和新治理形式的形成,因为城市往往是政府干涉的重点。同时,他认为城市化的模式和路径并不局限在某些特定区域,所以他关注城市所处的等级。目前的城市等级研究不足以反映上述特性,因此布雷纳呼吁一个更为细致的、超越现有学科体系的新理论,将领土、场所、空间和网络(Territory, Place, Space and Network, TPSN)平等地纳入地理学研究中(杰索普等,2008年)。因此,理解布雷纳核心理念的方法是理解其关于等级的研究,这些研究包含在他对新自由主义和当代城市化的研究中。

首先,布雷纳否认了下述常见观点,即全球化、福利国家的终结和新自由主义的盛行削弱了民族国家的传统地位;相反,布雷纳仍然强调民族国家的重要性,并指出政权已不再承担传统意义上的"国家"的职能。他在《新国家空间》中提出,福特主义—凯恩斯主义式的福利国家已经转型成为在超国家和亚国家层面上发挥作用的政权,秉承新自由主义政策的国家以促进增长为己任,其经济发展策略和开发项目注重决策的去中心化和对特殊城市目标提供财政支持。在布雷纳看来,尽管民族国家的目标并非构建更加均衡和有聚合力的空间模式,而是利用资本主义在全球化过程中所形成的区位优势,因此其角色逐渐变为不均衡发展中的协调者——由此,城市和城市地域日益成为资本主义发展中的主要角色。国家功能的调整导致了地区间发展的不平衡,随着部分地区被忽视,其他地区则成为政府最重要的发展中心。

布雷纳由政治经济学切入城市尺度研究,这也挑战了目前全球城市或世界城市研究中的主流观点。在他看来,全球城市并非这个由民族国家构成的世界秩序中的"高度全球化的城市节点",而是"资本主义地理分布的广泛而

53

多等级转型"的组成部分（布雷纳，1998年，第12页），在这一过程中，资本主义全球化也导致了国家间等级关系的变化。因此，全球城市不仅仅是全球和地方因素变得日益重要，全球化的崛起也没有简单地削弱所在国家的力量。传统观点认为，全球化带来的等级变迁是一种零和游戏，但布雷纳并不认同这一点，他认为不同国家在不同等级中通过不同的制度和机构运作，资本主义和国家权力正是在这一背景中经历了转型，而这才是理解全球城市的语境。

其次，布雷纳是较早关注并引领新自由主义辩论的学者之一，他往往将其与国家尺度再调整联系在一起进行观察和讨论，而城市的崛起正是新自由主义政策的关键点：一方面，城市是后凯恩斯时代预算削减的主要受害者；但另一方面，城市又是新自由主义政策的主要对象，并已深受不均衡发展和高度竞争的影响。布雷纳认为，新自由主义也在不断自我调适，以适应现实条件——在2007—2008年金融危机后，新自由主义并未如许多人以为的那样步履蹒跚甚至一蹶不振，反而势头更盛。布雷纳尽管承认并不存在统一的、完全一样的新自由主义，但对于所谓的新自由主义变体同样心存疑惑；相反，他相信新自由主义的多样性（布雷纳等，2010年），但这种多样性来自于普遍与特殊即新自由主义体系与地方变体间的互动，这些地方变体既受制于当地情况，又受制于地区所处的等级。因此他重视资本主义的结构特征和新自由主义推行的进程，将其视为地方性规制措施的"宏观空间"（Macrospatial），或者叫"语境的语境"（Context of Context）。

最近几年，布雷纳开始反思列斐伏尔对"全面城市化"（Complete Urbanization）的预言，并呼吁有必要重新审视何为城市化地域（Urban），这是他的第三个核心理念。这项研究包括在他对星球城市化的研究中，并与克里斯蒂安·施密德一道，主张"非城市化地域"（Non-urban，包括乡村地区、大自然环境和郊区）的重要性越来越低；传统观点受到他们的批评，尤其是下面这个，即在这个全球人口一半以上已成为城市居民的时刻，人类已进入城市时代。施密德和布雷纳认为，这一划分城市与非城市时代的指标太过简单，这些数据由于来源不同甚至会存在矛盾，并且对城市的定义存在不同（布雷纳和施密德，2014年）。在他们看来，虽然人类已经进入城市时代，但其原因并非如上述观点所言；而且人类进入城市时代的时间也要更早。从名称上看，城市化地域比城市(City)的概念更宽泛①，而且全球城市化早在 21 世纪以前就实现了。如此一来，要研究城市以及何为城市，仅仅依靠城市研究这一领域就明显不够了。只要将研究的视野扩大到城市的范围之外，对任何现象进行研究都可以视作都市研究，而不仅仅局限在家庭、教育和文化产业等传统课题。

布雷纳的城市理论针对的是"没有边界的城市"，即，他所定义的都市是开放的、多元的和多级的，城市化是一种不均衡发展的世界现象（布雷纳，2014a）。布雷纳受到列斐伏尔理论的深刻影响，他认为城市经历着"内爆和外爆"——所谓内爆（Implosion），指的是集中和集聚；所谓外爆（Explosion），指的是跨越空间的城市间的联系。与城市相关的现象和城市化进程无处不在，跨越大洲的高速公路和航线当然是，自然公园里迎来的是城市游客，即便苔原带和大气层也是都市世界的一部分。他主编的《内爆与外爆：星球城市化研究》(Implosion/Explosion：Towards a Study of Planetary Urbanization)中收录了许多与城市相关的照片，但不是常见的摩天大楼天际线或高密度城区，而是油砂之类的天然景观。在苏黎世联邦理工学院(ETH Zurich)的克里斯蒂安·施密德和哈佛大学城市理论实验室(Urban Theory Lab)的支持下，布雷纳在探索城市理论的同时也采集了他所认为的城市化地域用以支持自己的理论，用视觉图像的方式推进对新理论和新概念的理解。

对城市研究的贡献

尽管布雷纳是国家、等级和新自由主义研究者，但他也许算得上是思考城市的关键人物，对于在全球化的当下如何理解和修正城市研究贡献良多。城市研究的学术史是布雷纳关注的焦点之一，他认为城市研究这一领域缺乏清晰的定义，方法论模糊、理论框架不完善，其认识论也过于偏狭。近期他关于星球城市化的研究突破了传统城市化研究中对城市物质边界的界定，将"城市化区域"理解为多样化地点的多样化进程——这无疑将"城市化区域"本身置于城市研究的中心环节。

尽管布雷纳强调"城市化地域"应当作为一个学术概念并且与"城市"不

---

① 相比而言，City 强调行政意义上的建制城市，而 Urban 更强调"城市的""与城市相关的"。——译者注

同,尽管其理论框架呈现开放性和高度抽象,但他仍然将城市化视作资本主义进程的内在组成部分,而他对新自由主义的分析也将日常生活排除在外。法国哲学家德勒兹的组合理论(Assemblage)和布鲁诺·拉图尔的行动者网络理论(Actor-Network Theory, ANT)影响了许多城市研究者,包括阿什·阿明、阿卜杜马利克·西蒙尼和马里亚纳·瓦尔夫德,启发了他们对日常生活的研究,但布雷纳似乎对此视而不见,继续关注马克思主义和列斐伏尔式的对城市的批判,在《城市杂志》(City)上发表文章捍卫将城市化理解为资本主义进程之一部分的观点,甚至引发了马克思主义者对组合理论和行动者网络理论的攻击(布雷纳等主编,2011 年)。同样的情况也发生在关于城市等级的观点中。“无等级的地理”(Geography without Scale)这一观点如今已深刻影响了社会科学研究(如马斯顿[Marston]等主编,2005 年),但布雷纳仍然关注地理中的等级并坚持从等级的观点而非扁平的观点来观察城市。在一系列关于城市研究的理论中,布雷纳使我们注意到新自由主义理论的重要性,以及马克思主义者对城市研究的启发。

同时,布雷纳的理论大体可以归入结构主义之列,并以全球为研究范围。他的研究产生了巨大影响,为新的思路打开了方向,而这并非因为他的观点的原创性,而是因为他对已有研究用力颇深,构建起新的理论框架,使得相关观点得以更为清晰地表达。布雷纳不善于个案分析和细节探讨,而精于确立宏观范式,因此其观点常常与城市研究中的新兴观点相龃龉。除了上文提到的他对组合理论和行动者网络理论的不屑,他的星球城市化很可能会与詹妮弗·罗宾森和安娜雅·罗伊等人倡导的比较城市化形成冲突——后者通过对不同地区和城市的多种经验进行研究而得出理论和概念,而前者则立足于理论和抽象分析。不过,城市研究的未来究竟属于谁仍然是一个未知数。

56 参考文献

Brenner, N. (1998) "Global cities, global states: Global city formation and state territorial restructuring in contemporary Europe", *Review of International Political Economy*, 5(1): 1-37.

Brenner, N. (2014b) "Introduction: Urban theory without an outside", in N. Brenner (ed.) *Implosion/Explosion: Towards a Study of Planetary Urbanization*. Berlin: Jovis, pp. 14-30.

Brenner, N. and Schmid, C. (2014) "The 'urban age' in question", *International Journal of Urban and Regional Research*, 38(3): 731 – 755.

Brenner, N., Madden, D. J. and Wachsmuth, D. (2011) "Assemblage urbanism and the challenges of critical urban theory", *City*, 15(2): 225 – 240.

Brenner, N., Peck, J. and Theodore, N. (2010) "Variegated neoliberalization: Geographies, modalities, pathways", *Global Networks*, 10(2): 182 – 222.

Jessop, B., Brenner, N. and Jones, M. (2008) "Theorizing sociospatial relations", *Environment and Planning D-Society and Space*, 26(3): 389 – 401.

Marston, S. A., Jones, J. P. III and Woodward, K. (2005) "Human geography without scale", *Transactions of the Institute of British Geographers*, 30(4): 416 – 432.

特蕾莎·卡德丽亚
TERESA CALDEIRA

索尼娅·罗伊特曼　昆士兰大学

（Sonia Roitman，The University of Queensland）

57　**代表作**

Caldeira，T. P. R. (1996) "Fortified enclaves：The new urban segregation"，*Public Culture*，8(2)：303 – 328.

Caldeira，T. P. R. and Holston，J. (1999) "Democracy and violence in Brazil"，*Comparative Studies in Society and History*，41(4)：691 – 729.

Caldeira，T. P. R. (2000) *City of Walls：Crime，Segregation and Citizenship in Sao Paulo*. Berkeley and Los Angeles：University of California Press.

Caldeira，T. P. R. (2012) "Imprinting and moving around：New visibilities and configurations of public space in Sao Paulo"，*Public Culture*，14(2)：385 – 419.

Caldeira，T. and Holston，J. (2015) "Participatory urban planning in Brazil"，*Urban Studies*，52(11)：2001 – 2017.

导言

　　特蕾莎·卡德丽亚是一名巴西人类学家，她将人类学的民族志方法用于分析城市和城市现象，其研究主要集中在三个领域，即城市中的社会问题与社会转型（尤其是隔离、不平等和犯罪）、城市规划与城市景观中的文化表现。卡德丽亚的研究主要集中在巴西，尤其是 20 世纪七八十年代巴西从军政府向民主政体转型过程中、在威权政府支持下的现代主义城市规划。同时,在加利福尼亚州居住了二十年之久的卡德丽亚也对圣保罗和加州进行了比较研究。

　　卡德丽亚认为,宏观的社会经济进程是城市日常生活幕后的决定性力量,因此她的研究方法在于微观的社会分析。通过关注城市中的隔离和社会不平等,卡德丽亚发现城市富裕人群正在躲避公共领域和政治生活。随着富人们选择生活在门禁社区(Gated Communities),参与公共交往的社会群体变得更少了,因此城市不再是群体间自由往来、民主和公民责任感的助推器。卡德丽亚也探讨了有助于民主化的参与式规划,最近则关注涂鸦、诗歌等反映社会不平等、性别差异和权力不公的文化表现,并以圣保罗为个案,揭示出这些新艺术形式重构了性别等级和固化的社会结构。

58

　　目前,卡德丽亚是加州大学伯克利分校环境设计学院的城市和区域规划教授。

学术经历与研究重点

　　卡德丽亚并非单一学科出身的学者,她在圣保罗大学获得社会科学学士学位和政治学硕士学位,之后在加州大学伯克利分校获得人类学博士学位。在赴美之前,她曾在圣保罗的巴西地球研究中心(Centro Brasileiro de Analise e Planejamiento, Cebrap)和巴西金边大学(Universidade Estadual de Campinas)人类学系工作。来到美国后,卡德丽亚首先进入加州大学尔湾分校(Irvine),之后在 2007 年转入伯克利,并在五年后也就是 2012 年获得古根海姆学者(Guggenheim Fellow)的称号。

　　20 世纪七八十年代的卡德丽亚在巴西分析与规划中心与一批中左翼的社会学家、政治学家和哲学家一起工作,包括威尔玛·法利亚(Vilmar Faria)、何塞·阿瑟·吉尔诺提(Jose Arthur Giannotti)、古勒莫·奥康纳尔(Guillermo O'Donnell)、华雷斯·鲁本斯·布兰多·洛佩斯(Juarez Rubens Brandao Lopes)、露丝·卡多佐(Ruth Cardoso)和费尔南多·恩里克·卡多佐(Fernando Henrique Cardoso),他们的研究集中在军政府时代巴西的公民社会、民主和不平等,时常发表关于公共政策的时评——这也是卡德丽亚的理论形成时期,其中尤以露丝·卡多佐(1930—2008)对她的影响最大。露丝是一位社会学家,也是"家庭包裹"(Family Bag)这一成功的社会项目的创始人之一,她的丈夫费尔南多·恩里克·卡多佐后来成为巴西总统(1995—2003)。

在她去世后，卡德丽亚曾于2011年主编出版了露丝的论文集。

卡德丽亚人生的另一半詹姆斯·霍尔斯顿（James Holston）也是她的学术伴侣。作为一名政治学家，霍尔斯顿与卡德丽亚携手研究巴西的民主及其种种表现形式，包括不断增多的暴力活动（卡德丽亚和霍尔斯顿，1999年）以及参与式规划的开展（卡德丽亚和霍尔斯顿，2015年）。

2000年出版的《围墙组成的城市：圣保罗的犯罪、隔离和公民身份》（*City of Walls：Crime，Segregation and Citizenship in Sao Paulo*）为卡德丽亚赢得了国际声誉，该书考察了圣保罗市高度的社会不平等和犯罪率所导致的空间、社会和政治转型。作者认为，随着民主制在巴西的巩固，暴力、歧视和隔离正在将社会分割成贫困和富有、危险和安全等不同群体；因此，门禁社区、购物中心和办公楼群等安全、有保安负责的地区构成了"一种组织社会空间差异的新方法"（2000年，第4页）。为撰写该书，卡德丽亚在圣保罗进行了长达十二年之久的田野调查，开放式的访谈和观察是其主要研究方法，同时辅以对不同形式的人口调查数据和房地产广告的分析。与大多数此类问题的研究者类似，卡德丽亚也面临如何对多重地理位置和多重文化交织中的社会现象进行解释的问题；为解决这一难题，她采用了自称为"有口音的人类学"（Anthropology with an Accent）路径（2000年，第1页）——她是巴西人，研究的是自己的故乡圣保罗，但她的思维方式和研究路径受到美国学术界的强烈影响，因此总被巴西学者视为奇谈异想。

核心理念

卡德丽亚的核心理念涉及三个领域，但也有所交叉，包括隔离与城市不平等、城市规划和城市中的文化表现。

第一个领域即隔离与城市不平等是卡德丽亚最负盛名的领域，她对该领域的研究集中体现在《围墙组成的城市：圣保罗的犯罪、隔离和公民身份》里。卡德丽亚将门禁社区称为"堡垒般的聚居区"（Fortified Enclaves），认为门禁社区是精英阶层热衷的一种新住房形式，可以满足其五大需求——安全、与城市其他族群隔绝、社会同质性、生活便利和服务充足。他们对城市中的贫困和边缘群体充满歧视，他们对自己之下的各个阶层充满偏见，恐惧成了他们将门禁社区合理化的托词（参见本书关于卢克·华康德的介绍）。

卡德丽亚认为,圣保罗城市隔离的形成有三个阶段,门禁社区则加速了这一过程(卡德丽亚,2000 年)。第一个阶段从 19 世纪末到 20 世纪 40 年代,这一时期的圣保罗建筑紧凑,不同社会群体居住在不同类型的住房里,由此形成社会隔离,这是圣保罗城市隔离的第一阶段。第二阶段从 20 世纪 40 年代到 80 年代,是典型的中心—边缘模式,不同社会群体之间保持一定距离——中上阶层的居民居住在城市中心,这里可以获得优质服务和便捷的基础设施;低收入居民则居住在城市边缘,服务和基础设施均不尽如人意。第三个阶段始于 20 世纪 80 年代末,"尽管不同阶层的居民在空间上重新接近,却被围墙和安保技术隔离开来,彼此之间在公共场合亦无交往"(卡德丽亚,2000 年,第 13 页)。

卡德丽亚认为,大多数研究者仍然以中心—边缘模式研究圣保罗,上述"新型城市隔离"仍需进一步的研究(卡德丽亚,1996 年)。与卡德丽亚类似,萨巴蒂尼(Sabatini)和卡萨勒斯(Caceres)也研究了新型城市隔离,只不过研究对象是智利的圣地亚哥;由于当地的门禁社区分布在低收入地区,他们所研究的空间范围也较小(2004 年)。卡德丽亚尤为关注门禁社区大量增加的后果,包括安保服务和公共空间的私人化、上流阶层的固化和社会隔离。现代主义者认为,城市是多样化和社会差异的空间载体(可参见本书关于理查德·桑内特的介绍),但卡德丽亚认为,"堡垒般的聚居区"的大量出现和对"对方"的恐惧正在削弱城市的这一载体功能,这也是她最希望读者能够理解的观点。

第二个领域即城市规划,可以说是与霍尔斯顿一起开拓的。霍氏夫妇共同探讨了巴西的城市政策和城市立法,以及从现代主义城市规划到新治理和规划模式的转换,他们将参与式规划视作巴西城市改革和民主化的手段。两人在 2015 年合作发表的文章分析了规划实践、总体规划方案、市民参与和巴西民主社会建构之间的关系,认为尽管巴西已经有了诸如《城市法》①这样的进步主义的规划工具,但真正有资格参与规划的市民团体仍然十分有限。新自由主义理念倾向于认为,政府在规划中的作用是私有资本与公共利益之间的中介,在这一过程中,每个公民个体都是平等且自由的,因此都可以平等地参与其中。但作者显然不认可这一观点,她和霍尔斯顿相信,如此这般的"参与"缺乏必要的制度保障和框架,必然包括了广泛存在的不平等,富裕阶层和

60

① 《城市法》(City Statute),是巴西联邦政府于 2001 年通过的法案,为城市土地使用提供了法律依据。——译者注

权势集团利用现行的参与式规划机制和司法体系实现一己之私(参见本书关于傅以斌的介绍)。对于霍氏夫妇而言,研究的中心应当是不平等、权力不均和在圣保罗实现社会正义的障碍。

社会正义被视作"反叛的民主"(Insurgent Democracy)的核心原则。霍尔斯顿在 2008 年出版的《反叛的公民:巴西民主与现代性的断裂》(*Insurgent Citizenship: Disjunctions of Democracy and Modernity in Brazil*)影响了反叛的民主这一概念,即寻求参与决策的社会运动将推动民主化进程。在这一概念中,"反叛"指的是"破坏现行权力结构、疏离其各部分联系的有组织反政治运动"(卡德丽亚和霍尔斯顿,2015 年,第 2013 页)。"反叛的民主"概念可以追溯到霍氏夫妇于 1999 年提出的"断裂的民主"(Disjunctive Democracy),揭示了权利在公民中间的不均衡分配——有些权利得以充分实施,有些则受到限制。卡德丽亚在对圣保罗年轻贫困男子的研究中运用了这一概念(2012 年)。她对"社会正义"(Social Justice)的概念探讨与艾丽斯·马里昂·扬(Iris Marion Young)关于社会正义的认识,即"避免制度化的控制和压迫"(扬,1990 年,第 15 页),既意味着排除物质产品和资源分配中的差异,也意味着决策过程更加公平,同时也包括公民参与和个人能力和智识的发挥。

在对城市规划的研究中,卡德丽亚也没有忽视公共空间在公民身份建构中的作用。投资/撤资以及政策变化引起的城市结构性变化也改变了公共空间的性质,由此也强烈影响了人们进入城市和使用城市的方式。公共空间的变化,一方面是来自富裕阶层退出公共领域、进入壁垒森严的门禁社区,另一方面则是来自公共空间被用来表达青年文化(卡德丽亚,2014 年),即贫困的年轻人"为亚文化创造的新的视觉形式"(卡德丽亚,2012 年,第 389 页)。

卡德丽亚的第三个领域是城市中的文化生产,以及新的文化表现如何介入和使用公共空间。就这一主题而言,卡德丽亚更关注边缘地区的公共空间,在那里,贫困居民受制于市场和城市规划所形成的隔离。通过分析艺术产品如饶舌音乐、涂鸦、Pixacao①和 Saraus②,卡德丽亚揭示了圣保罗边缘地带年

---

① Pixacao 是巴西特有的艺术形式,指的是以图像的形式在公共空间(主要是墙壁)表达政治和社会理念,尤其是不满和抗议。请参见 www. dailymail. co. uk/news/arts/article-2639236/Pixacao-signature-Sao-Paulo. html (accessed 3 June 2015)。

② 根据卡德丽亚的定义,Saraus 指的是"每周的集会,往往多达数百人,在酒吧里听诗歌等文学作品的朗诵"(卡德丽亚,2014 年,第 18 页)。

轻人的不满、愤怒和失望(卡德丽亚,2012 年、2014 年)。尽管这些年轻人(主要是贫困的黑人)不断挑战阶层和种族间的不平等,但他们主要是男性,女性很少参与其中,因此同时也在固化性别间的不平等——在这一青年亚文化中,男性毫无疑问占据主导地位,女性只有"男性化"才能被接纳;即便如此,对于女性的不信任(除了自己的母亲)及其社会角色的偏见依然盛行其间。在卡德丽亚看来,这些文化表现充满矛盾和张力,在"揭示歧视的同时却拒绝反歧视","虽然表达了进入公共空间的权利,却也将公共空间打成碎片"(卡德丽亚,2012 年,第 85 页)。

卡德丽亚的研究揭示了拉丁美洲贫困、边缘空间、基础设施破败、服务不足、住房条件恶劣和机会缺乏之间的联系,即使门禁社区的出现部分地改变了上述状况。文化干预"成为边缘地带的特征,也是通向自由与安宁的唯一路径"(卡德丽亚,2014 年,第 416 页)。

对城市研究的贡献

卡德丽亚对城市研究最大的贡献在于其对门禁社区和隔离的探讨,这也得到了学界的普遍认可。《围墙组成的城市:圣保罗的犯罪、隔离和公民身份》被视作门禁社区研究中的经典之作——一方面,该书第一次分析了门禁社区大量出现所引发的后果,尤其是对隔离和犯罪的影响;另一方面,该书也是第一部关注巴西门禁社区的专著,而巴西恰恰是拉美门禁社区数量最多的国家;同时,该书将对"堡垒般的聚居区"的结构性研究、地产广告的数据分析和对圣保罗的田野调查整合在一起。门禁社区的出现折射了城市中广泛存在的不平等——城市规划服务于精英阶层并将城市贫困群体边缘化,后者只能通过文化形式表达自己的不满和抗议。

特蕾莎·卡德丽亚对城市研究的贡献,主要在于构建了城市中的空间、社会、文化、政治和经济进程间的相互关联,提供了整合理论分析与田野调查相整合的研究方法。她对巴西城市的研究同样可以应用到全球南部(Global South)甚至发达国家,因此可以说,卡德丽亚对城市的思考揭示了宏观社会—经济要素如何塑造了全世界城市的日常生活。

参考文献

Caldeira，T. P. R. （2011）*Ruth Cardoso. Obra reunida.* Organisation and presentation by Teresa Caldeira. Sao Paulo：Mameluco. Available at：www. mameluco. com. br/ editora/ruth-cardoso-obra-reunida.

Caldeira，T. P. R. （2014）"Gender is still the battleground：Youth，cultural production and the remaking of public space in Sao Paulo"，in S. Parnell and S. Oldfield（eds）*The Routledge Handbook on Cities of the Global South.* London and New York：Routledge，pp. 413 – 427.

Holston，J. （2008）*Insurgent Citizenship：Disjunctions of Democracy and Modernity in Brazil.* Princeton，NJ：Princeton University Press.

Sabatini，F. and Caceres，G. （2004）"Los barrios cerrados y la ruptura del patron tradicional de segregacion en las ciudades latinoamericanas：el caso de Santiago de Chile"，in G. Caceres and F. Sabatini（eds）*Barrios cerrados en Santiago de Chile：entre la exclusion y la integracion residencial.* Santiago de Chile：Pontificia Universidad Catolica de Chile-Instituto de Geografia and Lincoln Institute of Land Policy，pp. 9 – 43.

Young，I. （1990）*Justice and the Politics of Difference.* Princeton，NJ：Princeton University Press.

曼纽尔·卡斯特
MANUEL CASTELLS

菲尔·哈伯德　伦敦国王学院

（Phil Hubbard，King's College London）

代表作　　　　　　　　　　　　　　　　　　　　　　　　63

Castells，M.（1977）*The Urban Question：A Marxist Approach*. London：
Edward Arnold.

Castells，M.（1983）*The City and the Grassroots：A Cross-Cultural Theory
of Urban Social Movements*. Berkeley：University of California Press.

Castells，M.（1989）*The Informational City-Information Technology，
Economic Restructuring and the Urban-Regional Process*. Oxford：
Blackwell.

Castells，M. and Hall，P.（1994）*Technopoles of the World：The Making
of 21st Century Industrial Complexes*. London：Routledge.

Castells，M.（1996,1997,1998;2nd revised edn 2010）*The Information Age：
Economy，Society and Culture*（3 vols）. Oxford：Blackwell.

导言

　　在马克思主义影响下，一股新的城市社会学潮流在 20 世纪 70 年代兴起，
曼纽尔·卡斯特堪称其中的关键人物，他的代表作《城市问题》（*The Urban
Question*）探讨了城市在资本主义生产关系再生产中的角色，包括在资源整合
尤其是集体消费（Collective Consumption）即住房、教育和健康服务中的作用，
而这些环节也推动了劳动力权利的增强。这本书启发了一代学者，使他们重

新关注马克思主义对城市研究的影响。在这本书之后，卡斯特出版了实证研究著作《城市与草根阶层》(*City and the Grassroots*)，该书涉及的学科范围更为广泛，包括社会学和政治学，关注了不同社会群体争夺有限资源的路径，同时也标志着卡斯特转向后马克思主义的城市研究。他开始关注社会运动在无法改变社会本身的前提下如何改变了城市的意义，由此开始研究主流社会阶层和社会运动之间跨越历史与文化的冲突。

曼纽尔·卡斯特凭借对网络社会(Cyber Society)的开创性研究跻身全世界最有影响力社会科学家的行列。"信息时代三部曲"堪称卡斯特的代表作，包括《网络社会的崛起》(*The Rise of the Network Society*)、《认同的力量》(*The Power of Identity*)和《千年终结》(*The End of Millennium*)，探讨了网络时代的时间、场所(Place)和空间，产生了深远影响。尽管其研究领域远不止于城市，但城市在全球化时代所扮演的角色却始终是卡斯特的关注焦点，他的著作启发了研究者进一步探索物质空间和视觉空间的交叉重叠。

目前，卡斯特在多所大学拥有教职，包括加泰罗尼亚公开大学(Open University of Catalonia)、南加州大学安纳伯格学院(Annenberg School)和剑桥大学。

学术经历与研究重点

曼纽尔·卡斯特1942年生于西班牙，在巴塞罗那读完中学后于1958年进入巴塞罗那大学学习法律与经济学，并于1962年毕业。作为激进学生运动的参与者，卡斯特因为积极反对彼时西班牙的法西斯主义独裁者佛朗哥而流亡巴黎，并于1964年获得索邦大学的法律与经济学学位。随后，卡斯特进入巴黎高等研究实践学院，在知名社会学家图海纳(Alan Touraine)指导下研究巴黎地区的高技术产业，1967年获得博士学位。日后主导卡斯特二十年之久的两个研究主题都是在此期间形成的，即新技术的崛起和城市形态的变迁。巴黎求学的经历使他得以接触顶尖的马克思主义理论家，包括亨利·列斐伏尔、尼科斯·普兰查斯(Nicolas Poulantzas)和路易·阿尔都塞(Louis Althusser)。这也说明了为什么卡斯特会卷入1968年的巴黎五月风暴之中，他也因此被法国政府驱逐出境。在此之后的卡斯特在智利和加拿大生活了4年，直到1972年被特赦后重返巴黎(萨瑟，2002年)。他的著作《城市问题》于

64

同年出版,在列斐伏尔的马克思主义人道主义(Marxist Humanism)与阿尔都塞严正坚实的马克思主义之间,前者对该书的影响更大。《城市问题》甫一问世便被视作经典,堪称法国社会学新马克思主义最重要的代表作。

1979年,卡斯特加盟加州大学伯克利分校的城市与区域规划学院,这里的社会学研究与巴黎相比更重视实证,他的研究也逐渐从马克思主义式的对结构性问题的关注,过渡到对媒介的探讨,这体现在他的著作《城市与草根阶层》中。这是一部新韦伯主义(Neo-Weberian)的作品,对城市社会运动和社区进行了比较研究,在此之后,卡斯特又发表了多篇关于信息化城市(Informational City)的文章(例如卡斯特,1989年;卡斯特和霍尔,1994年)。该书将城市视作全球经济的节点,认为空间流动是技术创新带来的主要变化,由此也造成对场所的"失控"(Loss of Control)。这一观点在随后的信息时代三部曲中得到了进一步阐发,即《信息时代:经济、社会与文化》(*The Informational Age:Economy,Society and Culture*),包括1996年的《网络社会的崛起》、1997年的《认同的力量》和1998年的《千年终结》。这三部曲不再关注城市,而是将焦点放在了流动空间上;再加上2001年出版《因特网万花筒:因特网、商业与社会论丛》(*The Internet Galaxy:Reflections on the Internet,Business,and Society*),卡斯特俨然全球化研究大师,被学术机构、政府和商界奉为座上宾。通过关注通信方式从有线变为无线,卡斯特拓展了自己的研究范围,开始思考个人化的、移动的与水平的通信方式如何与传统的、垂直的大众媒体互动,他认为,传统的以民族国家为基点构成的公共空间,如今已经变成了以媒体为基点(卡斯特,2008年,第90页)。在卡斯特看来,马克思主义的剥削者和被剥削者的对立已经不重要了,真正重要的是是否生活在网络社会。尽管卡斯特晚期研究仍坚持新韦伯主义思路,但该书意味着他不再坚持自己早年的研究,即对社会关系再生产的关注(杰索普,2003年)。

2002年,卡斯特出任加泰罗尼亚公开大学因特网跨学科研究院(Internet Interdisciplinary Institute)院长,同时担任南加州大学传播学教授和通信技术与社会的威利斯·安纳伯格讲座教授(Wallis Annenberg Chair of Communication Technology and Society)——这两个教职也标志着卡斯特的研究进一步聚焦媒体和通信。他在后千禧年研究中提出了"真实的虚拟性"(Real Virtuality)的概念,认为塑造观念的权力植根于通信网络之中,反对将物质性权力与象征性权力进行区分(例如卡斯特在2009年出版的著作《传播的力量》[*Communication Power*]），凸显了通信空间中权力塑造的新模式。例如，卡斯特研究了权力所有者如何渗透和控制横向通信网络，典型案例包括美国政府控制国际新闻机构的尝试、鲁珀特·默多克的新闻集团维护自身利益的举动和欧盟对网络盗版的打击（阿森诺尔特和卡斯特，2008 年；卡斯特，2007 年；卡斯特等，2006 年）。同时，卡斯特也关注了网络时代的社会运动如何利用新通信技术改变人们的观念（卡斯特，2012 年）。

核心理念

尽管卡斯特的著作对于决策产生了重大影响，但他对城市研究的主要贡献在于拓宽了该领域的理论基础。他的第一部作品《城市问题：马克思主义的路径》就是运用马克思主义结构研究方法来解决"城市问题"的尝试。卡斯特认为，许多关于 20 世纪 70 年代城市问题与危机（例如种族骚乱、贫困和犯罪）的研究大多缺乏理论框架，因此无法找到城市问题真正的根源。在此之前，城市研究的方法路径主要来自城市生态学，20 世纪 60 年代的许多社会学家和城市地理学家正是在此基础上形成了因子生态方法（Factorial Ecologies）。与此不同，卡斯特的方法来自于重视城市空间之社会生产的马克思主义理论。在该书的导言中，卡斯特提及他在发现马克思主义者并未充分运用这一理论研究城市时的惊讶（卡斯特，1977 年，第 2 页）；虽然该书对马克思主义者影响平平，但启发一代城市研究者对政治经济学理论的关注。

《城市问题》的英文版于 1977 年问世，该书与大卫·哈维在 1973 年推出的《社会正义与城市》（*Social Justice and the City*）一道，启发学术界运用马克思主义的结构方法来研究城市。但正因为如此，麦克尼尔在 2014 年称该书"卷帙浩繁"而令人难以卒读。《城市与草根阶层》则更容易读，该书认为资本主义城市最重要的功能是提供了劳动力再生产的集体消费设施，关注的焦点正是为获得公平使用这些消费社会的权利而兴起的抗议群体和社会运动。尤为重要的是，该书不再关注阶级意识，而是以旧金山为个案探讨了同性恋解放等新社会运动的形成。

卡斯特对媒介的关注被有些学者视作向新韦伯主义的转型（梅里菲尔德[Merrifield]，2002 年），而大卫·哈维则认为卡斯特从马克思主义结构方法的残火余烬中锻造了新理论。然而，卡斯特对技术的关注使他再度回归结构式的方法(如果不是结构式思维的话),并推出了一系列关于信息时代资本主义结构的论著。1989 年的《信息城市》就是典型,该书探讨了信息技术和经济结构调整对美国城市与区域带来的冲击,预言了信息技术在城市间关系调整中的重要性,并使其成为后来全球城市研究中的重要指标和参考数据。在随后的"信息时代三部曲"中,卡斯特进一步拓展了对信息技术的研究,将其应用到城市之外的广阔领域,启发学者关注网络及其对城市研究的影响。

从《城市问题》到三部曲,卡斯特从马克思主义者转身为新韦伯主义者,他对城市概念和空间进程的理解也随之发生巨大变化,但对城市研究路径的影响却有增无减。在前者,卡斯特严厉批评了那些将城市与资本主义结构分割开来的研究,包括其同代人亨利·列斐伏尔,卡斯特认为他赋予城市本不存在的自主性和重要性。同样还有芝加哥城市社会学派,被卡斯特批评为将空间上的接近简单地等同于社会解放,"好像在空间组织方式之外没有任何机构性的组织"(卡斯特,1977 年,第 90 页)。因此,卡斯特主张从结构出发来理解城市,以此方法来弥补当时流行的空间决定论——但卡斯特似乎有些矫枉过正,他眼中的城市完全成为社会进程的投射(卡斯特,1977 年,第 148 页)。

卡斯特坚信,社会进程导致空间生产并非城市的特有现象,而是植根于资本主义社会,这一观点震撼了当时的城市研究领域。但他的观点并非一成不变,此后卡斯特逐渐放弃了这一社会决定论式的主张,承认"空间不是社会的反映,空间本身就是社会的一部分"(卡斯特,1983 年,第 43 页)。他相信,社会流动必然表现为空间流动,在他关于信息时代的研究中,卡斯特对于空间之社会生产的认识与此前已全然不同(卡斯特,1989 年)。在卡斯特看来,当代社会空间是流动空间,并随全球化扩张到全球。从这一点看,卡斯特的研究可以与萨斯基亚·萨森等全球城市研究者的著作互为补充,探讨了在"无时间的时间"(Timeless Time)和"无场所的空间"(Placeless Space)之中的城市场所变迁。

对城市研究的贡献

如同《城市问题》在 20 世纪 70 年代震撼了城市研究,他的"流动空间"理论震撼了整个社会科学界,直到目前,他依然是城市研究领域引用率最高的学者之一:"信息时代三部曲"堪称全球城市研究的奠基石,他对"新公共空间"的研究也影响了关于城市社会运动和公共抗议的论争。关于后者,城市学者们如同梅里菲尔德等在讨论城市是否为改变社会的激进活动提供空间时也引用了卡斯特的研究（梅里菲尔德，2014 年）。关于前者，卡斯特对流动空间的关注则改变了以往静态的、凝固的和受局限的城市进程的认识。

　　全球资本积累的网络模式削弱了城市生活的地方特性，这是卡斯特流动空间理论所产生的重要影响之一，在这一逻辑中，空间取代了场所。作为论证，卡斯特认为大量反历史、反文化的建筑削弱了"社会与建筑之间的有意义的联结"，引用的案例包括国际酒店、机场、超市以及塑造了国际大都市天际线的后现代主义建筑（参见本书关于雷姆·库尔汉斯的介绍）。然而事实证明，网络社会的到来并没有用流动空间完全替代场所空间。例如，世界城市不仅仅充当网络节点，而且是独特的"融合中心"（Centers of Comprehension），其社会和文化构成影响了该城市在全球经济中的作用。在近期兴起的比较城市研究（Comparative Urban Studies）和关系地理学（Relational Geography）中，卡斯特关于全球化的研究往往被视作"单向度"（凡迪克［Van Dijk］，1999 年）。即便如此，他对城市研究的影响已持续 40 年，在这一领域正在经历繁兴与转型之时，卡斯特无疑发挥着"定海神针"的作用。

参考文献

Arsenault, A. and Castells, M. （2008）"Switching power: Rupert Murdoch and the global business of media politic", *International Sociology*, 23(4): 489 - 514.

Castells, M. （2000）"Materials for an exploratory of the network society", *British Journal of Sociology*, 51(1): 1 - 24.

Castells, M. （2001）*The Internet Galaxy: Reflections on the Internet, Business, and Society*. Oxford: Oxford University Press.

Castells, M. （2007）"Communication, power and counter-power in the network society", *International Journal of Communication*, 1(1): 238 - 266.

Castells, M. （2008）"The new public sphere: Global civil society, communication networks, and global goverance", *The Annals of the American Academy of Political and Social Science*, 616(1): 78 - 93.

Castells, M. （2009）*Communication Power*. Oxford: Oxford University Press.

Castells, M. （2012）*Networks of Outrage and Hope: Social Movements in the Internet Age*. Cambridge: Polity.

Castells, M., Fernandez-Ardevol, M., Qiu, J. L. and Sey, A. （2006）*Mobile*

Communication and Society: A Global Perspective. Cambridge, MA: MIT Press.

Harvey, D. (1973) *Social Justice and the City*. London: Arnold.

Jessop, B. (2003) "Informational capitalism and empire: The post-Marxist celebration of US hegemony in a new world order", *Studies in Political Economy*, 71/72: 39 - 58.

McNeil, D. (2014) "Review of Andy Merrifield's *New Urban Question*", *Antipode*. Available at: http://radicalantipode. files. wordpress. com/2014/09/book-review _ mcneill-on-merrifield. pdf.

Mathers, A. (2014) "Review of Networks of Outrage and Hope", *Sociology*, 48 (6): 1063.

Merrifield, A. (2002) *Metromarxism: A Marxist Tale of the City*. New York: Routledge.

Merrifield, A. (2014) *The New Urban Question*. London: Pluto Press.

Saunders, P. (1981) *Social Theory and the Urban Question*. London: Hutchinson.

Susser, I. (2002) "Manuel Castells: Conceptualising the city in the information age", in I. SUsser (ed.) *The Castells Reader on Cities and Social Theory*. Oxford: Blackwell, pp. 1 - 12.

Van Dijk, J. (1999). "The one-dimensional network society of Manuel Castells", *New Media and Society*, 1(1): 127 - 138.

贾森·科伯恩
JASON CORBURN

安德鲁·巴菲尔德　伦敦卫生与热带病研究院

(Andrew Barnfield, London School of Hygiene and Tropical Medicine)

69　**代表作**

Corburn, J. （2005） *Street Science: Community Knowledge and Environmental Health Justice*. Cambrideg, MA: MIT Press.

Corburn, J. （2009a） *Toward the Healthy City: People, Places, and the Politics of Urban Planning*. Cambridge, MA: MIT Press.

Corburn, J. （2013） *Healthy City Planning: From Neighborhood to National Health Equity*. London: Routledge.

Corburn, J. , Curl, S. , Arredondo, G. and Malagon, J. （2014） "Health in all urban policy: City services through the prism of health", *Journal of Urban Health*, 91(4): 623 – 636.

导言

城市对健康有着巨大影响，从运动场所到新鲜食品、从空气污染到疾病传播，城市布局以及居民、商业和游客对城市的使用莫不在塑造着城市生活。随着西欧城市的卫生状况和居民健康水平在 19 世纪以来的两百年间不断改善和提升，以身体与城市生活和城市政治之关系为核心的公共卫生（Public Health）日益受到关注，卫生与城市改革的联系是其关键。

贾森·科伯恩的学术生涯深受上述现象的影响（科伯恩，2007 年 a），他关注专业知识与实践以及社会运动对市民平等地享受卫生保护的影响，他的著作围绕两个主题展开——一方面是将城市规划史与社会正义联系起来,另一方面是推动卫生平等权进入城市政府的决策进程(科伯恩和科恩,2012年)。在科伯恩看来,公共卫生包括人的身体、精神和情感的健康,涉及安全、整洁和可负担住房,清洁空气和低噪音污染,就业机会,获得医疗服务、疫苗和健康筛查服务,获取新鲜食物和绿色空间,也涉及透明的政府。因此卫生涉及城市政策的方方面面,其定义极为广泛,城市政治也被裹挟在其中。

目前,科伯恩是加利福尼亚大学伯克利分校城市与区域规划专业的教授,担任全球健康城市研究中心(Center for Global Health Cities)主任,也是全球大都市研究中心(Center of Global Metropolitan Studies)的负责人之一。他的职位涉及两个学科,即环境设计系和公共卫生学院,这也暗示了科伯恩研究领域的跨学科特性,甚至其研究项目也遍及全球,从加州到内罗毕再到里约热内卢。

学术经历与研究重点

科伯恩是纽约人,1992年他离开大苹果,前往马萨诸塞州沃尔瑟姆的布兰代斯大学(Brandeis University)学习艺术政治,并于1996年获得麻省理工学院城市规划学硕士学位。随后他返回纽约市,担任环保局的高级环境规划师,同时兼任共识创建学院(Consensus Building Institute)的公关专员,负责协调与环境和公共卫生有关的争议。两年后,科伯恩来到西雅图并成为一名社区组织者,并于2002年获得麻省理工学院的城市环境规划博士学位。他的博士论文来自于1996—2002年间在布鲁克林的工作经历,并于2005年出版,即《街头科学》(Street Science)。哥伦比亚大学是科伯恩的下一站,他进入梅尔曼公共卫生学院(Mailman School of Public Health)进行流行病学的博士后研究,即对病毒与疾病在人群中的传播及其影响因素进行数据分析。

科伯恩的学术生涯受到很多学者的影响,包括他在麻省理工学院和哈佛大学的老师如城市规划学的劳伦斯·萨斯坎德教授(Lawrence Susskind)和戴维·劳斯教授(David Laws)以及公共卫生学的尼克·弗罗伊登伯格教授(Nick Freudenberg)。理论上讲,影响他的学者更多,包括城市学者和社会活动家简·雅各布斯、社会病理学家南希·克里格(Nancy Krieger)以及社会理论家布鲁诺·拉图尔、皮埃尔·布尔迪厄(Pierre Bourdieu)和美国实用主义哲学家约翰·杜威（John Dewey）。除此之外，科伯恩的工作经历使他积累了丰富的实践经验，对地方政府和城市规划的细枝末节了如指掌，这对城市研究学者来说无疑是极大优势。

科伯恩的研究聚焦于环境卫生与城市社会正义的关系、科学决策中的知识、理解环境与公共卫生中的本地知识，以及通过城市规划促进公共卫生中的公平正义（科伯恩，2010 年）。这些问题的研究和解决，离不开与低收入城市居民、临时居住区的居民以及少数族裔城市人口等弱势群体的沟通合作，这种沟通合作则往往产生土地混合开发模式，推动出台新政策以避免临时居住区居民流离失所、确保土地所有权、增加经济机会、改善基础设施和环境卫生。科伯恩的研究建构起城市居民、科学家和政策制定者之间的联结，以便出台有利于城市和居民健康的策略和规划措施。

71

科伯恩关于纽约格林博尔特和威廉斯堡的研究堪称典型。他鼓励社区成员和职业人士一道解决东河水污染对捕鱼业的危害、当地的空气污染源、附近拉美裔社区广泛存在的哮喘病以及重金属铅对这里居民的伤害。他的研究使社会关注参与性合作的成果与局限，并凸显了本地居民在与科研人员合作时如何发声的问题。在科伯恩看来，社区成员与职业人士的合作并不是对科学的不信任，而是通过拓展思路和信息拓宽了研究、分析和决策的进程。

目前，科伯恩正在研究如何将卫生公平融入城市治理的决策进程、建立卫生公平的指标体系，以及如何改善临时居住区居民的生活治理。他对城市气候正义的研究堪称前卫，关注的焦点在于应对气候变迁的政策与机构如何确保大多数城市弱势群体从其中获益。

核心理念

肥胖等不具传染性的疾病是当代城市面临的重要健康危机，这些疾病多数与新的生活方式如久坐、不运动和不健康饮食有关。同时，对机动交通工具的依赖不仅增加了久坐的时间，而且加剧了城市中的空气污染，而污染则影响了居民的呼吸系统，加剧了哮喘之类的疾病。此外，精神类疾病也呈日趋恶化之势，这与城市居民的沉重压力有关——不确定的工作前景和生活波动犹如悬在居民头上的利剑。科伯恩的研究正与此有关，他的核心理念在于构建城市规划与社会正义的联结，以及将健康公平的理念融入城市决策进程；这些理念与 19 世纪公共卫生的先驱们如出一辙（科伯恩，2004 年）。所不同者，科伯恩更重视本地经验和底层视角，试图将当地居民的情况作为研究资料，并使其影响决策（科伯恩，2007 年 b）。正是这一点使他成为城市研究领域的代表性人物——尽管科伯恩的研究中新见迭出，但他的核心理念重视的是城市、社区与日常生活中的变迁。

在科伯恩看来，哮喘、婴儿死亡和心血管疾病不能完全归咎于个人失误，也不是个人选择的生活方式或是某地所特有，而是城市政策与规划的失败。他呼吁加强对经济、政治和社会发展等生物医学所忽视领域的关注，以便理解城市如何让所有居民的生活更美好；他主张城市研究者通过与公共卫生、社区组织、基金会、国际机构以及地区和区域政府的合作来根除当代城市中流行的种种疾病（科伯恩，2003 年）。

科伯恩的著作围绕一个关键问题展开，即城市研究、规划和公共卫生工作如何与地方知识（Local Knowledge）相结合，以推动城市更公平、更健康。首先，他主张在发现和缓解卫生不平等导致的问题时借用本地居民的知识和技能，包括在去工业化等城市进程中产生的诸多问题。在 2005 年出版的《街头科学：社区知识与环境卫生正义》（*Street Science：Community Knowledge and Environmental Health Justice*）中，科伯恩呼吁在城市规划中关注他提出的新概念"街头科学"，即将专业知识与社区知识相融合，由此得出解决地方环境卫生问题的方案。他将其视作"解决顽疾的民主化方式"，是一种"合作式的知识生产实践"，其基础在于"一系列现行的知识与实践的参与模式"（科伯恩，2005 年，第 8 页）。

这是什么意思呢？科伯恩的目的，在于协助本地居民与城市官员共同调整政策，既包括对卫生服务的参与也包括其他服务和设施。这可以在科伯恩关于加利福尼亚州里士满（Richmond）的研究中发现，其研究成果推动了当地规划法案的修订，以应对当地雪佛兰汽车厂带来的空气污染。里士满健康公平纲领（Richmond Health Equity Initiative）使得当地所有规划活动都注意到公民的健康和福利，并得到了司法支持。科伯恩本人也成为里士满健康公平伙伴计划（Richmond Health Equity Partnership）的领导者之一，力争将健康公平融入市政府的决策之中，并推动县域范围内的医疗专区和校区规划。上述种种活动使得里士满在 2014 年成为加利福尼亚州第一个以立法的形式确定"健康全政策"战略（Health in All Policies）的城市。

2009 年出版的《通向健康城市》(*Toward the Healthy City*)是科伯恩的第二部著作,该书尝试对当代城市规划中所使用的"健康"进行拓展,不再局限于死亡和疾病,而是将社会福利、公共安全和经济机遇融入健康的概念,从个人与社会两个角度对健康进行重新定义。科伯恩力求将"健康"变为可以付诸实施的政策,因此主张规划师也应参与到这一概念的演化和分析之中,而付诸实施的方法就是在决策和管理中凸显有关健康的核心要素。科伯恩希望构建健康与城市功能之间的对话,而不仅仅是通过改善医疗条件却不彻底改变环境的方式对待城市居民,居住环境等因素都应该纳入考察范围并做出改变。

科伯恩与芭提雅(Bhatia)曾于 2011 年与旧金山公共卫生局合作解决城市卫生面临的问题和不公平现象,其间提出的"健康发展量化工具"(Healthy Development Measurement Tool,HDMT)就是实现上述目标的方法之一,为旧金山的社区健康提供了一系列基准数据,旨在通过评估土地利用方式和城市开发来识别对居民和社区健康的潜在影响,并制定了指标用以衡量城市开发项目和政策对健康的推进效果。HDMT 制定了 27 项指标来展示城市不同地区的表现,保证了健康成为城市开发政策的一部分。

在《街头科学》的基础上,科伯恩在 2013 年出版的《健康城市规划》(*Healthy City Planning*)中提出了理解适应性城市健康正义(Adaptive Urban Health Justice)的框架,探讨了如何改善城市生活中的不平等与歧视,尤其是在城市规划难以解决这些不平等和歧视的时候。这些不利方面对于城市弱势群体的影响最为明显。在科伯恩看来,由于城市规划并未将健康考虑在内,因此规划非但没有,反而实际上加剧了城市中的健康不平等,他对此提出的方案就是适应性城市健康正义,这一概念的基础在于如下三个方面:生态—社会病理学、城市研究中的自然科学与技术,以及适应性生态系统管理——这三个方面整合了对实践的重视、对城市场所的相对视角和民主化进程。适应性城市健康正义概念的提出,意味着科伯恩意识到了城市的精密复杂以及身体、事物和感觉的流动,同时也意识到城市空间中的差异、经验和参与(参见本书关于哈维·莫洛特克和娜塔莉·杰罗米年科的介绍)。

适应性城市健康正义的哲学根基来自实用主义,尤其是美国哲学家约翰·杜威的思想,即通过描述"实用性结果"来解释假说。科伯恩尝试用实用主义思想来深化对城市及其状况的新理解,以及如何改造和重塑城市以推进健康,这也体现在他与巴西圣保罗国立大学健康促进中心(Centre for Health

Promotion at the State University of Rio de Janeiro，Brazil，CEDAPS)的合作中,该项合作提出了通过多元规划路径推进城市健康和公正的方法。在这里,地方社区的健康机构在执行巴西这个非中央集权国家的政策,包括经费转移支付的新方法,以便为健康饮食和设施提供资金支持。结果非常显著,死亡率控制、母乳喂养和营养不良都得到显著改善。

对城市研究的贡献

贾森·科伯恩不是理论家,不是本书列出的以城市理论为研究对象的学者。贾森·科伯恩是行动者,通过他对城市的分析和合作项目,身体力行地闯出进行城市研究和规划的新路,比如他的街头科学理念和将健康纳入决策的倡议。因此,他对城市研究的主要贡献体现在两个方面。一方面,科伯恩将健康视作城市议题并给予特别关注,认为健康的差异来自城市中的不公平,因此他将对健康的研究置于城市社会不公的框架中。另一方面,科伯恩致力于将公共卫生融入城市规划,呼吁规划再度关注健康公平与社会正义(参见本书关于恩里克·佩纳罗萨的介绍)。

健康城市规划涉及城市空间,更与那些导致健康不公正的因素直接相关——健康城市意味着观念的转换,即从人和物的搬离转为预防和保护,从对科学理性的过度依赖转为科学知识的合作生产,从道德环境主义(Moral Envrionmentalsim)和物质决定论转为更加综合的、相对性的对场所的看法。贾森·科伯恩的研究致力于改变城市居民,尤其是最为弱势的群体的日常生活,其方法是鼓励居民、学术机构和政界之间的合作,以合作的方式制定政策、推动规划实施。科伯恩的这一方法,实在是将城市空间研究与城市健康与生活之进程和经验相融合的创新之举。

74

参考文献

Corburn，J.（2003）"Bringing local knowledge into environmental decision-making：Improving urban planning for communities at risk"，*Journal of Planning Education and Research*，22(4)：420－433.

Corburn，J.（2004）"Confronting the challenges in reconnecting urban planning and public health"，*American Journal of Public Health*，94(4)：541－546.

Corburn, J. (2007a) "Reconnecting with our roots: American urban planning and public health in the 21ˢᵗ century", *Urban Affairs Review*, 42(5): 688 – 713.

Corburn, J. (2007b) "Community knowledge in environmental health science: Co-producing policy expertise", *Environmental Science and Policy*, 10(2): 150 – 161.

Corburn, J. (2009b) "Cities, climate change and urban heat island mitigation: Localizing global environmental science", *Urban Studies*, 47(2): 413 – 427.

Corburn, J. (2010) "Rebuilding the foundations of health: Planning for healthier and more equitable places", *Planning Theory and Practice*, 11(3): 435 – 441.

Corburn, J. and Bhatia, R. (2011) "Lessons from San Francisco: Health impace assessments have advanced political conditions for improving population health", *Health Affairs*, 30(12): 2410 – 2413.

Corburn, J. and Cohen, A. K. (2012) "Why we need urban health equity indicators: Integrating science, policy, and community", *PLoS Medicine*, 9(8): e1001285.

迈克·戴维斯

MIKE DAVIS

梅拉妮·隆巴德　谢菲尔德大学

(Melaine Lombard，University of Sheffield)

代表作

Davis，M.（1990）*City of Quartz：Excavating the Future in Los Angeles*.
London：Verso.

Davis，M.（1998）*The Ecology of Fear：Los Angeles and the Imagination
of Disaster*. New York：Vintage.

Davis，M.（2000）*Magical Urbanism：Latinos Reinvent the US City*.
London：Verso.

Davis，M.（2002）*Dead Cities and Other Tales*. New York：New Press.

Davis，M.（2006a）*Planet of Slums：Urban Involution and the Informal
Working Class*. London：Verso.

导言

　　迈克·戴维斯活跃在学界和公共领域，他既是社会评论家和城市理论家，也是将理论付诸实践的行动者。他自称是马克思主义的环境主义者，其作品凭借对城市边缘群体遭遇的社会和环境影响之尖锐批评而蜚声学界内外。他的作品内涵丰富、艰涩难懂，满篇皆是不妥协的战斗意识，虽然主题众多但线索明显，那就是对城市不公正的关注。

　　戴维斯对城市的主要贡献是表达了所谓"洛杉矶学派"(L. A. School)的核心观点——这是一个将洛杉矶视作城市转型实验室的学术团体，从这个角度看，戴维斯的作品凸显了发达资本主义中高度的城市不平等，这种不平等既体现在洛杉矶城市内，也包括在其不断蔓延的外围地区。尽管时有批评之声指责其顽固的马克思主义立场，但戴维斯依然拥有广大的读者。他在"阅读江湖"中的地位来自其对城市问题的敏锐关注和极快的写作速度，也来自他的分析方法对类似著作的启发意义。他所关注的内容不可谓不广泛，从振兴主义到城市有产者，从城市化到禽流感，戴维斯都有涉及。他的阵地不仅有学术期刊，也包括《国家》(Nation)和《新政治家》(New Statesman)之类的通俗杂志。

目前，戴维斯是加利福尼亚大学里弗赛德校区创意写作学院的荣退教授。

学术经历与研究重点

76　　戴维斯的研究不仅受到其学术训练的影响，更受到人生经历的影响——他来自工人家庭，在进入学界之前曾做过屠夫和长途货车司机。1946 年，戴维斯生于加利福尼亚州丰塔纳(Fontana)，60 年代中期于俄勒冈州里德学院(Reed College)短暂求学期间积极投身民权运动，并加入了"学生争取民主社会"。①毕业后他曾在美国西部换过几份工作，但都是蓝领身份，直到 70 年代重返大学，相继获得加利福尼亚州大学洛杉矶分校的历史学学士和硕士学位，虽然他在此继续攻读博士，却未能获得学位。几乎整个 80 年代戴维斯都是在欧洲度过的，大部分时间在英国，到 1987 年返回洛杉矶，同年出版了他在此期间的研究著作《美国梦的囚徒》(Prisoners of the American Dream)，以马克思主义的观点解释了为何美国从未出现一个主流的工人阶级政党。2000 年出版的小册子《有魔力的都市生活》(Magic Urbanism)再度回应了这一问题，不过其主要内容在于探讨美国城市中不断增多的拉美裔人口，分析了为何城市理论对其视而不见，为何城市公共福利也对其置若罔闻。

洛杉矶似乎是戴维斯永恒的主题，他对这座天使之城的爱恨交织在其研究中倾泻而出。出版于 1990 年的《水晶之城》(City of Quartz)可谓戴维斯最广为人知的作品，也是他迄今尚未完成的洛城三部曲的第一部，1998 年出版的《恐怖的生态学》(Ecology of Fear)则是这一系列的第二部。戴维斯在《水

---

① 学生争取民主社会(Students for a Democratic Society)，20 世纪 60 年代美国出现的激进政治组织。——译者注

晶之城》中以细致入微又令读者屏气凝神的笔触追溯了洛城的历史,将其视作自由资本主义的微观标本,揭示了这座城市的荣耀与肮脏——用作者的话说,也就是"阳光与阴暗"。出乎意料的是,本书一跃而成为畅销书,并斩获当年的国家书评人奖(National Book Critics' Circle Award)。该书第五章《锤子与岩石》(The Hammer and the Rock)介绍了法律的不公正以及社会和种族不平等导致的结构性暴力,对洛杉矶大都市区(L. A.,包括洛杉矶市及其周边郊区。——译者注)少数族裔令人压抑的贫困进行了深刻剖析,而在戴维斯看来,这并非洛杉矶大都市区的特例,而是全美各大城市的普遍现象。就在这本书出版两年后的 1992 年,就在戴维斯所刻画的洛杉矶,因为白人警察殴打黑人青年罗德尼·金(Rodney King)而引发的大规模骚乱席卷洛城,这使得《水晶之城》和戴维斯本人"几乎成为先知"(斯坦纳德[Stannard],2004 年,第 55 页)。在大众的一片赞誉声中,加州圣莫尼卡的盖蒂学院(Getty Institute)将 1996—1997 年度的盖蒂学术奖(Getty Scholarship)授予此书,随后 1998 年度的麦克阿瑟奖(MacArthur Fellowship)也花落戴维斯。

如果说《水晶之城》瞄准的是洛杉矶的社会不平等,那么其姊妹篇《恐怖的生态学》则瞄准了洛城的生态环境,揭示了南加州地区城市规划的失败之处。这本书构建起南加州地区放任自由的城市增长与过度开发、缺少保护和地震风险所导致的不断恶化的环境危机之间的关联。在这一研究的基础上,戴维斯在 2002 年出版了《末日城市》(Dead Cities),该书同样探讨了在精英阶层主导下的城市开发,指出这一开发引发的环境问题对城市物质和社会结构的破坏;同时该书也意味着戴维斯将其研究视野投向更遥远的城市如拉斯维加斯,和更广泛的主题如有毒物质排放。戴维斯将马克思主义的视角和方法引入城市物质和社会之双重的环境研究,其 2006 年出版的《贫民窟星球》(Planet of Slums)可谓集大成者,戴维斯的关注焦点超越美国而上升到全球层面,并致力于解决在世界各地不断增多的"贫民窟"的社会和环境不平等。

凭借着杰出的学术研究,戴维斯在 20 世纪 90 年代斩获一系列高端学术头衔——1994 年在加州大学洛杉矶分校比较史与社会理论研究中心(Center for Comparative History and Social Theory)担任客座教授、1996 年获得加州大学尔湾分校评议教授(Regents Lecturer)、加州大学伯克利分校的艾维纳里讲席教授(Avenali Professor),并在 1997 年担任威斯康星大学海文斯中心研究员(Havens Center Fellow)。获得麦克阿瑟奖后,戴维斯在南加州建筑研究院(South California Institute of Architecture)教授城市理论,并于次年赴纽约大学石溪分校讲授历史,为期三年。20 世纪 90 年代到 21 世纪初是戴维斯创作的高产期,他不仅出版了小说三部曲《神秘岛》(*Islands Mysterious*)的前两部,还编辑了几部文集,2008 年出版的《恶魔天堂》(*Evil Paradises*)就是最新的一部。四年后,戴维斯以一部专著的方式为"占领华尔街"运动摇旗呐喊,这部名为《务实：谋求不可能》(*Be Realistic：Demand the Impossible*)的著作甚至展望了该运动的未来。在上述学术职位之外,戴维斯还长期担任《新左派评论》(*New Left Review*)的编辑。

核心理念

马克思主义的城市环境研究贯穿戴维斯城市研究的始终,尤其是通过阶级和权力关系分析资本主义城市化。用斯坦纳德的话说,放任自流的城市化以及由此导致的城市危机塑造了当代城市的环境和社会结构,而戴维斯"标志性的唯物主义解释"为理解这些结构提供了研究方法。《水晶之城》可以说是其"唯物主义解释"的最佳典范,读者在这里看到的洛杉矶,不仅是发达资本主义的乌托邦,也是发达资本主义的异托邦。在戴维斯看来,随着 20 世纪以来洛杉矶在政治、社会和文化上成为一座流动的城市,房地产业——在固定场所上拥有巨大影响力——对于城市的影响逐渐下降,取而代之的是排斥和不平等,这才是洛杉矶发展的核心要素。空间隔离贯穿洛城发展之始终且日趋强化,于是我们看到这座城市里出现了越来越多的门禁社区,而公共空间的数量却不断减少(参见本书关于特蕾莎·卡德丽亚的介绍)。

放任自流的城市化进一步加剧了环境恶化,这是戴维斯的第二个观点。《恐怖的生态学》,涉及的就是这个问题。该书告诉读者,洪水、火灾和地震正愈益频繁地出现,此类生态危机很可能引发社会危机。通过这本书以及其他相关作品,戴维斯一语道破了"不友好"的大自然给城市化造成危险,富人们为了一己之私,将峡谷和海岸等"天然"景观变成城市,这份自负和愚蠢从长远看将不可避免地破坏环境,并导致公共产品被私人占用(参见马修·甘迪,2014年)。同样,戴维斯在对环境危机的分析中依然没有忘记阶级分化。

不平等、公共空间不足和由此导致的集体经验的缺失是戴维斯笔下洛杉矶的基本特征,再加上他独具特色的马克思主义分析方法,在梅里菲尔德看来，这使得戴维斯将当代城市视作"崩溃之所在"（A Place of Breakdown）。梅里菲尔德用"大都市马克思主义"（Metropolitan Marxism）一词称呼马歇尔·伯曼（Marshall Berman）和大卫·哈维等学者，指的是这样一种学术观点：强调日常生活中的暧昧和可能，以及产生这些暧昧和可能的结构性力量；相比之下，戴维斯的观点则悲观得多。两相比较，大都市马克思主义所关注的紧密关系、紧张和冲突存在于资本主义城市的积极面和消极面之间，对此既有肯定也有否定；而戴维斯对城市未来的悲观使其观点不免有虚无主义之嫌。

　　这种悲观弥漫在《贫民窟星球》全书，描述了"21 世纪陷于肮脏、破败与萧条中的城市世界"（戴维斯，2006 年 a，第 19 页）。该书的主要观点首先体现在 2004 年发表于《新左派评论》的一篇同名文章中，其资料主要来自联合国人居署在一年前出版的《贫民窟的挑战：关于全球人居状况的报告》（*The Challenge of the Slums：Global Report on Human Settlements*）。在戴维斯看来，在这个世界上，不管是地方、国家还是全球，排斥无处不在，因此贫民窟成了"容纳本世纪过剩人口的特效药"（2006 年 a，第 200—201 页）。这些无处不在的空间排斥可以追溯到世界银行和国际货币基金组织在 20 世纪 80 年代推行的结构调整项目（Structural Adjustment Programmes），这些项目使得成千上万的乡村贫困人口无以为生，只得涌入城市，这就是过去几十年里爆炸式城市化的真相。由此，城市"成了过剩人口的容身之所，他们在这里从事低技能、无劳动保护和低工资的非正规服务业"（戴维斯，2006 年 a，第 175 页）。

　　该书激烈的言辞成功渲染了生态恶化的严峻，构成了全球范围内城市危机奏鸣曲中的一支。然而，该书却因大量使用"贫民窟"（Slum）一词而备受指责，批评者认为该词简化并污化了城市中的非正式居住区（吉尔伯特［Gilbert］，2007 年，第 698 页），反而有利于作者的攻击对象。这本书的视野堪称宽广，细节堪称丰赡，但方法却有失规范。作者几乎抨击了所有现行的方案，但这也有损于该书在方法论上可能给予后来者的启迪。最后，该书的宏观视角忽视了贫困者自己的声音，考虑到洛杉矶城市史上围绕土地、服务和利益诉求的漫长斗争，这一忽略令人遗憾甚至令人吃惊（安古提［Angotti］，2006 年）。这一忽略使得这本书无法从这个角度深入分析，使得已经被边缘化的居民更显无能为力。

　　类似批评在《末日城市》中得到了进一步深化，戴维斯警告种族隔离和无法控制的暴力将最终使美国城市走向崩溃。除了上述著作，戴维斯关于城市

78

未来的作品还包括对"郊区噩梦"的警告，该文于 1994 年发表在《洛杉矶时报》。尽管戴维斯的研究可以归入本雅明之类的对城市的异想式的批评，他的著作究竟如其批评者所言是真正的反城市，还是如其自己所言只是揭示了城市世界中令人不适的一面，这取决于读者自己的政治倾向。

对城市研究的贡献

79　　戴维斯的著作要么受人追捧，要么饱受批判。他关于洛杉矶的两部著作堪称畅销书，即《水晶之城》和《恐怖的生态学》，或使他被称作洛城"末日先知"的称号（珀德姆[Purdum]，1999 年），或使他被称作预言天使，这取决于评论者的出发点。尽管其著作广受大众欢迎，但其夸张的语调似乎更适合报刊而非学术著作。但用他自己的话说，这正是"文献现实主义的反对力量"（戴维斯，1990 年，第 87 页）。实际上，戴维斯描述城市不公的预言是其最富有力量的，尽管对读者来说很有吸引力，却使得学界人士批评其不够客观，受到相关研究者的嘲讽（斯坦纳德，2004 年）。

戴维斯对城市研究真正的贡献在于他在洛杉矶学派中的地位。洛杉矶学派的成员来自南加州的多所科研院校，他们发现洛杉矶就像一座城市的实验室，在 20 世纪 80 年代提出了一系列与芝加哥学派针锋相对的观点，最终促使"社会科学家改变了解释城市的方式"（斯坦纳德，2004 年，第 256 页）。除了戴维斯，洛杉矶学派的代表人物还包括迈克尔·迪尔（Michael Dear）、艾伦·斯科特、爱德华·索佳和詹妮弗·沃尔克（Jennifer Wolch），他们认为洛杉矶正在经历的变化是其他城市可能的未来。学派成员的个人影响力不输于学派整体的影响，例如，戴维斯关于"堡垒般的洛杉矶"的研究启发了斯蒂芬·格拉汉姆关于城市军事—安全复合体的研究。

戴维斯在学界和公众中的形象经常遇到危机——他不止一次陷入关于事实可靠性的争论，其中最有名的一次发生在《水晶之城》出版后不久，他不得不出面否认自己伪造了来自布拉迪·韦斯特沃特公司（Brady Westwater）的数据，这是洛杉矶的一家房地产开发商。《恐怖的生态学》出版后，类似事件再次上演，这一次，戴维斯面对的是夸大数据的指责，批评者称他增多了麦克阿瑟公园中与毒品相关的死亡人数；他声称曾与本地一位环保主义者进行访谈，内容发表在《洛杉矶周刊》（*LA Weekly*）上，但这也被人指责为伪造（珀德姆，

1999 年)。对此戴维斯回应称,在他所有的作品中包括《恐怖的生态学》在内,叙事都是为政治服务的(珀德姆,1999 年)。此外,也有学者认为戴维斯的观点受到作者本人的意识形态左右,甚至是"他因自己的境遇而对洛杉矶权势集团做出的报复"(斯科特,2002 年,第 25 页)。

　　放下这些不管,戴维斯对城市研究的主要贡献在于他对发达资本主义城市进程的批评路径。尽管他总是以异托邦的视角展开研究,他对于城市的热情流露在他的作品中;他对美国及其他国家城市的批评超越了前人,影响深远并被用于对迪拜等城市的分析(2006 年 b)。他的学术能力在于"将原本遥不可及的进程和事件清晰明确地联系在一起"(斯坦纳德,2004 年,第 255 页),并坚持研究应不断创新求变,这也成了戴维斯学术研究的特征。他坚持发动一场城市革命,并提供了城市研究批评的范式,这是戴维斯影响至今的原因。迈克·戴维斯不是末日预言者,而是城市研究最为激烈的捍卫者之一。

参考文献

Angotti, T. (2006) "Apocalyptic anti-urbanism: Mike Davis and his planet of slums", *International Journal of Urban and Regional Research*, 30(4): 961 – 967.

Davis, M. (1987) *Prisoners of the American Dream: Politics and Economy in the History of the U. S. Working Class*. London: Verso.

Davis, M. (1994) "The suburban nightmare: While older suburbs experience many problems of the inner city, 'edge cities' now offer a new escape", *Los Angeles Times*, 27 October.

Davis, M. (2004) "Planet of slums: Urban involution and the informal proletariat", *New Left Review*, March-April: 5 – 34.

Davis, M. (2006b) "Fear and money in Dubai", *New Left Review*, 41: 47 – 68.

Davis, M. (2012) *Be Realistic, Demand the Impossible*. Chicago, IL: Haymarket Books.

Davis, M. and Monk, D. B. (eds) (2008) *Evil Paradises, Dreamworlds of Neoliberalism*. New York and London: New Press.

Gandy, M. (2014) *The Fabric of Space: Water, Modernity, and the Urban Imagination*. London: MIT Press.

Gilbert, A. (2007) "The return of the slum: Does language matter?", *International Journal of Urban and Regional Research*, 31(4): 697 – 713.

Merrifield，A. （2002） *Metromarxism：A Marxist Tale of the City*. London：Routledge.

Prudum，T. （1999） "Best-selling author's gloomy future for Los Angeles meets resistance"，*The New York Times*，27 January. Available at：www. nytimes. com/ 1999/01/27/us/best-selling-author-s-gloomy-future-for-los-angeles-meets-resistance. html? pagewanted＝all.

Scott，L. （2002） "A giant still sleeping"，*London Review of Books*，4 April：25 – 27.

Stannard，K. （2004） "That certain feeling：Mike Davis，truth and the city"，*Geography*，89(3)：254 – 268.

UN-Habitat （2003） *The Challenge of the Slums：Global Report on Human Settlements*. London：United Nations Human Settlements Programme/Earthscan.

傅 以 斌
BENT FLYVBJERG

马蒂吉·杜尼维尔德、克里斯托弗·范·阿斯奇、拉乌尔·伯恩
（Martijn Duineveld，Kristof Van Assche and Raoul Beunen）
进化治理理论研究组
（The Evolutionary Goverance Theory Collective）

代表作　81

Flyvbjerg，B.（1998）*Rationality and Power：Democracy in Practice*. Chicago：University of Chicago Press.

Flyvbjerg，B.（2001a）*Making Social Science Matter：Why Social Inquiry Fails and How It Can Succeed Again*. Cambridge：Cambridge University Press.

Flyvbjerg，B.，Bruzelius，N. and Rothengatter，W.（2003）*Megaprojects and Risk：An Anatomy of Ambicion*. Cambridege：Cambridge University Press.

Flyvbjerg，B.（2006）'Five misunderstandings about case-study research'，*Qualitative Inquiry*，12(2)：219-245.

Flyvbjerg，B.，Landman，T. and Schram，S.（2012）*Real Social Science：Applied Phronesis*. Cambridege：Cambridge University Press.

导言

　　傅以斌凭借英文专著《理性与权力》（*Rationality and Power*）而名扬学界，该书一经出版便震撼了城市研究、城市治理和规划领域的多个相关学科，

其中不少堪称现代主义意识形态的支柱，而傅以斌却鼓噪而击之。他虽然对当代城市研究持批评之论，却不是新马克思主义者，也不关注"新自由主义"城市中的绅士化和社会—空间排斥；他深受福柯的理念影响，将城市规划、政治和管理之技术与法律翻了个底朝天，揭示出其中隐含的权力理性——在学术之外的傅以斌，也喜欢用这一方法观察问题。他频频在媒体中出镜，为丹麦、荷兰和英国等国政府提供咨询，还曾担任科索沃共和国环境部长。几年来，傅以斌致力于以新的方式构建空间组织形态、空间组织形态的叙事方式以及调查模式之间的联结；他的研究领域涉及城市规划、超级工程（Megaproject）、地方政府、个案研究、权力—知识关系和行动主义研究（Activist Scholarship），推动了城市研究领域跨学科间的整合、求知与实践的联系，并一改城市政府对学术知识的怀疑态度，使其更愿与学者合作。

　　如今，傅以斌是牛津大学赛义德商学院（Said Business School）的重大项目管理教授（Professor of Major Programme Management），同时也是牛津大学重大项目管理中心主任。

学术经历与研究重点

　　20 世纪 80 年代，傅以斌在丹麦奥尔堡（Aalborg）进行城市规划和治理的研究工作，这是他进入学术界的起点，先是在奥胡斯大学（Aarhus University）获得经济地理学博士，又得到奥尔堡大学的两个高等博士学位[1]。傅以斌以奥尔堡为研究对象，1993 年成为奥尔堡大学开发与规划学院的规划学教授；2009 年他离开丹麦前往英国，出任牛津大学重大项目研究教授兼首任中心主任。

　　傅以斌的研究主要围绕三个各不相同但相互联系的主题而展开。第一个主题是规划、理性与权力，80 年代他以奥尔堡为田野调查对象而进行的博士论文工作就以这一主题为中心，关注的是奥城的规划和政治，旨在探讨权力与知识的关系。傅以斌在 90 年代的研究最终以丹麦文出版为两部著作，后来他对这两部著作进行了删减整合，在 1998 年推出了《理性与权力》，这本书的理论可以说来自马基雅维利、尼采和福柯等权力理论家。

――――――――――――――

[1] 高等博士学位（Higher Doctorate），因学术成就而被授予的荣誉头衔。――译者注

他的第二个研究主题可以通过 2001 年的专著《让社会科学重要起来——社会调查的失败及其成功路径》(*Making Social Science Matter：Why Social Inquiry Fails and How It Can Succeed Again*)来了解。该书探讨了社会科学——包括人文学科和部分应用科学如规划——的哲学背景、方法论和合法性，呼吁用超越自然科学的方法来研究社会科学，主张通过个案调查来研究，以增进社会科学对真实社会的反映和对现实的批评性。傅以斌认为，这样扩大和更新的社会科学才足以为管理部门和公民个人提供帮助，使他们了解在现行社会体制下谁是获益者、谁是失意者，并使他们思考可能的替代方案。

2003 年出版的《超级工程与风险——野心的解剖》(*Megaprojects and Risk：An Anatomy of Ambition*)代表了他的第三个主题，即大型开发项目。通过大量的个案研究和可比较的数据，傅以斌发现，超级工程的益处被夸大而负面效果则被低估了。该书既引起政府部门的关注，也吸引了其批评者，更使傅以斌成为世界很多政府的座上宾。

核心理念

傅以斌的城市研究方法集中体现在《理性与权力》中。在这本书里，傅以斌犹如现代马基雅维利，研究了尼德兰半岛北部的丹麦城市奥尔堡，时间跨度几近十年，回答了其权力如何"真正地"运作这一问题。在此期间，傅以斌亲身参与到所研究的城市工程中，通过参与式观察获得了细致入微的资料，而该书的目的则是"将环境和社会因素融入城市政治和规划"(傅以斌，2001 年 a，第144 页)。他所研究的奥尔堡的城市工程，旨在应对汽车对老城中心地带越来越大的影响。在福柯的启发下，傅以斌将权力视作一张关系之网而非一个人所掌控的资源，通过研究权力的运作来揭示"当统治者统治时，政府的理性如何工作"(傅以斌，2001 年 a，第 131 页)。

凭借访谈、档案和从关键人物获得的信息，傅以斌以 200 多页的篇幅介绍了奥尔堡的开发工程，并随后提出了 10 项新观点，其中最重要的一点几乎颠覆了弗朗西斯·培根(Francis Bacon)那句影响了几代人的名言，"知识就是力量"；傅以斌的观点与福柯、尼采和马基雅维利类似，认为权力定义了现实。在他看来，官僚机构和政客们有意忽视、愚弄和排斥某些研究成果；有时他们鼓动或约束学界对某些特殊问题的研究，或是让学者回避那些可能会制约政府的问题。在傅以斌笔下的奥尔堡，研究者曾发起一项针对私家车主的调查，但结果由于不利于当地的工商业联合会而被束之高阁。他揭示了规划中的专业知识如何被政治化并与权力纠缠不清，因此知识只有置于权力的框架中才能被理解。此外傅以斌提出，理性不可能脱离语境而独立存在，在权力的行使中，理性往往与权力相冲突并被当成一种策略。

　　福柯认为知识是被建构而成的，这一观点即所谓后结构主义（Post-Structuralism）在学术界广受欢迎；但傅以斌通过研究当代城市治理中知识与权力的关系，进一步深化了福柯的许多观点。他用福柯的理论分析现实中的城市工程，由于能够亲身参与其中，他可以以局内人的身份详细观察规划流程、决策内幕、种种不同的预案和最终方案的选定，因此得以发现权力为了顺利实施也诉求理性，提出了理解自我、理解世界和理解权力博弈的思考方式（范·阿斯奇等，2014 年 a）。政府机构及其对规划的影响，利用、排斥并生产了新的参与者，也生产了理解规划的新方式。在这一过程中，学术研究不仅仅为规划提供新的知识，也是为促进某种理解世界之方式而在一起的人，同时还是为了共同参与政治治理而在一起的人（西里尔［Hillier］，2002 年）。获得知识与行使权力是密不可分的统一体，因此科学与管理的关系可以理解为利用和滥用，二者之间并非泾渭分明，而是有一段漫长的灰色地带（曼斯菲尔德［Mansfield］，1993 年）。

　　《理性与权力》的完结并不意味着傅以斌告别奥尔堡的城市工程，该书不仅奠定了他在学术界的地位，还让他成为决策咨询专家和媒体人物。在傅以斌看来，无论是参与决策还是做客媒体，都是社会科学研究的一部分，而是他所主张的"行知研究"（Phronetic Research）的一种（傅以斌，2002 年）。他认为，社会科学研究应当重视语境、重视实践，并力求与现实世界相呼应；在行知论研究中，他整合了亚里士多德和麦金太尔（MacIntyre）的实践理性，认为判断不等于科学知识，就像德雷福斯（Dreyfus and Dreyfus, 1986）关于人类的认知不能简化为无形信息的传递，或是福柯的权力—知识关系。因此，傅以斌主张进行个案研究，反对社会科学中的普遍主义和综合化倾向，呼吁在城市日常管理和制订发展规划时融入更多社会科学的、跨学科的学术成果。

　　行知研究将改变我们对行知研究的现有认识。对傅以斌来说，行知研究是一门与实践有关的科学。被学术界发现的问题，理应被大众意识到；解决问题的方法不应局限在学术共同体内部，同样应该为大众所接受。媒体在新发现的传播中扮演着关键角色,能够激发社会的广泛争论,引导人们关注可能的替代方案,从而给脆弱的民主注入一针强心剂(傅以斌,2014 年)。他致力于改变规划实践的意愿通过四个方面体现出来,在他看来,这四个方面也足以推进行知研究——第一,将民主融入规划将产生怎样的结果? 第二,不同权力运行机制之下,谁是获益者谁是失败者? 第三,这样的开发项目是必需的吗? 第四,哪些事情是必须做的?(傅以斌,2002 年,第 356 页)显然,这些问题并非没有标准答案,但也有讨论的必要;这些问题的答案既可以描述现状,又可以指引未来。

对行知科学的研究是其学术研究的开端,也是当前工作的一部分。有意思的是,尽管当时他对奥尔堡的研究采用了福柯式的权力—知识分析方法,如今他对超级工程的研究虽然旨在解构人们对工程风险和有益之处的固定理解,却几乎不再对工程的管理方式进行谱系学式的重构,而是完全持批评态度,即用新的理论和方法冲击超级工程的合法性根基。这似乎说明傅以斌已经意识到,对理性与权力的批评似乎还不够有力,不如公开批评决策、工程动因和专家的角色,并直接提出基于不同知识体系的新方案和政策——换句话说,这是对权力说实事,并且让权力求实事。这就是行知研究,在很多传统学科中都有所体现。从方法论角度看,傅以斌提倡的行知研究在其事中事后融合了深度个案分析、实地理论(Grounded Theory)、组织化民族志(Organizational Ethnography)和行动研究(Action Research)。

显然,行知研究是投入学术界的一枚重磅炸弹,行知研究者需要将曾经各具畛域的理论和方法整合在一起。行知研究不但需要联结不同学科、联合种种非正规性现象、形成新的科学方法、启发那些运用行知研究的学者,也需要产生其自身的替代者——因此行知研究并非放之四海而皆准。傅以斌自己的经历也说明,参与政治虽然对于学术研究是把双刃剑,在带来益处的同时也给作者本人带来研究和资料使用的掣肘。对于研究者来说,远远观察和亲身参与完全是两码事,就像对民主制的运转而言,亲自参与和被人代表也是完全不同的。即便是将傅以斌这样的行知研究者带入研究现场、参与地方事务,也不一定会让民主运转得更为流畅(曼斯菲尔德,1993 年;范·阿斯奇等,2014 年a)。即便是亚里士多德本人,也没有完全依赖行知研究进行判断,这是他的谨慎之处。毕竟判断力和领导力需要一系列技能才能做出,不能简化为或被一系列科学规则取代,也不能被道德和法律取代。政治和管理如今已被现代主义者所钟爱的简化法所困惑，学术研究也主动回避了对判断力和领导力的追求。通过联结福柯和亚里士多德，傅以斌用行知研究将理论与实践、将城市治理与治理研究整合在一起。同时，傅以斌的行知研究也并非空穴之风，不是无来由地凭空对现行研究进行批评，对他来说，如下两个问题才是关键——谁获益谁失利，以及权力的运行机制为何（傅以斌，2001 年 a，第 356 页）。

对城市研究的贡献

要理解傅以斌对城市研究的贡献，必须首先知晓 20 世纪八九十年代欧洲知识界关于规划、城市治理和公共管理的不同看法。政治学、公共管理和城市规划往往被视作教条的学科，培养的毕业生旨在服务于社会民主式福利国家的管理部门。这些学科教授的是可应用的"城市专业知识"，这种所谓的专业知识实际上已被简化为量化分析，旨在为现行城市治理模式服务，并复制出类似的模式。人们希望这些学科能够应用，它们本身也被视作官僚机构的组成部分。对官僚机构组织形式的质疑被视作无用之论，甚至想要仔细观察一下这些机构是否像人们以为的那样运转都被当作没有实际价值的理论玄思。因此，无论是规划师、政治学家还是公共管理专家，莫不对权力本身缄口不言，对权力的批评不但将削弱其学科的地位，也有损其专家的名声。而傅以斌及其同道则被视作"这些学科中的后现代主义者，这些学科与政府紧密相连并认同政府，而政府则深受现代主义理念的影响，相信可以通过空间干预的方式引领和重塑社会，他们的理解显然不同"（范·阿斯奇等，2014 年 b，第 2386 页）。

只要我们看一看当代城市研究的主要问题，不难看出傅以斌的研究正在以开放的姿态，从理论、理念和方法论等角度将城市研究政治化；同时，他以细致入微的研究揭示了塑造、重塑和治理城市的不同路径。无论是他的具体研究，还是他对行知研究理论与方法的推动，都在学界内外产生了巨大影响，使人们更加注意权力—知识关系、个案研究和科学研究在城市规划与设计中的作用等重要问题。同时，傅以斌告诉读者，学术进步离不开持续的争论，专业和学科要发展更离不开批评。最近，傅以斌与颇有权威的美国规划协会（American Planning Association，APA）展开争论，再度展现其不惧表达新看法的勇气——他指责美国规划协会虚伪，从不将那些失败的规划方案公之于众，其目的则是捍卫自己支持进步规划的形象（傅以斌，2013 年，第 157 页）。

希望傅以斌能够继续支持那些不满主流规划方案和城市转型的叛逆者。86
既然现代主义者的观点——学术为治理服务——依然主导人们的思维，既然
喧嚣的批评之声主要来自自我指涉的、观点重复的新马克思主义者，傅以斌因
此扮演着重要角色。新马克思主义者们批评一切与新自由主义有关系、哪怕
是只有丝毫关系的事务，固执地相信决定城市治理的因素只有市场(参见本书
关于迈克尔·斯托普、马里亚纳·瓦尔夫德的介绍)。我们相信，傅以斌的研
究不仅超越了现代主义者和官员对城市治理的理解，也超越了过度强调意识
形态的新马克思主义者。沿着傅以斌指出的道路，还有许多研究可以进行，以
使城市更加民主和可持续。

参考文献

Dreyfus, H. and Dreyfus, H. (1986) *Mind Over Machine*. New York: Free Press.

Flyvbjerg, B. (2001b) "Beyond the limits of planning theory: Response to my critics", *International Planning Studies*, 6(3): 285-292.

Flyvbjerg, B. (2002) "Bringing power to planning research: One researcher's praxis story", *Journal of Planning Education and Research*, 21(4): 353-366.

Flyvbjerg, B. (2013) "How planners deal with uncomfortable knowledge: The dubious ethics of the American Planning Association", *Cities*, 32: 157-163.

Flyvbjerg, B. (2014) "Projects power and politics: A conversation with Bent Flyvbjerg", *Twenyfirst*, 3: 62-75.

Flyvbjerg, B. (2015) "More on the dark side of planning: Response to Richard Bolan", *Cities*, 42: 276-278.

Hillier, J. (2002) *Shadows of Power*. London: Routledge.

MacIntyre, A. (1981) *After Virtue*. Notre Dame, IN: University of Notre Dame Press.

Mansfield, H. (1993) *Machiavelli's Virtue*. Chicago: University of Chicago Press.

Van Assche, K., Beunen, R. and Duineveld, M. (2014a) *Evolutionary Goveranace Theory: An Introduction*. Heidelberg: Springer.

Van Assche, K., Beunen, R. and Duineveld, M. (2014b) "Power and contingency in planning", *Environment and Planning A*, 46(10): 2385-2400.

马修·甘迪[①]

MATTHEW GANDY

安德鲁·卡夫嫩　瑞典皇家理工学院

(Andrew Karvonen，KTH Royal Institute of Technology)

87　**代表作**

Gandy，M.（2002）*Concrete and Clay：Reworking Nature in New York City*. London：MIT Press.

Gandy，M.（2004）"Rethinking urban metabolism：Water，space and the modern city"，*City*，8(3)：363 – 379.

Gandy，M.（2005）"Cyborg urbanization：Complexity and monstrosity in the contemporary city"，*Internatinoal Journal of Urban and Regional Research*，29(1)：26 – 49.

Gandy，M.（2014）*The Fabric of Space：Water，Modernity，and the Urban Imagination*. London：MIT Press.

导言

　　马修·甘迪是英国地理学家，他的研究领域是城市中自然的社会和文化生产。通过在社会科学、自然科学和人文学科中汲取资源，甘迪研究了北美、欧洲、非洲和亚洲主要城市中的基础设施网络、公园和开放空间、环境管理以及公共卫生和疾病。他最大的贡献在于对城市政治生态的研究，涉及与大都

---

① 在此特别感谢迈克尔·赫布特（Michael Hebbert）、里甘·科克和艾伦·莱瑟姆为笔者提出的建议和意见。

市自然、城市新陈代谢（Urban Metabolism）、生态意象和赛博格（Cyborg Urbanism）①都市生活。他的研究挑战了马克思主义、新马克思主义和后结构主义关于自然的观点，引入了电影、艺术和声音等文化视角，揭示了城市中自然、技术和人类之间的复杂关系。

　　目前，马修·甘迪为剑桥大学文化历史地理学教授，也是国王学院院士。

学术经历与研究重点

　　甘迪自小在伦敦北部的埃斯灵顿（Borough of Islington）长大，1988 年获得剑桥大学地理学学士学位，四年后凭借关于伦敦和汉堡对固体废弃物处理的比较研究获得伦敦政治经济学院博士学位，其博士论文将城市废弃物的流通视作理解环境决策与经济发展之矛盾的透镜，即 1994 年出版的《回收和城市废弃物的政治学》（Recycling and the Politics of Urban Waste）。甘迪认为，20 世纪 80 年代出现的以市场为基础的废弃物回收政策受到私营废弃物管理企业的影响，因此无法达到环境保护的要求，也无法清晰展示城市居民与物体流通间的关系。

　　1992 年，甘迪就任苏萨克斯大学讲师，五年后前往伦敦大学学院（UCL）地理系就职。2005 年，甘迪在 UCL 成立了城市试验室（Urban Laboratory），通过融合社会科学、人文学科和工学对城市化进行研究，影响斐然。从 2013 年起，甘迪出任《国际城市与区域研究学刊》（International Journal of Urban and Regional Research）联合主编；两年后回到母校剑桥大学担任现在的职位。

　　在他对城市自然的研究中，甘迪尤为关注景观（Landscape）。在甘迪的著作中，从 16—18 世纪画家们田园牧歌般的风景画，到 19—20 世纪景观设计师们的作品，景观确定了人类在物质世界中的位置，并为理解人类活动提供了概念框架。在 2002 年出版的《混凝土和黏土：重构纽约市的自然》（Concrete and Clay: Reworking Nature in New York City）中，甘迪以景观为切入点，探讨了纽约在历史上和现实中对城市自然的不同理解。这本书综合运用政治经济学、环境研究、社会理论、文化批评和设计学的理论和方法，通过一系列关

①　赛博格都市生活（Cyborg Urbanism），赛博格指的是半生化机械人。——译者注

于给排水设施、公园、高速公路、社区政治和环境污染的个案研究，探讨了城市
自然在政治、文化和社会等方面的巨大张力。甘迪认为，"城市自然的生产不
仅包括资本的转型，同时也涉及国家角色的变化、大都市自然文化的兴起，以
及城市生活之社会和政治领域的宏大转向"（甘迪，2002 年，第 5 页）。

除了景观，水是甘迪关注城市自然的另一个切入口。2014 年甘迪推出新
作《空间的碎片：水、现代性与城市想象》（*The Fabric of Space：Water，
Modernity，and the Urban Imagination*），该书以水文变迁为线索研究了巴
黎、柏林、拉各斯、孟买、洛杉矶和伦敦六座全球城市，在每座城市中选择特定
时段，探讨了城市自然生产中的"多重现代性"（Multiple Modernities）及其与
同时期城市生活经验的关系，并对六座城市进行了比较和对比。在甘迪看来，
"通过追溯水在城市空间中的历史，可以全面理解资本主义城市化过程中身体
与城市形态间的关系"（甘迪，2014 年，第 29 页）。无论是 19 世纪巴黎的排水
管道、独立后孟买的供水系统，还是当代对于伦敦被海水淹没的想象，都反映
了身体与城市、社会与物质、自然变迁与资本流动以及可见与隐蔽之间的
互动。

甘迪的第三个关注点是身体（Body）及其与城市形态的关系，集中体现在
他对公共卫生与疾病的研究中（甘迪，2006 年 b；甘迪和朱姆拉［Zumla］，2002
年）。通过借鉴 19 世纪以来的关于卫生和细菌的理论，甘迪认为身体—技术
应当成为对城市自然进行文化和社会解释的核心。他写道："身体与城市之间
的边界日益模糊，这使得我们对人类作为客体的理解更为复杂，也使得人类作
为主体的特征处于不断变动中。"（甘迪，2005 年，第 33 页）甘迪的这一观点既
强调了人类作为个体的属性，也强调了人类与物质世界的不可分离，提醒我们
注意人类与城市环境变迁间的密切联系。

核心理念

在其学术生涯的早期，甘迪关注大都市自然，这在其对纽约市的研究中得
到了充分体现。与当下环境科学和景观设计学对城市生态的定义不同（如吉
拉迪特［Giradet］，1992 年；麦克哈格［McHarg］，1969 年），甘迪在 2002 年时提
出，城市中的自然要素是城市化和现代化的产物。因此，大都市生态不仅包括
提供生态方面的服务如公园和绿地，而且镶嵌在城市的技术和社会网络之中；

不仅是对资本主义的批判,而且呼吁对相互交叉、互动与共同发展的物质和社会进行协同研究,从而拓宽了政治生态学(Political Ecology)的范围(海恩[Heynen]等,2006 年;凯卡[Kaika],2005 年;斯温格多,2004 年)。由此观点出发,自然已成为城市基础社会的一种,在具备生物和生态属性的同时,也具备文化和政治属性。

　　在大都市自然的基础上,甘迪的研究进一步转向城市新陈代谢。在城市研究中,将城市从整体上视作类似人体或机器的观点由来已久,其中最常见的是埃布尔·沃尔曼(Abel Wolman)在 1965 年发表于《科学美国人》(*Scientific American*)的文章"城市的新陈代谢"(The Metabolism of Cities)。从自然科学的角度看,城市新陈代谢受到工业生态学(Industrial Ecology,拜[Bai],2007 年)、生态系统服务(Ecosystem Services,戴利[Daily],1997 年)和生态足迹(Ecological Footprints,瓦克纳格尔和里斯[Wackernagel and Rees],1998 年)的影响,从线性的视角,侧重对城市功能的研究,但忽视了物质、文化、政治、经济和虚拟领域的流动。但甘迪的城市新陈代谢并非简单的量化研究,并不关注城市中物质的流进流出。在马克思主义者和新马克思主义者如尼尔·史密斯和大卫·哈维等人的影响下,甘迪将政治经济学方法引入城市新陈代谢,以此来研究城市化和现代化进程中的物质和虚拟、现实和想象、政治和文化以及生态和经济等不同面相。通过关注人、物和观念的流动,我们可以理解城市景观中的碎片和极化现象,它们之间存在种种关联、相互混杂并日益严峻。

　　生态意象(Ecological Imaginaries)是甘迪在大都市自然和城市新陈代谢基础上的进一步发展,即关于城市与自然关系之集体认知的历史变迁。19 世纪末 20 世纪初,城市精英们用生物物理学和医学知识来解释城市的形态和功能,由此形成了对城市的生态意象。但没过多久,城市规划师们借助城市美化运动和田园城市运动改变了精英们的意象,随之不久由被工程师的技术意象取代(甘迪,2006 年 c)。追求生态意象,其目的在于提供一种整合自然与文化的合理框架,以使城市开发被人们接受,并抑制这一过程中的政治和文化差异。例如,甘迪在洛杉矶河的研究中揭示了两种对立的生态意象,一种来自主张建立防洪设施的工程师,另一种来自希望保护生态的环境主义者(甘迪,2006 年 a,2014 年)。在这里,不同的意象围绕着何为最好的和最应该实现的目标而展开,不同意象包括哪些内容需要引起关注,同样也很重要的还有不同

90

意象各自没有包括哪些内容（在洛杉矶河的案例中，被边缘化群体有完全不同的生态意象）。此外，生态意象的背后隐藏着城市自然，或明或隐；而这又进一步强化了人类与非人类的周边环境的区分对立（参见本书关于娜塔莉·杰罗米年科的介绍）。不过甘迪倾向于把生态意象视作一股解放性的力量，通过生态意象，我们可以以更复杂和更多样的视角观察和理解城市自然（如同上文所介绍的大都市自然和城市新陈代谢）。他写道，"城市空间的生产是自然与文化的综合，在这里，传统的意识形态中的二律背反不再用在分析方法，也失去了政治影响。"（甘迪，2006 年 c，第 73 页）

大都市自然、城市新陈代谢和生态意象共同构成了甘迪最激进的观点，即赛博格城市生活在本质上是后人类的。"赛博格"往往被视作社会学家唐娜·哈拉维（Donna Haraway）于 1991 年提出的概念，这一基于人机合一系统的新观念旨在打破传统思想中的二元论、肉体精神分离的思想、对男权的执着和对技术的迷恋。甘迪融合了包括哈拉维在内的多位后人类主义思想家的观点，提出了一种混合型的城市本体论，包括社会—物质领域的多重因素。人、自然与技术系统都是城市的组成部分，彼此不能分离，而是相互混杂交叉地纠缠在一起。城市基础设施尤其是排水系统体现了三者的融合混杂，反映了城市作为身体、技术和空间之社会—技术融合体的特征，将赛博格的概念具体化。正如甘迪所言，"城市基础设施网络不仅创造了现代城市，也在城市各组成部分中创造了属于自己的、不同的空间或景观"（甘迪，2006 年 a，第 140 页）。而生态意象研究则为赛博格城市化创造了物质和虚拟的双重进程，用他的话说，"赛博格隐喻整合了城市基础设施在物质和想象两个层面上的基础，所谓'现实'和'虚拟'被整合在一起，共同构成城市经验的不同面相"（甘迪，2005 年，第 38 页）。实际上，想象的和建构的与真实的和可被体验的一样重要。

对城市研究的贡献

从整体上看，甘迪关于大都市自然、城市新陈代谢、生态意象和赛博格城市生活的观点构建了自然在城市中的多重角色，拓展了以往的研究，并且通过超越传统的城市学科（地理学、规划和建筑）和社会科学（政治学、社会学和人类学）并将人文学科（艺术史和电影批评）、自然和医学（公共卫生和疾病理论）

引入其中而为城市政治生态投下的新元素。然而,即便是其地理学同仁也常常认为甘迪的理论和方法杂乱无章,其城市研究几乎包括了从新马克思主义到后结构主义的种种内容,还涉及性别研究、酷儿理论、后殖民主义研究、艺术史和文化研究。在其批评者看来,甘迪的研究如同大杂烩一般,斑驳多变的理论方法不但无益,而且削弱了其观点的说服力(卡斯特里[Castree]和斯温格多,2003 年;林奇[Lynch],2004 年)。但在其支持者看来,甘迪却成功地将不同的观点放在一起,并由此构建了关于城市自然的多层次和深入细致的理解,重构了城市中物质、经济、文化和社会间的关系。

　　除了理论探讨和个案研究,甘迪对城市研究的贡献还在于他将视觉材料引入对真实和想象的城市景观研究中。他虽然是一名地理学家,但在材料使用上却如同历史学家一般,广泛使用绘画、画稿、照片、电影、地图和规划图来展示现代化与城市化的内生矛盾,他对视觉材料的使用启发了更多的学者讨论艺术,如约瑟夫·博伊斯(Joseph Beuys)、杰哈德·里克特(Gerhard Richter)、乌尔里克·莫尔(Ulrike Mohr);以及关注景观建筑,如贾尔斯·克莱门特(Giles Clement)、帕特里克·布兰克(Patrick Blanc);当然还有电影,如米开朗基罗·安托尼奥尼(Michelangelo Antonioni)、维尔纳·赫佐格(Werner Herzog)、皮埃尔·保罗·帕索里尼(Pier Paolo Pasolini)。甘迪还关注体验性的研究方法,包括 19 世纪末本雅明对巴黎浪荡子(*Flaneur*)的研究、情景主义者和心理地理学家对漂移(Drift)的关注,以及理查德·朗等园林艺术家的漫步实践。2007 年,甘迪以制片人和导演的身份主持拍摄一部 30 分钟的纪录片《流动城市》(*Liquid City*),以水为切入点揭示了孟买的社会差异,该片展示了在关于人类及其周边物质环境的生态意象中,视觉的重要性。

　　城市卫生改革者如小乔治·沃林上校(Colonel George E. Waring Jr)和艾德文·查德威克(Edwin Chadwick)、设计师如埃比尼泽·霍华德和帕特里克·盖迪斯,以及社会改革者如简·亚当斯和爱丽丝·汉密尔顿(Alice Hamilton)等人在 19 世纪末 20 世纪初提出了关于卫生和细菌的新观念,而甘迪关于身体、技术和城市的研究无疑延伸了他们的观点。不过,对于形成于进步运动时代并影响当代城市治理的科学、理性和技术决定论,甘迪丝毫也不吝批评,他强调以更为宽广的视角整合影响城市日常生活的社会、文化和政治潮流以便更加全面综合地理解城市,就像他在赛博格城市生活研究中所主张的那样。通过这一宽广视角，读者才能理解纽约市的环境正义运动与全球资本流动间的关系，也能知晓拉各斯的蚊虫烦扰和难以根除的疟疾流行为何反映了当代城市开发过程中的多元矛盾。现代化不是以理性为最终目标的单向顺畅的发展历程，而是充满了相互交叠甚至彼此冲突的种种矛盾和摩擦，成为人与人之间、人与其周边环境之间、不同技术网络之间和城市中的各类复合体之间联系的障碍，并最终成为世界一体化的瓶颈。正是通过这一多维度与相对性的社会—技术协同发展视角，甘迪运用物质、政治和文化因素的共同研究挑战了传统的城市化叙事。

92　参考文献

Bai, X.（2007）"Industrial ecology and the global impacts of cities", *Journal of Industrial Ecology*, 11(2): 1 - 6.

Castree, N. and Swyngedouw, E.（eds）（2003）"Review symposium on Matthew Gandy's *Concrete and Clay*", Antipode, 35(5): 1008 - 1029.

Daily, G.（1997）*Nature's Services: Societal Dependence on Natural Ecosystems*. Washington, DC: Island Press.

Gandy, M.（1994）*Recycling and the Politics of Urban Waste*. London: Earthscan.

Gandy, M.（2006a）"Riparian anomie: Reflections on the Los Angeles River", *Landscape Research*, 31(2): 135 - 145.

Gandy, M.（2006b）"The bacteriological city and its discontents", *Historical Geography*, 34: 14 - 25.

Gandy, M.（2006c）"Urban nature and the ecological imaginary", in N. Heynen, M. Kaika and E. Swynedouw（eds）*In the Nature of Cities: Urban Political Ecology and the Politics of Urban Metabolism*. New York: Routledge, pp. 63 - 74.

Gandy, M.（2007）*Liquid City* [film]. Available at UCL Urban Lab website: www. ucl. ac. uk/urbanland.

Gandy, M. and Zumla, A.（2002）"The resurgence of disease: Social and historical perspectives on the 'new' tuberculosis", *Social Science and Medicine*, 55(3): 385 - 396.

Giradet, H.（1992）*The Gaia Atlas of Cities: New Directions for Sustainable Urban Living*. London: Gaia Books.

Haraway, D. J.（1991）*Simians, Cyborgs, and Women: The Reinvention of Nature*.

New York: Routledge.

Heynen, N. , Kaika, M. and Swyngedouw, E. (eds) (2006) *In the Nature of Cities: Urban Political Ecology and the Politics of Urban Metabolism*. New York: Routledge.

Kaika, M. (2005) *City of Flows: Modernity, Nature, and the City*. London: Routledge.

Lynch, B. (2004) "Book review of Matthew Gandy's *Concrete and Clay: Reworking Nature in New York City*", *Society and Natural Resources*, 17(4): 373 – 375.

McHarg, I. L. (1969) *Design with Nature*. New York: American Museum of Natural History.

Swyngedouw, E. (2004) *Social Power and the Urbanisation of Water: Flows of Power*. Oxford: Oxford University Press.

Wackernagel, M. and Rees, W. (1998) *Our Ecological Footprint: Reducing Human Impact on the Earth*. Philadelphia: New Society Publishiers.

Wolman, A. (1965) "The metabolism of cities", *Scientific American*, 213: 179 – 190.

内斯特·加西亚·坎克里尼
NESTOR GARCIA CANCLINI

安杰拉·吉利阿　墨西哥城自治都市大学

（Angela Giglia，Universidad Autonoma Metropolitan）

93　代表作

Garcia Canclini，N.（ed.）（1998）*Cultura y communicacion en la ciudad de Mexico*. Mexico City：Grijalbo.

Garcia Canclini，N.（2001）*Consumers and Citizens*. Minneapolis：University of Minnesota Press.

Garcia Canclini，N.（2005a）*Hybrid Cultures：Strategies for Entering and Leaving Modernity*. Minneapolis：University of Minnesota Press.

Garcia Canclini，N.（ed.）（2005b）*La antropologia urbana en Mexico*. Mexico City：Fondo de Cultura Economica-UAM.

Garcia Canclini，N.（2014）*Imagined Globalization*. Durham，NC：Duke University Press.

导言

　　内斯特·加西亚·坎克里尼是文化人类学家，同时也是拉丁美洲著名思想家，他的研究广泛，涉及社会科学、人文学科和城市研究等诸多领域，其著作最鲜明的原创性在于他将原本各分畛域的不同方向有机联系在一起。流行文化、艺术和媒介、文化政策以及开发政策等看似不相关联的领域在坎克里尼对当代城市尤其是墨西哥城这样的大都会的研究中被整合在一起。

　　坎克里尼善于研究宏大课题，例如文化混杂及其参与者、城市意象、文化产业和政策以及新技术和大众媒体的社会影响,他往往能够提出前人所未见的原创性问题,再通过多样化的路径将宏观层面的数据以及对活动发起者与城市居民的深入研究相结合。由此,坎克里尼著述甚多,其中不少是国际合作或跨学科研究工程的产物。他从研究墨西哥手工艺开始登上学术舞台,继而发起和主持了许多项目组,对那些单枪匹马难以完成的课题进行整合研究。

坎克里尼曾执教于得克萨斯大学奥斯汀分校、杜克大学、斯坦福大学、巴塞罗那大学、布宜诺斯艾利斯大学和圣保罗大学。如今,他是墨西哥城自治都市大学(Autonomous Metropolitan University)杰出教授,负责该校人类学系的博士生项目,同时也是墨西哥 CONACYT 国家研究者网络(National System of Researchers of CONACYT Mexico)的荣休教授。

94

学术经历与研究重点

坎克里尼于 1939 年生于阿根廷,1978 年获得巴黎第十大学哲学博士学位,在保罗·利科(Paul Ricoeur)指导下完成论文《认识论与历史:梅洛庞蒂主体与结构间的辩证法》(*Epistemology: The Dialectic Between Subject and Structure in Merleau-Ponty*)。

为了逃避阿根廷的独裁统治,坎克里尼在 20 世纪 70 年代流亡到墨西哥城,并将研究重点转向墨西哥的手工艺。为此,他在米却肯州(Michoacan)围绕布雷佩查族(Purepecha)艺术家开展了一系列广泛深入的田野调查。在这项研究中,坎克里尼关注了墨西哥手工艺品和手工匠人、他们与全球市场的关系以及国家的保护和促进政策,由此也出版了许多论著,包括 1982 年的《资本主义的流行文化》(*Popular Cultures in Capitalism*)和 2005 年的《混杂的文化:拥抱与告别现代性的策略》(*Hybrid Cultures: Strategies for Entering and Leaving Modernity*)。这两部作品认为,本土流行文化绝非与外界隔绝,也并不过时落后;相反,他们与种种文化产业有着紧密联系,与物资和信息的全球流动有着复杂的互动关系。从对手工艺品和匠人以及被称作"亚文化群体"的社会群体进行实证和跨学科研究开始,加西亚·坎克里尼从文化全球化进程入手,从实证和理论两个角度对拉美社会的流行文化进行了反思。

《资本主义的流行文化》的出版标志着对拉美流行产品与文化的研究进入了新阶段,该书对拉美文化政策产生了深刻影响,尤其是该书出版数月后在墨西哥城举办的世界文化政策大会（Mondiacult）之后，该书的现实影响力更加明显（纳维恩，2012 年，第 35—36 页）。在 80 年代围绕手工艺保存的争论中——一方认为应当将手工艺品请进博物馆保护起来，另一方认为将本国手工艺品推入全球市场以使其现代化，坎克里尼认为，手工艺的未来应当由手工艺匠人自己决定。

从 20 世纪 90 年代开始，坎克里尼的研究重心转向墨西哥城，他在那里成立并主持城市文化研究项目（Study Program on Urban Culture, 1988 - 2007），此举得到了洛克菲勒基金会（Rockefeller Foundation）的支持。在这里，坎克里尼聚集了来自世界各地的年轻学人，共同研究墨西哥城的文化混杂性，并产生了一系列关于城市现实和城市人类学的反思。

近些年来，坎克里尼又将重心转向了年轻的创意专业人士的网络和经历，特别是大城市中的视觉艺术家、图像设计师和编辑，尤其是墨西哥城和马德里。在这一研究中，他提出了关于"创意经济"（Creative Economies）和"创意阶层"（Creative Class）的新见解，并从这一独特的视角提出了有关城市危机的新看法。

核心理念

95　　加西亚·坎克里尼对城市研究的贡献体现在许多方面，首先他结合现代社会和全球流动性重新定义了何为流行文化。通过对流行产品和艺术品在中上阶层和全球文化市场中的流动、被接纳和消费的研究，坎克里尼提出了"混杂性进程"（Hybridization Process）的概念，用以表明流行现象和文化产品在从一个社会进入另一个社会、从一个社会阶层进入另一个社会阶层中发生的转型和再符号化（Resignification）。在这一过程中，文化不再被视作静态的因素；而传统上，无论是现代主义还是后现代主义，文化的特性及其内在冲突都不是固定的或静止的。流行现象和文化产品在流动中实现再生产并形成网络和文化场域，在物质和形象方面或是获得价值、或是失去价值，其地位受到这一网络和场域的制约。换句话说，坎克里尼认为混杂性是当代文化产品之生产与再生产的基本特征，反对将文化及其表达方式进行简化的方式。

其次是他结合城市现实（Urban Reality）对文化进程进行了重新定义。对文化的研究往往以某些特定社会成员的视角或观点为切入点，由此关注文化产品及其使用的关系,而坎克里尼对文化的研究则宽泛得多,他在探讨文化现象时,往往同时注意关于文化生产者、消费者和促进者的角色。在对城市文化进行研究时,坎克里尼将文化产业、媒体和文化政策视作关键要素,将文化研究与对大都市文化基础设施的分析和文化消费相联结(参见本书关于莎伦·祖金的介绍)。当代城市中的文化研究离不开对市场的分析,正是在市场中,文化的意义发生了变化;因此文化需要政策干预。这些观察文化的视角对于解释城市中的隔离和异质化十分关键,例如分析博物馆、电影院和画廊等城市文化设施的分布不平衡。坎克里尼尤为重视在复杂的城市活动中将文化消费视作社会和文化现象进行分析,无论是在公共空间还是私人空间中。在他看来,看电视、听广播、穿奇装异服和品尝民族食品都会有意义,将私人领域与公共空间联系在一起。

此外,坎克里尼还提出了关于全球化与文化之关系的新观点,这是他对城市研究的第三个重要贡献。他没有把全球化视作同质化进程,反对通过市场、信息和通信解释一切现象,而是在重视全球化对拉丁美洲之影响的基础上提出了不同观点。在他看来,全球化加剧了碎片化并导致了不确定性,因此其产生的差异和不平等远远超过同质化和发展。通过研究文化领域的全球化,坎克里尼凸显了全球化与地方的多重互动,提出了"多文化往来"(Interculturalism)的概念,旨在突出全球化语境中文化交往的冲突,揭示这一过程并非只有融合和同化。文化场域是一个充满纷争的领域,权力博弈隐藏其间,其中的不平等在全球与地方的互动中日益严峻。

96

对城市研究的贡献

三十年来,坎克里尼对城市文化进行了系统性研究,将流行文化与城市研究融合在一起,他将城市理解为文化混杂和交流之所在,不同的意象在此各发其声,构成一曲文化大合唱,因此主张用跨学科视野进行研究。从对墨西哥城的研究开始,坎克里尼至少从两方面推进了城市人类学:一方面是融合定性研究和定量研究;另一方面则开拓了新的研究领域,在地方、大都市、国家和全球层面上进行探讨。

从 20 世纪 90 年代以来,坎克里尼以对墨西哥城的研究为基础致力于构建城市现实的新形象。到目前为止,学术界对墨西哥城的研究始终将其视作欠发达巨型城市的典型，却因为大量来自乡村的贫困人口的涌入而经历了爆炸式的增长，并形成了牢固的城市社会分化。但在坎克里尼看来，墨西哥城是一座难以理解的巨型城市，内部充斥着"想象中的城市与不可想象的城市之间的矛盾"（坎克里尼，2008 年，第 79 页）。因此，了解墨西哥城不能依靠在地化的个案研究，而要用超越空间的更广阔的视角进行整体观察和研究，同时也不能忽略社会经济和社会空间。

坎克里尼对城市的研究主要通过发现新问题。他所关注的不是一般城市社会学家提出的"城市如何增长"，也不是许多人类学家关注的"印第安人为何迁入城市以及他们如何构建城市空间"，而是"我们应该如何想象一座只会发展从未停歇的城市"，以及"多样化而不平等的居民同城共处将产生哪些混杂化进程"。如同伊莱贾·安德森和理查德·桑内特等城市研究者，坎克里尼热衷于研究城市中的社会差异，并通过他独特的视角，为理解当代城市中私人领域与公共领域关系之变迁提供了原创性的观点。

为了研究墨西哥城的城市经验，坎克里尼不仅关注城市的物理经验和社会空间，而且关注与大众传媒和通信相关的象征和想象经验。对于城市经验，物理的城市与想象的城市同等重要，两者迥然有别但也密切相关。他重视通过媒体和想象表达出来的城市意象，这些意象为城市居民所分享并在居民中扩散。同时，他关注的是城市意象的生产、流通和接受，这将墨西哥城这座巨型城市的经验与电视和广播所塑造的形象连接起来。因此，电视和广播每天在新闻节目中播出的城市形象与城市居民在日常生活中所体验到的城市同样重要。随着墨西哥城具有越来越多的不确定性，媒体中的城市形象成为全面理解这座无尽城市的绝佳入口。对于理解墨西哥城意象的意义，这一探讨现实经验与想象经验之关系的方法无疑有所助益。同时，对于理解当代城市中的现实空间也不无帮助，体现了集体意识的功能和去领地化。

对于城市经验研究中的某些领域，坎克里尼堪称先驱，学术界如今已意识到他的重要性，其中之一是他在 1996 年出版的《城市中的游客》（*La ciudad de los viajeros*）中讨论的移动的经验，另一个创新性的领域则是城市环境中的消费经验。在关于墨西哥城文化活动的研究中，坎克里尼揭示了这座 1800 万人口的特大城市中私人空间与公共空间之关系的变迁。对这座城市的许多居民来说，打发休闲时间的最好方法是在家里看电视。这种待在家里休闲的特殊方法也是墨西哥城城市文化的组成部分，反映了在这座城市里，家庭是抵御公共空间之不确定性的堡垒。

　　加西亚·坎克里尼笔下的墨西哥城并非城市社会学家和人类学家所研究的那个墨西哥城,不是奥斯卡·刘易斯(Oscar Lewis)、拉里萨·罗蒙尼兹(Larissa Lomnitz)等这座城市曾经的研究者作品中的墨西哥城。在坎克里尼看来,在城市中漫步、看电视或听广播、参观博物馆和剧院,乃至读书和使用科技都是城市文化的一部分。在对文化消费的研究中,坎克里尼尤其重视文化结构和产品分配中的社会不平等。因此他的研究不仅展示给读者一幅城市物理的地图,也是一幅消费和文化产业流通的地图,反映了墨西哥城城市空间中的消费活动。因此坎克里尼的墨西哥城不仅是一座物质构成的城市,同时也是一座经由文化活动再造的城市,还是一座去地方化的城市和一座想象中的城市。他通过主流广播和电视媒体中的新闻来研究墨西哥城,将其视作对这座城市的想象的叙事,影响着墨西哥城居民对这座城市的体验。

　　这也是坎克里尼的研究特色,即重视艺术材料,通过艺术材料对某些特定对象进行大量研究,揭示了艺术对我们理解当代社会的影响,尤其是他分析了那些关注城市景观与城市生活的摄影师的作品,例如他对保罗·格里(Paolo Gori)的墨西哥纪念碑影响的探讨(1992 年),对墨西哥摄影师恩里克·梅迪尼德斯(Enrique Metinides)作品的分析(2003 年),以及在 2012 年的新著《脚踏实地》(*Living on the Ground*)中对安迪·古德斯坦(Andy Goldstein)作品的介绍,其中有些照片拍摄的是危房的内景和房客,来自拉美多个大城市的贫民窟。在上述论著以及算不上是论著的文章评论里,坎克里尼展示了他对视觉语言的独特敏感,以及他对解释城市现实的自信。

参考文献

Garcia Canclini,N.(1982)*Las culturas populares en el capitalismo*. Mexico City:Grijalbo.

Garcia Canclini,N.(1992)"Monumentos, carteles, graffitis",in H. Escobedo and P. Gori(eds)*Monumentos mexicanos*. Mexico City:Grijalbo.

Garcia Canclini,N.(2002)*Latino americanos buscando un lugar en este siglo*. Mexico City:Siglo XXI.

Garcia Canclini, N.(2003)"La gran ciudad ordenada desde los accidentes",in E. Metinides(ed.)*CONACULTA*. London:British Library.

Garcia Canclini, N. （2004） *Diferentes desiguales y desconectados. Mapas de la interculturalidad*. Mexico City: Gedisa.

Garcia Canclini, N. （2007） *Lectores, espectadores e internautas*. Mexico City: Gedisa.

Garcia Canclini, N. （2008） "Mexico City, 2010: Improvising Globalization", in A. Huyssen （ed） *Other Cities, Other Worlds: Urban Imaginaries in a Globalizing Age*. Durham, NC: Duke University Press.

Garcia Canclini, N. （2010） *La sociedad sin relato. Antropologia y estetica de la inminencia*. Buenos Aires: Katz Editores.

Garcia Canclini, N. （2012） "Donde nos ponemos?", in A. Goldstein （ed.） *Vivir en la tierra*. Buenos Aires: Edhasa.

Garcia Canclini, N. and Piedra, E. （eds） （2013） *Jovenes creativos. Estrategias y redes culturales*. Mexico DF: Juan Pablos.

Garcia Canclini, N. , Castellanos, A. and Mantecon, A. R. （1996） *La ciudad de los viajeros. Travesias e imaginarios urbanos*. Mexico City: Grijalbo.

Nivon, E. （ed.） （2012） *Voces hibridas: reflexiones en torno a la obra de Garcia Canclini*. Mexico City: Siglo XXI.

简·吉尔

JAN GEHL

安妮·马坦　科廷大学

（Annie Matan，Curtin University）

代表作

Gehl，J.（1971；1ˢᵗ English edn 1987）*Life Between Buildings：Using Public Space*. New York：Van Nostrand Reinhold.（Republished：The Danish Architectural Press，1996；and Island Press，Washington DC，2011.）

Gehl，J. and Gemzoe，L.（2000）*New City Spaces*. Copenhagen：The Danish Architectural Press.

Gehl，J. Gemzoem，L. Kriknaes，S. and Sondergaard，B. S.（2000）*New City Life*. Copenhagen：The Danish Architectural Press.

Gehl，J.（2010）*Cities for People*. Washington，DC：Island Press.

Gehl，J. and Bundesen Svarre，B.（2013）*How to Study Public Life*. Washington，DC：Island Press.

导言

　　丹麦学者简·吉尔是城市设计师兼建筑师,他的著作关注的是公共空间和人与建成环境(Built Environment)的互动,旨在推动城市更公平、更适宜交际,其城市设计理论的核心在于最大限度地促进交往的多样性,同时将满足城市使用者(City Users)的日常所需摆在其规划与设计方案的首位。如果说现代主义建筑与规划的主流是关注设计、功能和活动而非城市中的人及其使用城市的方式,那么吉尔的理论可以说与其针锋相对,他强调城市设计的理念与实践应当以人为中心，是对人与城市关系的回应。这一以人为导向的、实验性的实践产生了大量有价值的研究成果，尤其是关于公共空间使用路径的方法论探讨。

吉尔及其志同道合者发起了公共空间/公共生活（Public Space Public Life, PSPL）研究，如今已在世界许多超级城市得到实践，包括纽约、伦敦、莫斯科、哥本哈根、墨尔本和悉尼。在吉尔的理论中，人是第一位的，空间次之、建筑又次之，这被他用在城市设计和对公共空间使用的评估中。可以说，在呼吁城市满足行人需要和关注公共生活的学者中，他是冲在最前面的人。他最具代表性的著作《建筑之间的生活》(*Life Between Buildings*)自 1971 年出版后已被翻译为 23 种语言，其中仅英文版就已修订七次之多。尽管吉尔的作品旨在指导城市设计与规划的实践，但并非没有理论建树，他以全面而层次分明的视角表达了如何理清人与城市环境的关系。

如今，简·吉尔教授在自己与赫莱·索尔特（Helle Soholt）于 2000 年创办的城市设计公司吉尔建筑师事务所（Gehl Architects）中担任创始合伙人，此前他曾是丹麦皇家艺术学院（Royal Danish Academy of Fine Arts, RDAFA）建筑系教授。

学术经历与研究重点

简·吉尔 1936 年生于丹麦，1960 年从位于哥本哈根的丹麦皇家艺术学院建筑系毕业后进入建筑行业，一干就是六年。随后他重返建筑系成为一名研究人员，学习公共空间的形态和使用。在此期间，他曾与妻子英格丽德·吉尔（原姓蒙特[Mundt]）一道赴意大利旅行，此行对吉尔后来的观念产生了巨大影响，他在意大利的众多广场中体验到了公共生活的价值。1971 年，吉尔成为皇家艺术学院城市设计系讲师，五年后晋升系主任。从 2003 年起，吉尔担任艺术学院公共空间研究中心（Centre for Public Space Research）教授兼主任，直到 2006 年退休。

2000 年，吉尔与索尔特在哥本哈根一同创办吉尔建筑师事务所，后者以创始合伙人的身份出任执行主任，吉尔则以担任高级顾问的方式参与事务所工作，并继续为多项国际项目提供咨询。他是英国皇家建筑师学会（Royal Institute of British Architects）荣誉会士，并且是美国建筑师协会（American

Istitute of Architects)、加拿大建筑师协会(Canadian Institute of Architects)和澳大利亚规划协会(Planning Institute of Australia)等多个学术机构的成员,在全世界超过 20 所大学担任访问学者。此外,他还获得意大利共和国功绩骑士勋章以及文化艺术金质勋章。

吉尔自认为他的研究工作经历了三个阶段,分别是研究与理论的形成期(20 世纪六七十年代)、在现实的城市项目中发展和验证其理论和方法论的时期(20 世纪 60 年代以后,起初是在意大利和哥本哈根)和通过参与世界各地的城市项目交流和完善其观点的时期(20 世纪 90 年代以后)。吉尔的观念来自于他对人们在日常的、普通的生活中与建成环境互动的仔细系统的观察,他以此来了解公共空间中的活动。可以说,他的方法就是让城市居民在城市规划中显露真容(马坦,2011 年),确保城市环境既让人舒适生活,又让人们自由移动。

对吉尔的思想产生巨大影响的还有妻子英格丽德和他的偶像拉尔夫·厄斯金(Ralph Erskine, 1914 - 2005)。妻子英格丽德是环境心理学家,她让吉尔注意到城市与建筑设计对人的影响并质疑当今的主流设计范式。厄斯金是在瑞典工作的英国裔建筑师,也是教友会信徒,70 年代与他的交往堪称吉尔的人生转折点,而厄斯金也始终倾力支持吉尔的工作。在这位英国建筑师看来,建筑师为人们的生活打下框架,因此好的建筑师必须把人的需求放在心中,这也成为吉尔工作的指导思想之一。

101

核心理念

以现代主义和功能主义为基础的城市设计和规划范式往往使城市了无生机,并使得汽车成为城市的霸主。吉尔的研究和实践正是从对这一理念的修正开始,从 20 世纪 60 年代起不断追求更好的替代方案。吉尔并不反对城市,主张设计应当以人为本,呼吁设计的目标是服务于人而非发展或经济需求,认同简·雅各布斯和威廉·怀特(William Whyte)等人的思想。在吉尔看来,如果城市的公共空间能够吸引更多的人进入和使用,那么这座城市也是一座有魅力的、可持续、适宜交往的城市——生命被生活所吸引(吉尔,2010 年)。城市环境应当朝向人的需求、活动和感觉,这是吉尔城市理论的根基(参见本书关于凯文·林奇的介绍)。这一观点并非惊世之言,吉尔致力于探索城市设计规划与城市居民之需求之间的关系，由此奠定了其观点的原创性。

对于吉尔来说，城市设计和规划的根本原则是鼓励城市居民尽可能地步行外出，无论他们外出的目的是什么；而要实现这一点，就要在规划中保留合适的城市场所，尤其是保证商业和居住区中公共空间与私人领域间的互动，以及合适的设施和设备鼓励人们走路出行和休闲。吉尔认为，"在定居时代的人类历史中，街道和广场是聚会空间和节点，但在功能主义者看来，街道和广场却一无用处"（吉尔，1987 年，第 47 页）。吉尔明确反对功能主义的观点，公共空间才是他全部研究的焦点；他探讨了公共空间促进人际交往的方式，并从根本上批评现代主义规划和设计模式忽视或无视城市居民个体的脆弱性（参见本书关于亨利·列斐伏尔的介绍）。

对于城市规划、建筑和设计，吉尔真正关心的是那些每天发生在街头的事情，规划的目标不应该是"宏伟巨作"，而是"日常生活，普通场景，和那些每天都会用到的空间"（吉尔，1987 年，第 53 页）。因此吉尔强调，设计和规划不仅要考虑物质构成，也要考虑人的情感，尤其应关注人的视觉、嗅觉、触觉和听觉等方面的感受，以及人的移动速度，为的是营造鼓励步行的空间。他将日常生活中人的活动分为三类，即必要活动、可选活动和社交活动。必要活动是无论任何情况都要做的事情，比如上班上学和购买必需品；可选活动包括休闲娱乐等在条件许可下进行的活动，包括散步去放松或是坐下来享受一杯咖啡；社会活动，比如与他人聊天或者一个人发呆，指的是在高质量环境下的偶发事件，有时伴随前面两类活动而出现——高质量环境能够促使三种活动都发生。合理的公共空间设计能够促进上面三种活动，而只有在这一前提下，设计的重心才能转向建筑。因此在设计中，人是第一位的，空间次之，建筑又次之。

在吉尔的研究中，历史上公共空间的使用被分成三类：作为集会场所（Meeting）的公共空间，即公共空间用作社会交往；作为市场中心（Market）的公共空间，即公共空间用作商品和服务的交易；作为联结枢纽（Connection）的公共空间，即公共空间可以促进人与人之间平等往来、民主参与，这在吉尔看来是公共空间的理想状态。

2000 年，吉尔与拉斯·格姆伊（Lars Gemzoe）合作出版了《新城市空间》（New City Spaces），该书将城市分成四种类型，包括传统城市（Traditional City）、受侵城市（Invaded City）、废弃城市（Abandoned City）和再兴城市

(Reconquered City)。两位作者认为,传统城市里集会场所、市场和交通三者保持平衡(该书第 14 页),这是以人为本的城市,城市设计以人的活动范围和行动速度为导向。受侵城市始于 20 世纪 50 年代,指的是那些高度依赖汽车的城市,公共空间大多让位于汽车需求。废弃城市的情况要再深一步,这些城市的公共空间基本已被汽车吞噬殆尽,让位于停车场和大型室内购物中心,"公共空间和公共生活几无片刻残存"(该书第 14 页)。再兴城市曾经是受侵城市甚至废弃城市,但已经意识到了公共空间和高质量公共领域的重要性并正在追求城市生活与汽车通行间的平衡,以及集会场所、市场中心和联结节点三重功能的平衡,它们往往对汽车的使用加以限制,并在活动空间的规划中重视步行(吉尔和格姆伊,2000 年;吉尔等,2006 年)。

　　吉尔的方法尤其是其公共空间/公共生活研究为城市设计提供了可实验的新知识。在实践中,吉尔主张通过分析公共生活有意识地逐渐改变城市设计,然后通过观察新设计的成效了解其优劣。其方法的核心,在于持续而系统地观察人们如何使用公共空间,了解他们在公共空间中的活动、谁在使用公共空间、公共空间的布局以及建筑物对人的活动的影响。吉尔通过对行人及其活动的细致观察对城市进行了定性和定量相结合的研究,这使他可以超越时间与空间对城市进行比较。

　　吉尔对城市的影响遍及世界各地,尤其是丹麦哥本哈根、澳大利亚墨尔本和美国纽约,如今这三座城市越发重视步行和居民生活,其转变令人印象深刻。此外,很多中小城市也受到他的影响,例如澳大利亚的珀斯(Perth)是第一个采用公共空间/公共生活调查的城市,1993 年的调查发现该市缺少足够的步行基础设施。2009 年珀斯进行了新一轮调查,结果显示情况已大有好转,城市已更加适宜步行。值得注意的是,此番调查也揭示了哪些地区有待改进,并提供了相关的决策咨询和建议。

对城市研究的贡献

　　吉尔对城市研究的贡献体现在三个方面。从理论方面看,吉尔以城市居民个体对城市环境的感受为基础,构建了以人为中心的城市设计理论;从方法方面看,吉尔提供了一系列易于操作、可以复制的研究公共空间中人类活动的方法;从实践方面看,吉尔的论著影响了城市决策者与权力掮客们思考城市空间的方式。

当然，学术界对吉尔的研究并非一片赞颂之词，许多城市研究领域的学者认为场所制造只是通过"美容"的方式修饰和掩盖背后更深刻的城市问题（参见本书关于莎伦·祖金和克里斯蒂娜·博耶的介绍），正如麦克尼尔所言，"将市民的日常生活等同于商业的繁荣进步"（麦克尼尔，2011 年，第 170 页）。因此在他们看来，吉尔干预城市设计的方式无异于人为加快了绅士化进程。但上述批评忽略了吉尔观点的原创性，也忽略了他观察城市的视角——他并非要解决城市面临的所有问题，而是要将城市居民与环境的关系理论化。吉尔批评了现行的城市环境，他告诉读者，这样的环境中人本身被忽略了，而主流的城市设计正在复制这样的环境；同时，他也提供了一系列改善环境的可操作的工具。此外他向读者揭示了如何透过日复一日、平淡无奇的日常生活来思考和发现改变城市公共空间的渐进之路（参见本书关于恩里克·佩纳罗萨的介绍）。实际上，他的公共空间/公共生活研究正是将公共空间的日常使用融入规划进程的尝试。因此，吉尔的思考既有可能性，也充满了乐观精神和可操作性。

也许这正是吉尔对当代城市研究最大的贡献。他的著作提醒城市研究者们注意，面对面的、真实的人际交往应当处于城市经验的核心位置（参见本书关于理查德·桑内特的介绍）。丹麦文化部长在提名吉尔为丹麦文化艺术杰出贡献国家奖（Danish National Award for Outstanding Contributions to Art and Culture）候选人时写道："简·吉尔对公共空间重要性的理解敏感、敏锐而充满情感……他致力于在公共空间中融入人的元素，他告诉我们公共空间不仅应该外观美丽、气氛友好，更应该鼓励民主、促进参与。"（马坦，2011 年，第 234 页）

参考文献

Gehl Architects（2004）*Places for People Melbourne 2004*. Report for the City of Melbourne. Melbourne.

Gehl, J. and Bundesen Svarre, B.（2013）*How to Study Public Life*. Washington, DC: Island Press.

Gehl, J. and Gemzoe, L.（1996）*Public Spaces and Public Life, Copenhagen 1996*. Copenhagen: The Danish Architectural Press.

Gehl, J., Kaefer, L. and Reigstad, S. (2004) "Close encounters with buildings" 　104
(originally published as "Naerkontakt med huse" in *Arkitekten* 9/2004). Copenhagen:
Centre for Public Space Research/Realdania Research, Institute for Planning, School of
Architecture, Toyal Danish Academy of Fine Arts.

McNeill, D. (2011) "Fine grain, global city: Jan Gehl, public space and commerical
culture in central Sydney", *Environment and Planning A*, 16(2): 161 – 178.

Matan, A. (2011) *Rediscovering Urban Design Through Walkability: An Assessment of
the Contribution of Jan Gehl*. PhD, Curtin University.

Matan, A. and Newman, P. (2012) "Jan Gehl and new visions for walkable Australia
cities", *World Transport Policy and Practice*, 17(4): 30 – 41.

爱德华·L.格莱泽
EDWARD L. GLAESER

于尔根·艾斯莱比克勒　维也纳经贸大学

(Jurgen Essletzbichler，Vienna University of Economics and Business)

105　**代表作**

Glaeser，E. L.，Kallal，H. D.，Scheinkman，J. A. and Schleifer，A. (1992)
　　"Growth in cities"，*Journal of Political Economy*，100(6)：1126 - 1152.

Cutler，D. M.，Glaeser，E. L. and Vigdor，J. L. (1999) "The rise and
　　decline of the American Ghetto"，*Journal of Political Economy*，107(3)：
　　455 - 505.

Glaeser，E. L. and Gyourko，J. (2002) *The Impact of Zoning on Housing
　　Affordability. Policies to Promote Affordable Housing*，No. W8835.
　　Cambridge，MA：National Bureau of Economic Research (NBER).

Glaeser，E. L. (2008) *Cities，Agglomeration and Spatial Equilibrium*.
　　Oxford and New York：Oxford University Press.

Glaeser，E. L. (2011) *Triumph of the City*. London：Macmillian.

导言

　　城市经济学家爱德华·L.格莱泽在学界和公共领域均享有盛名，被认为
"重新振兴了城市经济学"(盖特纳[Gertner]，2006 年，第 96 页)，"始终站在城
市经济研究的前沿"(佩克[Peck]，2016 年，第 1 页)。格莱泽认为，城市经济
是企业与个人互动的产物，前者追求利润最大化，后者追求效用最大化，而且
他尤其重视城市的集聚效应。格莱泽以这些"微观基础"来考察一系列城市经

济问题，包括城市增长与萧条、蔓延、住房、教育、不平等、贫困、隔离和犯罪。他是那种"积极入世"的经济学家，为决策者提供咨询，帮助他们争取消费者和企业、减少政府的不必要干预（佩克，2016年）。

目前，爱德华·L.格莱泽是哈佛大学经济系弗雷德和埃莉诺·格里布讲席教授、塔布曼州与地方政府研究中心（Taubman Center for State and Local Government）主任和拉帕波特大波士顿研究院（Rappaport Institute for Greater Boston）主任。同时，他也是保守主义智库曼哈顿研究所（Manhattan Institute）的高级研究员。

学术经历与研究重点

格莱泽1967年生于曼哈顿，其父为现代艺术博物馆建筑和设计部（Department of Architecture and Design at the Museum of Modern Art）主任，他的母亲先后任职于多家大企业的营销和金融部门。如果说父亲激发了他对城市的热情，母亲则教会了他实际的经济学常识比如边际成本。所以毫不奇怪，格莱泽会以城市经济学作为自己的专业领域，并用新古典主义微观经济学来理解城市进程——在普林斯顿大学读本科时他便选择了经济学并获得经济学学士学位，之后又前往新古典主义经济学大本营的芝加哥大学深造，在乔斯·施可曼（Jose Scheinkman）指导下获得经济学博士学位。

尽管那些留名青史的芝加哥学派经济学家们无不致力于探索宏观或微观经济学的模型，格莱泽却选择了将其经济学研究应用于实践。他和志同道合者一同运用能够产生可验证结果的一般空间均衡模型（General Spatial Equilibrium Models），通过海量数据揭示了企业和消费者的理性共同决定了城市的特征。

在其学术生涯的早期，格莱泽对城市研究最重要的贡献是提出了"城市中的增长"（Growth in Cities）的概念（格莱泽等，1992年）。这一概念集中体现了格莱泽把在芝加哥大学学到的知识和方法用来解决中心城市问题的尝试，因此有必要做一番介绍。在芝加哥求学期间，格莱泽经常与经济学知名学者研讨学业，包括诺贝尔奖得主罗伯特·卢卡斯（Robert Lucas）和加里·贝克尔（Gary Becker）。卢卡斯专攻知识溢出所产生的外部性（Externalities），即人们在交流思想时往往会产生新观点，由于这样产生的新观点并没有成本，因此知识溢出并非市场交易的内容，所以这被卢卡斯称作外部性。这似乎推翻了经济学的常识，即天下没有免费的午餐。知识溢出靠的是地理上的接近，因此城市的集聚效应尤其有利于外部性（格莱泽等，1992 年）。在卢卡斯的基础上，格莱泽进一步推动了外部性的观点，他通过实证研究分析了多种竞争理论与知识溢出的关系，最终发现揭示了同业者为了增长而展开的竞争才是知识溢出的根源。在此之前关于知识溢出的理论主要有三种。首先，经济学家阿尔弗雷德·马歇尔（Alfred Marshall）、肯尼斯·阿罗（Kenneth Arrow）、保罗·罗莫（Paul Romer）及其支持者相信，知识溢出是行业内部的现象，比如在服装行业知识从一家服装企业溢出到另一家，因此企业集中的城市获得了增长。但根据这一理论，当创新者意识到他们的新观点被其他人模仿后，其创新动力减弱，随之而来的则是研发投入的降低，因此在马歇尔、阿罗和罗莫看来，集聚有利于增长，但竞争则阻挠了增长。其次是迈克尔·波特（Michael Porter）的理论，即同业竞争加快了对创新观点的模仿和完善。波特认为，无论是集聚还是竞争，都有利于增长。第三个关于知识溢出的理论来自简·雅各布斯，她于 1969 年提出，城市的活力来自其多样性，行业之间而非行业内部的知识溢出刺激了创新并推动城市增长。格莱泽及其志同道合者通过实证研究一一验证上述三个理论，最终肯定了后两者而推翻了第一个。1992 年，格莱泽将这一研究以论文的形式发表，并凭借该论文获得了哈佛大学的教职，正式登上学术舞台；他的研究也引发了一系列围绕雅各布斯和马歇尔、阿罗和罗莫理论的新研究。

该论文指出，人力资本和竞争是城市经济增长的核心要素，同时也推动他撰写了一系列关于人力资本、技术和城市经济之关系的研究（贝利和格莱泽，2005 年；格莱泽，1999 年、2005 年；格莱泽和梅尔［Mare］，2001 年；格莱泽和雷赛格［Resseger］，2010 年；格莱泽和塞兹［Saiz］，2004 年）。城市要增长，需要吸引技术劳动力（人力资本）；劳动力在城市中工作也将得到提升（格莱泽和梅尔，2001 年）。因此，城市的目标就是获得更多的人力资本，包括有才能、技术或企业家精神的劳动力，而非提供住房补贴、调整收入分配或创造更多就业。因此，城市如何增长也就变成了如何吸引有才能和技术的劳动力来到城市；而要实现这一目标，格莱泽认为城市应当提供便利设施、高工资并降低住房成本。

由此，格莱泽进入了自己研究领域的第二个重点方向，即城市增长与衰退间的关系以及住房与区划间的关系。格莱泽并没有将房价上涨归咎于需求的增加，而是认为大城市中房价上涨的根源在于供应的不足，而供应不足则是区划和规划的限制——房主希望保持房价上涨的势头,这构成了区划的政治压力。格莱泽认为,放松规划管制有利于增加住房供应,这将吸引人力资本前来城市(格莱泽和基尔克[Gyourgo],2002年)。在纽约、波士顿和旧金山等增长迅速却规划严苛的城市里,高房价已成为人口的过滤器,只有富人才能负担;这无疑改变了城市的性质,降低了城市的多样性,最终窒息了未来的增长。与此同时,当城市陷入衰退时,房价又会低于建筑成本,因此贫困人口即便失业也将继续留在城市中,这同样阻碍了城市的增长(格莱泽等,2006年)。

　　与隔离、贫困和不平等相关的城市管制是格莱泽的第三个研究重点。在这一方面,他接受了芝加哥大学社会学家威廉·朱利叶斯·威尔逊关于社会混合(Social Mixing)的观点,即弱势群体可以通过社交网络改善地位或实现就业——这实际上含蓄地承认了社会不平等是有益的(格莱泽等,2009年),因此格莱泽研究的关键在于发现隔离——社会混合不足的状况——是如何发生的。科特勒(Cutler)等学者曾在1999年研究了美国城市中白人与非洲裔美国人之间的隔离,揭示了将后者排除在社区之外是白人集体行动的结果,而在20世纪90年代以后,导致隔离的法律障碍已被清除,但新的障碍再度出现,即"去中心化的种族主义,比起非洲裔美国人,白人可以负担更高的房价"(科特勒等,1999年,第455页)。格莱泽和施勒夫(Shleifer)在2005年研究发现,那些试图影响和操控选举的市长们也是隔离的推动者,例如在底特律,市政府有意抬高所得税税率并开建大型住房工程,以便将非洲裔美国人留在城市中,而促使白人迁往郊区。在2011年出版的《城市的胜利》(*Triumph of the City*)一书中,格莱泽转而关注城市的再分配政策,认为城市应该少有所为、放松管制、吸引人力资本,通过收缩而再现辉煌。

核心理念

　　格莱泽堪称迈克尔·斯托普所说的"新古典主义城市经济学"(斯托普, 108
2013年,第15页)的一员大将。作为经济学家,格莱泽的实证研究依靠的是从现实中抽象而来的数学模型,这些模型使得研究者可以相对孤立地研究一系列有限的因素并限定前提,从而得出可以在实证中验证的预测。格莱泽在研究中借鉴了城市经济学、区域科学和新地理经济学的许多现存模型,并在很多方面进行了修正(格莱泽,2008年)。他的经济模型通常集中在决策流程,所有因素被分为三类，即雇主/企业、建筑商/开发商，以及普通居民/消费者/选择工作地点的劳动力。城市的增长、衰退或隔离等多要素共同产生的结果，其研究基础都是微观层面的。

人们通过权衡工资、物价尤其是房价和气候等条件决定自己的生活工作地点，由于工资和物价是最主要的因素，企业和开发商也需要做出选择。企业在劳动者生产力的基础上支付工资，通过雇佣适宜数量的劳动力最大化自己的收益；开发商则在现有住房价格和新建住房成本之间谋求平衡来实现利益的最大化。因此，劳动力、企业和开发商之间构成动态平衡，受到三组未知因素的制约——住房价格、工资水平和本地区生活和工作的劳动力数量。在格莱泽看来，"个体对区位的选择构成了城市或区域经济学中最重要的概念，即空间平衡。这是因为，如果同样条件的人选择在两个不同地方居住，那么这两个地方所提供的优势一定是平衡的，或是工资，或是物价，或是其他优惠条件。"（格莱泽，2008 年，第 4 页）

因此，一般空间平衡理论将不同地区的不同决策者整合在同一个框架里，其自身具备调整机制，可以根据外界因素的变化做出变化。例如，不同地区间的实际工资最终会走向均衡，如果实际工资存在差异，意味着企业不得不为不利因素（如安克雷奇［Anchorage］的寒冬）做出补偿，也就是要付出更高的工资。相应地，如果更高的实际工资没有不利因素做出均衡，市场自己也会做出反应——这可能会表现为更多的人迁往高工资所在地（如安克雷奇）从而拉低工资，也可能会表现为房价的上涨从而拉低实际工资。在条件较差的地区，高工资是企业做出补偿的方式，因此人口变迁是经济学家衡量城市增长与否的关键。格莱泽的贡献在于，他将人口、收入和房价同时纳入空间平衡的模型之中。

格莱泽将上述研究用于城市问题的实证研究，在 2008 年与托比奥（Tobio）一起，在同时考虑消费者、企业和开发商的基础上得出结论，美国阳光带（Sunbelt）[①]人口增长趋势超过锈蚀带（Rustbelt，指的是美国东北部和中西部等以制造业为重点的州——译者注）得益于前者在 20 世纪 50—70 年代更高的生产力所推动的收入和人口增加，同时也因为 70 年代以后许多阳光带城市的低房价。两位作者通过研究发现，条件的改善并不是吸引人口的直接因素，但不同类型的条件却十分重要。在条件较差的阳光带城市如休斯顿和亚

109

————————

① 美国阳光带（Sunbelt），指的是美国南部尤其是西南诸州。——译者注

特兰大,工资与住房供应量同时大幅增加;但在条件更好的加州沿海地区,美丽的沙滩和温暖的气候"弥补"了低工资,而增长的工资在不断攀升的房价面前不过是杯水车薪。与新地理经济学家不同,格莱泽等城市经济学家相信,人口流动才是就业和企业流动的动因。

当人口迁往阳光带并开始彼此交流,知识溢出的效应可以显现,这又形成了吸引更多企业前来的外部性,推动工资水平升高;高技术劳动力希望与同类人比邻而居,这也进一步吸引了人力资本,这才是城市增长的关键要素。波士顿、纽约和旧金山等城市是人力资本的吸铁石并因此发展良好,尽管可负担住房的不足也使高技术劳动力望而却步。格莱泽重视经济发展的供给侧,因此他建议提供更多的可负担住房、吸引人力资本来促使和维持城市增长,或是帮助衰退中的城市渡过危机(格莱泽和塞兹,2004 年)。

对城市研究的贡献

格莱泽对城市研究的贡献体现在三个方面。首先,格莱泽使城市经济学再度受人关注,他将人、企业和开发商三方要素融入一般空间平衡,并使这一模型被更多的经济学家拿来研究城市。其次,格莱泽将上述理论用于实证研究,推进了城市经济学的某些现有成果。最后也许最重要的是,他打破了实证经济学(Positive Economics)与规范经济学(Normative Economics)之间的壁垒,并在曼哈顿研究所资助下进行了一系列研究,"将城市视作经济理性的产品"(佩克,2016 年,第 1 页)。他能够为高级官员更能为城市管理者们建言献策,建议城市继续"用合理的税收和管制投资教育,提供关键性公共服务"(格莱泽,2011 年,第 67 页),除此别无可为。然而,尽管格莱泽既推动了城市经济学的发展,又为城市经济发展提供决策咨询,但他的研究在整个城市研究领域的影响却极为有限。

许多城市研究者批评格莱泽除了供给侧之外几乎一无所见,忽视了劳动者自身的需求,也无视制度变迁的重要性。他们认为,人口迁往南方的阳光带并不只是因为温润的气候和较低的房价,同时也是因为《塔夫特—哈特利法》(Taft-Hartley Act)规定企业有权限制工会,由此产生了一直易于服从的和廉价的劳动力队伍——这才是吸引企业和新增就业机会的原因从而吸引人口的原因。此外,格莱泽的研究中没有更大范围内的产业机构调整所带来的城市发展变迁，或是仅将其视作外部因素而非倾向金融、排斥制造业的政策导向的结果。更重要的是，格莱泽将城市视作市场平衡机制中的一个部件，这使他的研究完全忽视了大卫·哈维和尼尔·史密斯等人的观点。相比之下，后者更倾向于通过许多非理性因素和多样化决策的相互交织来理解城市，这些非理性因素和多样化决策来自于个体、基础设施和制度之间的复杂互动，共同塑造了城市社会中的交往和个人的行为。

参考文献

110 Berry, C. and Glaeser, E. L. (2005) "The divergence of human capital levels across metropolitan areas", *Papers in Regional Science*, 84(3): 407 – 444.

Gertner, J. (2006) "Home economics", *New York Times Magazine*, 5 March: 94 – 99.

Glaeser, E. L. (1999) "Learning in cities", *Journal of Urban Economics*, 46(2): 254 – 277.

Glaeser, E. L. (2005) "Reinventing Boston: 1640 – 2003", *Journal of Economic Geography*, 5(2): 119 – 153.

Glaeser, E. L. and Mare, D. (2001) "Cities and skills", *Journal of Labor Economics*, 19(2): 316 – 342.

Glaeser, E. L. and Resseger, M. G. (2010) "The complementarity between cities and skills", *Journal of Regional Science*, 50(1): 221 – 244.

Glaeser, E. L. and Saiz, A. (2004) "The rise of the skilled city", *Brookings-Wharton Papers on Urban Affairs*, 5: 47 – 105.

Glaeser, E. L. and Shleifer, A. (2005) "The Curley effect: The economics of shaping the electorate", *Journal of Law, Economics and Organization*, 21(1): 1 – 19.

Glaeser, E. L. and Tobio, K. (2008) "The rise of the sunbelt", *Southern Economics Journal*, 74(3): 610 – 643.

Glaeser, E. L., Gyourko, J. and Saks, R. (2006) "Urban growth and housing supply", *Journal of Economic Geography*, 6(1): 71 – 89.

Glaeser, E. L., Resseger, M. G. and Tobio, K. (2009) "Inequality in cities", *Journal of Regional Science*, 49(4): 617 – 646.

Jacobs, J. (1969) *The Economy of Cities*. New York: Vintage.

Peck, J. (2015) "Economic rationality meets celebrity urbanology: Exploring Edward Glaeser's city", *International Journal of Urban and Regional Research*, 40(1): 1 – 30.

Storper, M. (2013) *Keys to the City*. Princeton, NJ and Oxford: Princeton University Press.

斯蒂芬·格拉汉姆
STEPHEN GRAHAM
库尔特·艾夫森　悉尼大学
(Kurt Iveson，University of Sydney)

代表作　　　　　　　　　　　　　　　　　　　　　　　　　　111

Graham，S. and Marvin，S. （1996） *Telecommunications and the City：Electronic Spaces，Urban Places*. London：Routledge.

Amin，A. and Graham，S. （1997） "The ordinary city"，*Transactions of the Institute of British Geographers*，22(4)：411 - 429.

Graham，S. and Marvin，S. （2001） *Splintering Urbanism：Networked Infrastructures，Telenological Mobilities and the Urban Connection*. London：Routledge.

Graham，S. （2011） *Cities Under Siege：The New Military Urbanism*. London：Verso.

Graham，S. （2016） *Vertical：The City from Satellites to Bunkers*. London：Verso.

导言

　　斯蒂芬·格拉汉姆是英国地理学家兼规划师,他对城市研究最重要的贡献在于对技术变革、基础设施供应与城市生活之关系的研究。他善于启发读者质疑那些日用而不知的基础设施的真正作用,将读者带入城市生活的大背景中,使其理解城市生活所塑造的种种机遇和经验。他最为人所熟知的贡献,是与西蒙·马文(Simon Marvin)一道提出了"分裂的城市生活"(Splintering

Urbanism)这一概念来理解当代基础设施供应的影响；同样为人所知的还有他近期对城市安保的研究，即"新军事化城市生活"（New Military Urbanism）。

如今，斯蒂芬·格兰汉姆是纽卡斯尔大学（University of Newcastle-upon-Tyne）建筑、规划与景观学院全球城市研究小组的城市与社会学教授。

学术经历与研究重点

格拉汉姆的学术生涯横跨地理学与规划学两个学科。在南安普敦大学（University of Southampton）获得地理学学士学位后，格拉汉姆先是在纽卡斯尔大学获得规划学硕士学位，之后作为一名职业规划师工作多年，然后在曼彻斯特大学的工程、科学与技术政策研究组开始其博士生的经历，论文选题为"将城市连成网络：英法城市电讯变迁之比较研究"（Networking Cities：A Comparison of Urban Telecommunications Initiatives in France and Britain）。

最终在纽卡斯尔大学的建筑、规划与景观学院获得博士学位，之后留校任教。在这里，他接触到以马克·赫普沃斯（Mark Hepworth）为代表的关于早期信息经济的研究成果。也正是在这里，格拉汉姆认识了其后来的合作者西蒙·马文，后者在开放大学（Open University）的城市科学与技术研究专业获得博士学位后来到纽卡斯尔，两人在这里一同创办了城市技术研究中心（Centre for Urban Technology, CUT），中心的核心领域是二人共同关注的话题——对地理学、城市规划以及科学与技术研究进行批判。从此之后，格拉汉姆一直工作生活在英格兰东北部：2005—2010 年在杜伦大学地理系担任教授，之后返回纽卡斯尔大学，然后前往谢菲尔德大学。

从关注电讯与城市开始，格拉汉姆与合作者马文共同开创了理解城市变迁的社会—技术视角，并于 2001 年推出专著《分裂的城市生活：网络化的基础设施、技术流动与城市状况》（*Splintering Urbanism：Networked Infrastructures，Technological Mobilities and the Urban Condition*），探讨了新技术和日益加剧的基础设施供应的私有化如何改变了城市不平等的地理分布。在 21 世纪头十年间，格拉汉姆对社会—技术变迁与城市不平等的兴趣转向了对军用技术和规章在城市构成中的影响，并提出了"新军事化城市生活"的概念。由此，格拉汉姆发表了一系列论著，最具代表性的是 2011 年出版的

《包围圈中的城市：新军事化城市生活》(*Cities Under Siege：The New Military Urbanism*)。在他的影响下,对基础设施供应与管理的研究逐渐进入城市研究领域的主流——格拉汉姆坚信,基础设施对城市经验的影响是根本性的,对基础设施及其技术的研究不能只是技术专家的责任。

毫无疑问格拉汉姆应当列入"思考城市的关键之人"的行列,但他不属于一般意义上的"关键之人"。翻阅他的著作不难发现,格拉汉姆往往与他人合作著述,有成效地与他人合作显然是他最重要的学术能力之一。在其学术生涯中,格拉汉姆的最佳拍档非西蒙·马文(如今是杜伦大学教授)莫属,1996年出版的《电讯与城市》(*Telecommunications and the City*)和《分裂的城市生活》这两部有影响力的著作都是二者合作的成果。此外,格拉汉姆还主编了多部重要的论文集,激发了对城市生活不同面向的新研究,其中最著名的包括《赛博城市读本》(*The Cybercities Reader*)、《城市》(*Cities*)、《战争与恐怖主义》(*War and Terrorism*)、《被瓦解的城市》(*Disrupted Cities*)和2014年与科林·麦克法兰(Colin McFarlane)共同主编的《基础设施生活》(*Infrastructural Lives*)。要想了解格拉汉姆的研究和核心思想,切不可忽视他的合作者和同事在其中发挥的作用。

在众多关于电讯与城市、城市基础设施的组织与供应以及军用技术和规范对塑造城市空间之影响的研究中,格拉汉姆无疑发挥了启明星一般的作用。 113 他对城市的状况以及我们如何看待城市的状况始终兴趣不减,因此,尽管他的作品包含了大量遍及全球各地的实证研究,但他的目标是试图从实证中总结城市的性质。值得注意的是,在格拉汉姆的著作中,城市状况并非没有差别;恰恰相反,他执着地追求城市内部以及城市之间的差别是如何形成的。在这一点上他与列斐伏尔堪称同路人,后者以辩证的方法探讨了不同时空中日常经验的独特性,但其对日常生活的研究始终落脚于"总体性"(Totality)。2016年,格拉汉姆再次推出新作,这一次他关注了城市中的社会分层,以及不同层级与不平等和城市政治的关系。

核心理念

格拉汉姆尤为关注城市状况、技术变革与基础设施三者的关系,试图引导读者关注在城市生活中扮演重要角色的新技术和基础设施,并给予我们在技术决定论之外思考其重要角色的新工具。

格拉汉姆对新技术和基础设施的关注始于对电讯设施的独特重视，这也是他的博士论文和处女作（与西蒙·马文合著）的主题。在《电讯与城市》中，两位作者阐述了自己的核心观念：

> 当代城市只有被置于城市场所和电讯空间的双重构架中才能被理解。如果不能理解上述两者及其相互关系，我们恐怕无法从整体上理解或发现发达资本主义城市目前正在经历的转型。（第 377 页）

该书为思考城市中的电子通信提供了框架，认为电讯"已经崛起并成为外部社会的内在组成部分，因此城市中以电讯为基础的新现象受到社会、政治和文化等方面的影响，而非纯粹的技术的结果"（该书第 113 页）。随后，从探讨经济、环境、形态到城市基础设施和交通领域的文化生活，格拉汉姆用这一框架探讨了城市生活不同面向的参与者们如何推动和应用电讯技术和基础设施，重点关注了远程信息处理技术导致的城市社会极化的新形式。两位作者认为，电讯网络和服务强化了企业和跨国精英们对空间和劳动力的控制，这进一步放大了他们的权力；而无法或很少接触电讯、远程信息处理技术和信息服务则成为不利因素（格拉汉姆和马文，1996 年，第 236 页）。

值得注意的是，格拉汉姆和马文研究电讯与城市之时正逢"城市末日"
114 （End of Cities）论甚嚣尘上之日，即新的通信技术使得许多社会和经济活动无需依靠地理上的接近。而在格拉汉姆和马文看来，网络化通信技术的发展并没有削弱城市的重要性，这与曼纽尔·卡斯特、迈克尔·斯托普和萨斯基亚·萨森等人的观点相类似。

随后在其开创性的著作《分裂的城市生活》中，格拉汉姆和马文将此前对电讯技术及其与城市社会技术之关系的分析进一步拓展深化，旨在寻求通过"线缆、管道、隧道、沟渠、街道、高速公路等连接城市的技术网络的建造和使用"（该书第 8 页）理解当代城市状况的路径。他们认为，既有的城市研究并未给予基础设施应有的重视，而"基础设施网络与城市中围绕社会、经济、生态和政治权力的斗争密不可分"（该书第 11 页）。通过对网络化基础设施及其生成方式的密切观察，格拉汉姆和马文直言，20 世纪的城市研究几乎忽略了基础设施，而实际上，基础设施绝非"仅仅将城市空间联结在一起"，也就是通过提供服务和共同经验将分散的城市人口整合在一起。通过对当代城市中网络化基础设施供应从整体上进行社会—技术研究,两位作者指出,基础设施供应正在越发碎片化,因此城市空间和人口不是被整合在一起,而是越发分裂。此外,该书资料翔实、视野宏阔,征引了包括墨尔本和孟买等许多城市的数据;多维的理论视角和跨学科背景也是该书的突出特色——实际上,《分裂的城市生活》最突出的贡献就在于将"相关领域包括城市研究、地理学、规划、社会学、建筑学、城市生活研究、城市史、科技与社会研究(Science,Technology and Society,STS)、工程学、社会理论和通讯研究联结成统一的、整合性的叙事"(该书第 33 页)。该书也使得迪普伊(Dupuy)、马特拉特(Mattelart)、拉图尔等作家为城市研究者所知。

　　上述两部著作出版后,格拉汉姆继续深化对电讯和城市基础设施的研究,并且不再局限于基础设施供应中的软件方面。2005 年他发表又一篇重磅文章,提出了"软件分类地理学"(Software-sorted Geographies)的概念,探讨了基础设施网络背后的软件在将人口分成不同部分以提供不同服务的功能。在 2007 年与麦克·克朗(Mike Crang)合著的另一篇论文中,格拉汉姆又提出了"知觉城市"(Sentient Cities)的概念,认为计算机技术在城市中已无处不在,从监控到对艺术和政治的控制都离不开计算机。

　　在 21 世纪头十年,格拉汉姆对城市基础设施的研究转向试图控制城市空间和人口的军事化规范、技术和战略及其日益增长的影响力。他认为,军事化规范和技术的扩张正在生产一种"新军事化城市生活",在这里城市正逐渐变为"战场"。更重要的是,在格拉汉姆看来,这种新军事化城市生活并非仅仅出现在明显被卷入军事行动的城市中,军事化规范和技术正在越来越多的城市里被用于社会控制。当然,这也不是说新军事化城市生活在世界各地都是一样的。通过追溯美国军事发展的历程,格拉汉姆发现全球南部(Global South)的城市和西方城市存在着军事化的不同路径,它们采取不同的措施以应对来自国内外的威胁。

115

　　全球南部贫困城市的新军事化城市生活主要通过两项策略抵御可能的叛乱,即去现代化(De-modernization)和持续的地区控制(Persistent Area Dominance);前者涉及那些可能成为叛乱者战场的基础设施,后者则可以通过应用新的感知技术和情报技术实现——这些技术帮助美军士兵实时获知多重信息,这使得熟悉本地局势的叛乱者不再具备相对优势。西方城市也在运用不同的军用技术。保护城市基础设施免受叛乱威胁是城市军事化的合理借口，因此无论去现代化还是对民权的彻底忽视都不是可行策略。这些城市以保护国家安全的名义被再度动员起来，这其中包括了不同的军事化形式和军用技术的应用路径，包括强力推动监视和社会控制、无穷无尽的"恐怖渲染"(Terror Talk)、社会压制、对城市可能受袭击目标的保护以及不确定的监禁，有时甚至以被拘押者可能激活隐匿恐怖分子为由使用非法途径或境外监狱。

尽管在全球南部城市和西方城市中军事化有不同路径，但我们很难从中发现共同的线索；但共同之处在于，它们都试图通过网络化的流动和监控构建空间控制。值得一提的是，与哈维·莫洛特克近期的研究相类似，格拉汉姆发现了一系列安保和军事化规范流行于西方各国，其目标在于判别叛乱者、恐怖分子或消弭城市生活中可能的混乱。

对城市研究的贡献

格拉汉姆对城市研究的贡献——无论是自己做出还是与他人合作的成果——启发更多的学者关注隔离、分类、监控和应用新旧技术在城市居民身上的路径，也塑造了我们思考技术变革及其与城市状况之关系的路径。格拉汉姆绝非技术决定论的拥护者，他的研究揭示了不同的技术如何通过不同的政治—经济活动和观念融入社会—技术网络，无论是《分裂的城市生活》所关注的新自由主义私有化进程，还是《包围圈中的城市》所关注的军事化控制和对可能的"战场"的控制。格拉汉姆的研究也促进了从整体上对城市进行研究，即跨越学科界线和专业领域以对技术、基础设施和城市经验之关系展开有批判性的研究。

格拉汉姆描绘的城市，与简·雅各布斯和爱德华·格莱泽等研究者所描绘的乐观景象全然不同。与迈克·戴维斯和尼尔·史密斯类似，格拉汉姆意在用他的研究给读者以震撼，启发人们自发抵御正在将城市碎片化和军事化的力量。对比那些新技术的支持者——他们将智能手机、监控探头等新技术当作解决城市问题的有效工具，格拉汉姆的观点更是发人深省。然而，他对城市现实的分析入木三分，但对城市未来的展望却如坠雾里。我们应该做什么？尽管格拉汉姆的确写到了抵抗的案例，但这并非他的重点而且大多以失败告终。也有批评者认为,格拉汉姆的整体性研究似乎没有给予政治应有的重视,也忽视了偶然性(库塔德和盖伊,2007 年)。但无论批评者从何出发,都不能否定他对城市研究的突出贡献——他所提出的问题和他所给出的答案都有其价值。技术和基础设施长期以来被隐没在城市日常生活和政治中被研究者忽略,格拉汉姆及其合作者则使其重见天日。

参考文献

Coutard, O. and Guy, S. (2007) "STS and the City: Politics and practices of hope", *Science, Technology, and Human Values*, 32(6): 713 - 734.

Crang, M. and Graham, S. (2007) "Sentient cities: Ambient intelligence and politics of urban space", *Information, Communications and Society*, 10(6): 789 - 817.

Graham, S. (ed.) (2004a) *The Cybercities Reader*. London: Routledge.

Graham, S. (ed.) (2004b) *Cities, War and Terrorism: Towards and Urban Geopolitics*. Oxford: Blackwell.

Graham, S. (2005) "Software-sorted geographies", *Progress in Human Geography*, 29(5): 562 - 580.

Graham, S. (ed.) (2010) *Disrupted Cities: When Infrastructure Fails*. New York: Routledge.

Graham, S. and McFarlane, C. (eds) (2014) *Infrastructural Lives: Urban Infrastructure in Context*. London: Routledge.

大卫·哈维

DAVID HARVEY

路易斯·莫雷诺　伦敦大学金匠学院

(Louis Moreno，Goldsmiths，University of London)

117 **代表作**

Harvey，D.（1973）*Social Justice and the City*. Baltimore：Johns Hopkins University Press.

Harvey，D.（1982）*The Limits to Capital*. Oxford：Blackwell.

Harvey，D.（1989a）*The Urban Experience*. Baltimore：Johns Hopkins University Press.

Harvey，D.（1989b）*The Condition of Postmodernity*. Oxford：Blackwell.

Harvey，D.（2012）*Rebel Cities*. London：Verso.

导言

　　四十年来，大卫·哈维对城市资本主义展开了分析，在哈维本专业即地理学内外都产生了深远影响。他的研究例证广泛、分析深刻，但其核心目标却简单明确，为解释历史上资本主义发展的地理不平衡提供批判性理论。因此，城市成为哈维关注的焦点。长期以来，历史学家认为城市是理解世界市场之发展变迁的关键要素，所以选定城市为关注点似乎不足为奇，但哈维的不同之处在于，他对创造或破坏城市社会生活的进程给予特别关注。从这个角度看，哈维既受到马克思的影响认为资本主义不应被视作"事务"而应被视作"社会进程"，其中充满了矛盾冲突；同时认为资本主义的矛盾冲突反映在城市里，表现为景观、制度和文化的生产。哈维思想影响之深远，恐怕只有他改变世界的政治抱负能够相比——对马克思来说,改变世界首先要了解资本主义的运行机制;而对哈维来说,改变世界首先要理解资本的城市化。

如今,哈维是纽约市立大学研究生中心(Graduate Center of the City University of New York)人类学和地理学系杰出教授。

学术经历与研究重点

大卫·哈维生于肯特郡的吉林厄姆(Gillingham,Kent),1961 年获得剑桥大学地理学博士学位。不到十年,哈维已凭借其学术成果跻身地理学领域的顶尖学者之列。他的第一部专著《地理学的解释》(*Explanation in Geography*)出版于 1969 年,对地理学家解释外部世界的知识和方法进行了系统论述。该书以其原创性很快得到学界认可,哈维本人也被视作方兴未艾的"计量革命"(Quantitative Revolution)的积极分子,试图将这场革命引入地理学理论。正是凭借这部专著,哈维获得了美国知名研究型大学约翰·霍普金斯大学的终身教职。来到美国不久,美国社会的动荡混乱便将他从实证主义者的迷梦中惊醒。马丁·路德·金遇刺身亡、美国入侵越南和城市中的种族隔离提出了新问题,这些问题不仅涉及知识分子对权力的抗拒,也涉及地理学之想象的局限。1973 年出版的《社会正义与城市》(*Social Justice and the City*)再度展开了批判,认为如果地理学成为社会科学,地理学家需要为产生或加剧社会不平等的空间进程做出解释。如果地理学无法解释,这也将会产生新的问题,即作为制度、概念和物质的城市是如何构造的,而其构造又如何阻挠了城市社会的发展。

哈维对自由主义城市理论进行了细致入微的研究,之后又解构了这一理论——这激励了新一代激进的研究者。与亨利·列斐伏尔和曼纽尔·卡斯特一样,哈维也是新兴的辩证城市理论的代表人物之一。尽管该理论的学者大多以马克思主义来解释城市空间,但哈维却认为,仅仅用马克思主义并不能完全解决这一问题。随后在 1982 年,哈维的《资本的限度》(*The Limits of Capital*)一书出版,旨在弥补上述问题的不足,指出资本在地理上遭遇的障碍是其超越时空而存在的决定性要素。然而,该书虽然试图以理论的和历史的视角解读资本并将逻辑和方法融为一体,但该书却也内在地存在着矛盾冲突。《资本的限度》几乎是一本纯粹的理论著作,真正关于城市的探讨是与之相关

118

的两部书，即《资本的城市化》（*The Urbanization of Capital*）和《意识与城市经验》（*Consciousness and the Urban Experience*）。

如今，《资本的限度》已被广泛认可为是一部批判政治经济学力作，但其问世之初却应者寥寥、难掩尴尬。对马克思主义者来说，哈维对空间的关注似乎不够敏锐；对激进的地理学家而言，哈维的马克思主义研究方法似乎已经落伍，学术的潮流应该是身份政治、新自由主义和后结构主义。虽然资本主义对金融管制的放松使得马克思主义的吸引力大大减弱，但哈维在 20 世纪 80 年代中期重返英伦并在牛津大学谋得教职后，却执着地以马克思主义为理论工具，试图解释晚期资本主义的空间逻辑。1989 年《后现代的状况》（*The Condition of Postmodernity*）的出版正逢里根主义和撒切尔主义偃旗息鼓。该书指出，当代围绕后福特主义、后工业主义和后现代主义的论争恰恰揭示了资本主义的限度。在哈维看来，认知—文化形态（Cognitive-Cultural Form）的资本主义正在崛起，这反映了城市资本积累的不确定性和内在的文化易变性，以宏观调控和全面就业为主的自由主义经济正在被一个城市消费主义社会所取代。

119   90 年代哈维重返霍普金斯后开辟了新的研究领域，从批判资本主义出发批判全球化，以及身体政治、生态和乌托邦主义（哈维，1997 年，2000 年）。进入新世纪，已届退休年龄的哈维宝刀未老，借担任纽约市立大学人类学杰出教授之机再度焕发学术活力。随着伊拉克战争的爆发和全球统一市场的膨胀，哈维在 2003 年和 2005 年连续发文分析新帝国主义和新自由主义的崛起——其成果《新帝国主义》（*The New Imperialism*）和《新自由主义简史》（*A Brief History of Neoliberalism*）使他成为少数几个投身公共领域的地理学家。而 2007 年金融危机爆发及之后的紧缩政策促使哈维将视线重新转向城市，在 2012 年出版《反叛的城市》（*Rebel Cities*），认为城市是诊断新自由主义病理的最好样本，也是形成资本主义替代方案的最佳实验室。对哈维来说，占领华尔街运动以及伊斯坦布尔、卡罗、雅典和马德里等城市发生的骚乱说明，反权力运动正在以集体行动的方式重塑城市。

核心理念

哈维之所以能够将马克思主义应用到当代城市政治研究，关键在于他清晰表达了列斐伏尔的"占有城市的权利"。要理解哈维关于空间活力的独特理论,空间调整(Spatial Fix)是一个很好的切入点,即通过空间使用价值和交换价值之间的对立来揭示城市被塑造的方式。这一理论批判了经济学的核心假设——资本融入土地、劳动力和技术是经济增长的前提。在马克思看来,资本积累并不是市场和产业发展的自然结果,而是生产性投资的初级流通的结果,其目的旨在增加劳动力创造的剩余价值。在此基础上哈维指出,有必要考察工厂、航运设施、矿业和铁路等物质基础设施,也有必要考察公共住房、教育和医疗等软性的制度安排,而要对上述因素做出考察,需要对资本做出长时段的分析。哈维的空间调整正是这样一种分析工具,使研究者能够研究长时段内资本与劳动力相结合所产生的社会结果。

19世纪,这一社会结果的空间形态表现为工厂,即剥削产业工人的基本单位。哈维则扩大了研究视野,提出了固定投资如何体现出来的问题,不仅是应用于扩大再生产的固定投资,而且是应用于社会再生产的"固定投资"。由于城市在发展中吸纳了越来越多的经济资源,资本固定在城市里长达数月甚至数年;而资本固定在生产(如工厂)和再生产(如住房)限制了其流动性,使资本难以以最灵活的方式追求利润最大化。大量资本由于缺乏流动性被集聚在一起并且无法实现利润,金融危机就此而生,成为淘汰过剩资本的机制,这也就是经济学家熊彼得(Joseph Schumpeter)在1942年所提出的"创造性破坏"(Creative Destruction)。同时,当代金融危机本身也已经历了"破坏性创造",即资本可以超越领土,摆脱地方的局限,在另一个时间、另一个空间中实现更新。全球化被视作这一模式的典型代表。

由于投资总是有风险的,因此规避风险的责任也就落在了企业家头上,尽管他们的傲慢随处可见,却总是试图掩盖风险,而这种风险令整个社会处于焦虑之中——人们担心资本投下去却竹篮打水一场空。因此,金融机构对于资本的营利性具有近乎神经质的自信。不过,对增长的信心不可能完全来自对人的天赋的信心。资本投入技术、建筑和基础设施不可避免地需要周转时间,为了因应这一周转,资本主义离不开投资的次级流通以便在金融方面克服信用不足和经营失败的危险。因此有了金融衍生品(如股票和债券),以未来的收益预期来弥补当下的投机风险。由于这一"虚假资本"(预期有收益而非一定有收益)的形式可以类比于地产所有者获得的地租,因此房地产业也可以进入金融市场进行流通。所以,城市化不仅以创造物质投资的方式促进生产力

120

增长，同时也是以市民收入为基础的资本积累的进程。

　　此外，由于土地市场和资本市场难以精确分割，城市的社会、物质和文化价值也就可以被货币化和垄断。哈维提出了"时空压缩"（Time-Space Compression）的概念，旨在说明金融实现流动性——破除时间和空间的障碍——的需求催生了资本主义的城市文化。房地产投机泡沫刺激了建筑业的虚假繁荣，产生了摩天大楼等大型建筑，这实际上是虚假资本之高速积累的物化和替代品。这一观点来自格奥尔格·齐美尔对城市生活方式的经典论述，他认为资本交换是城市生活方式的根基。不过，哈维的观点颇有马克思主义的特色，即认为国家利用城市使人们的生活依附于市场。哈维认为，第二次世界大战后西方世界经历了转型，从福特主义生产方式的城市资本主义和凯恩斯式的国家投资基础设施，转向了灵活就业的新自由主义，这对于城市空间的生产方式有着多重影响。2007—2008年的金融危机说明，空间和债务的过度积累将彻底粉碎社会生活。

对城市研究的贡献

　　如果没有大卫·哈维，我们很难想象城市研究是否还会具有批判性。打个比方说，哈维的思想至少是块磨刀石，让城市研究之批判的刀刃更加锋利，更尖锐地批判了全球化、新自由主义城市生活和绅士化（参见本书关于萨斯基亚·萨森、尼尔·布雷纳和尼尔·史密斯的介绍）。要了解哈维的贡献，不能不了解哈维所谓的他终其一生投入的"马克思研究"（Marx Project），即将公众所关注的空间研究融入政治经济学批判。因此，历史学家佩里·安德森（Perry Anderson）认为哈维"几乎实现了萨特（Sartre）所说的复兴的马克思主义……将对客观结构的分析与对主观经验的重建结合在……一个单一的、总体性的框架之中"（哈维，2001年，第15页）。

　　但哈维的批判并非无可置疑。马克思式的对资本主义的总体性研究引起了许多理论家对其时空错置的批评，即将21世纪的世界性城市化等同于19世纪的城市化，其潜台词是认为作为结构主义者的大卫·哈维在一个"资本主义中心论"中解释历史（吉布森—格拉汉姆[Gibson-Graham]，1996年），或是在一个男权主义的框架中解释历史，因此无法吸收后马克思主义者的观点。也有批评者认为，哈维过度重视从理论上解释资本主义以自己为模式构造了城市，而没有通过实证研究对其理论框架进行验证（沃克尔，2004年）。究竟是否如批评者所言，目前尚未有定论，但可以肯定的是，哈维的研究无疑有助于我们理解和观察城市未来的资本积累和阶级斗争，我们可以从两个维度来认识。

首先，哈维的批判从历史的角度推翻了所谓"新城市议程"（New Urban Agenda），即将城市视作全球精明增长（Smart Growth）发动机的观点。雷曼兄弟（Lehman Brothers）的破产和次贷危机的发酵揭示了经济增长与城市开发之间并没有稳定和进步式的关系。相反，对于哈维来说，新自由主义式的城市化——通过社会和物质基础设施的私有化推进城市化——是资本积累的主要形态，利用城市进程将社会嵌入获取地租的网络之中。从这个角度看，哈维将社会再生产的过程视作获取价值的场域，这一观点联结起了大量探讨生物、环境、物质、文化和社会逐渐被金融化的研究。他将城市化视作通过剥夺而实现资本积累的产物，这与萨斯基亚·萨森关于全球化驱逐机制的观点桴鼓相应——在哈维看来，移民、偷渡、失业和无家可归体现了将债务转化为生物政治的社会机制，生命本身则被弱化了。

第二个维度可被称作哈维思想的"表述"维度。从1971年以来，哈维几乎每年都会开设关于马克思《资本论》的课程，这门课如今已广为人知。近年来，这门课被放在网络上，启发了新一代学者寻找理论的武器来探讨资本的限度。所以，目前在网上找到的视频也许是关于哈维之研究的最好的介绍。① 这段视频拍摄自伊斯坦布尔的小街巷，哈维坐在一座挂着"翻新"牌子的老房子的台阶上，为观众娓娓道来21世纪社区驱逐与第二帝国时代巴黎的霍斯曼改造之间的关系。一年以后，哈维这一革命性的比较几乎变成了现实，抗议者反对拆除加济公园，他们投出的石头使得塔克西姆广场成为城市抗争的前线。通过视频也可以发现哈维天生的敏锐，他将日常生活的经验作为联结学术研究与社会关怀的工具，既进行了政治教育，也产生了动员的效果。最后笔者再啰唆一句，哈维对城市研究最重要的贡献是他对辩证分析方法的坚持，这也是城市居民可以用来避免其债务变为资本的武器。

---

① Tarlabasi Istanbul (2012) "Against vested interest urbanism-An interview with David Harvey". Avialable at: www. tarlabasiistanbul. com/2012/06/against-vested-interest-urbanism-an-interview-with-david-harvey/(accessed 23 June 2015).

参考文献

122 Deutsche, R. (1998) *Evictions: Art and Spatial Politics*. Cambridge, MA: MIT Press.

Gibson-Graham, J. K. (1996) *The End of Capitalism (as We Knew It): A Feminist Critique of Political Economy*. Minneapolis: University of Minnesota Press.

Harvey, D. (1969) *Explanation in Geography*. London: Edward Arnold.

Harvey, D. (1985a) *The Urbanization of Capital: Studies in the History and Theory of Capitalist Urbanization*. Baltimore: Johns Hopkins University Press.

Harvey, D. (1985b) *Consciousness and the Urban Experience: Studies in the History and Theory of Capitalist Urbanization*. Baltimore: Johns Hopkinis University Press.

Harvey, D. (1997) *Justice, Nature and the Geography of Difference*. Oxford: Wiley.

Harvey, D. (2000) *Spaces of Hope*. Berkeley: University of California Press.

Harvey, D. (2001) *Spaces of Capital: Towards a Critical Geography*. Edinburgh: Edinburgh University Press.

Harvey, D. (2003) *The New Imperialism*. Oxford: Oxford University Press.

Harvey, D. (2005) *A Brief History of Neoliberalism*. Oxfrod: Oxford University Press.

Sassen, S. (2014) *Expulsions: Brutal and Complexity in the Global Economy*. Cambridge, MA: Harvard University Press.

Schumpeter, J. (1942) *Capitalism, Socialism and Democracy*. New York: Harper.

Simmel, G. (2004[1900]) *The Philosophy of Money*. London: Routledge.

Walker, R. (2004) "The spectre of Marxism: The return of the limits of capital", *Antipode*, 36(3): 434 - 443.

多洛伊斯·海登
DOLORES HAYDEN

莱斯利·克恩　蒙特埃利森大学

(Leslie Kern，Mount Allison University)

代表作

Hayden，D. （1980）"What would a non-sexist city be like? Speculations on housing, urban design, and human work"，*Signs*，5（3）：170 - 187.

Hayden，D. （1982）*The Grand Domestic Revolutions*：*A History of Feminist Designs for American Homes*，*Neighborhoods*，*and Cities*. Cambridge，MA：MIT Press.

Hayden，D. （1984；2nd edn 2002）*Redesigning the American Dream*：*Gender*，*Housing and Family Life*. New York：W. W. Norton.

Hayden，D. （1995）*The Power of Place*：*Urban Landscapes as Public History*. Cambridge，MA：MIT Press.

Hayden，D. （2003）*Building Suburbia*：*Green Fields and Urban Growth*，*1820 - 1900*. New York：Vintage Books.

导言

　　多洛伊斯·海登是杰出的城市景观史研究者和女权主义者。建筑学是她的学科背景，在其早期研究中，海登对摩天大楼和郊区独户住房等建筑形式中的性别和阶级不平等进行了有力的批判。借助女权主义的视角观察建成环境与社会的关系，海登呼吁学界重新建构关于"家庭、社区和城市的新范式"（海登，1980 年，第 171 页）。

　　作为历史学家，海登对郊区这一独特的美国环境的景观、形态和功能之根基进行了细致入微的研究。她从历史出发，探讨了美国人对私人拥有住房和个人隐私的执着，分析了家务劳动之性别分工的原因。此外，海登也凭借对城市公共史学与集体记忆的研究而闻名，近年来，她发表了一系列关于城市蔓延的诗歌与摄影集。

　　如今，海登是耶鲁大学耶鲁建筑学院美国研究专业教授兼建筑学教授。

学术经历与研究重点

124　　多洛伊斯·海登在曼荷莲学院建筑系读本科，之后在哈佛大学设计研究生院获得硕士学位。建筑学背景帮助她理解社会主义住房的设计，并在 1979年出版专著《七个美利坚乌托邦：社群主义的建筑学，1790—1975 年》(*Seven American Utopias：The Architecture of Communitarian Socialism，1790 - 1975*)。从 20 世纪 70 年代起，海登开始涉足妇女史，将女性作为理解住房政治和城市设计的关键。毫无疑问，海登受到第二波女权主义和改善女性劳动权益运动的影响，将独户住房与郊区蔓延视作女性走出家门寻找工作的主要障碍。在 1982 年出版的历史专著《伟大的家庭革命》(*The Grand Domestic Revolution*)一书中，海登揭示出从 19 世纪中期以来女性积极投身于激进的住房和社区改革，但第二波女权主义运动却基本忽视了这一点。海登对这段被隐没历史的发掘和住房设计中的女权主义加以发掘分析，使她的作品一经出版就成为对城市、家庭和规划感兴趣的女权主义者眼中的经典（维克勒[Wekerle]，1984 年）。

　　海登先在麻省理工学院工作，1979 年前往加州大学洛杉矶分校，在此期间，她拓宽了研究领域，开始重新思考城市与郊区间的关系，以及蔓延所带来的社会、经济和环境影响。1984 年《重绘美国梦》(*Redesigning the American Dream*)第一版问世，在日渐增多的对郊区的批评中加入了性别的视角（菲什曼[Fishman]，1987 年；杰克逊[Jackson]，1985 年）。海登自言，自己不仅是一个历史学家，同时也是"建筑师、妻子、母亲和郊区居民"（海登，2003 年，第 11页），她的研究既有对日常生活的一手观察，也包括对档案的细致梳理。《重绘美国梦》探讨的正是她熟悉却也疑惑的郊区的景观，揭示了郊区的魅力和冲击。不过与其他郊区批评者相比，海登并不认可郊区是没有生气、没有地方特性的无名之地(孔斯特勒[Kunstler],1993年);在她看来,这些观点完全忽视了郊区中女性的工作、生活和社区。而将女权主义视角用于观察地方,离不开对日常繁复生活的考虑,更离不开对千百万美国人生活的平凡的景观的考虑。

对日常生活场所的兴趣促使海登在1984年发起了场所权力(Power of Place)研究。她的研究对象虽然是洛杉矶的多元、蔓延和后现代景观,但不同的是将性别和族裔的视角融入城市公共空间。1995年出版的《场所的权力》(*The Power of Place*)是实践调研的结果,探索了对城市空间进行社会史研究的必要性,也揭示了与作为研究对象的社区进行多种合作以发掘、保护和表达边缘化和少数群体之历史是何等的艰难。

1997年,海登离开加州大学洛杉矶分校后加盟耶鲁大学。在耶鲁期间,海登于2003年出版了第二部关于郊区的著作《建造郊区家园》(*Building Suburbia*),为读者展示了郊区的七种不同形态,进一步理清了美国景观的历史独特性和空间特征,揭示了"美国景观的许诺、迷梦与幻想"(第3页)。她指出,要想解决郊区的问题并得出进步性的解决方案,有必要了解关于郊区的历史记忆。后来,海登又出版了几部探讨解决郊区问题的著作,比如2004年的图片集《蔓延实地研究指南》(*A Field Guide to Sprawl*),以及同年出版的诗集《美国庭院》(*American Yard*)。这些作品体现了她将现场调查、多种知识生产形态以及理论和实践相结合的能力。

125

核心理念

海登研究的最重要之处在于,她将在美国乃至全球建成环境中被视作理所应当的方法和体系进行了反思和解构,其中最重要的是她对城市形态与社会之关系的持续不断的探讨,特别是城市建成环境与性别不平等之间的关系,由此,海登发掘了女权主义组织、社会主义规划以及女性和少数族裔的城市场域等以往被忽略的历史。通过对家庭、城市、性别、不平等和场所进行新研究,海登告诉我们,要理解女权主义的变迁离不开颠覆性的反思我们创造出来的场所(艾克勒[Eichler],1995年)。

海登认为,郊区意味着女性争取在城市和工作中享有平等权利的诉求最终失败了,因为郊区生活彻底瓦解了女权主义者早期所获得的权益。她在1980年发表的论文《无性别城市会是什么样子?》(What would a non-sexist city be like?)和 1982 年的专著《伟大的家庭革命》表达了上述观点,并重新激活了关于劳动之性别分工的讨论。海登否定了女性在家庭生活中的从属地位,也拒绝女性应当局限在家中的观点,而是通过 19 世纪唯物主义女权主义者的作品来解释性别不平等在空间中的投射。她们认为,家务劳动和儿童护理应当社会化并被整合入新的空间组织中,以便将女性解放出来进入工作,在权利和知识上获得与男性平等的地位。海登提醒我们,唯物主义女权主义者关注了家内和公共两个领域,关注了家务经济和政治经济两个方面,以此来摆脱传统研究中家内和公共领域的分离。

但她们这些革命性的目标和规划最终结果如何呢?海登认为,唯物主义女权主义者忽视了女性内部的种族和阶级差别,这成为其最终失败的种子,但真正使其失败的是低密度郊区中独户住房的兴起。在郊区的独户住房中,女性被限定为家务劳动者和消费者,而郊区的建成环境则越发适应女性的这一角色;因此,唯物主义女权主义者的理性、规划和激进观点,包括家务劳动获得收入、共有厨房、女性控制市政权力、为单身女工提供公寓,最终都失败了(伯奇,1985 年)。

随着海登对郊区的研究渐趋深入,性别仍旧是她的研究焦点。到 20 世纪 80 年代,进步主义思想家、规划师和环境主义者们从反蔓延的角度出发对郊区展开了批判(杰克逊[Jackson],1985 年;佩里[Perin],1977 年)。但在 2002 年版的《重绘美国梦》中,海登指出上述批判中忽视了女性的视角,而美国人在理念上以及通过政策导向推动住房是个人天堂的观念。这一观念形成于二战以后,住房政策的潜台词是,男性工作,女性顾家。海登发掘了被人忽视的历史,在《建造郊区家园》一书中,海登通过将郊区按照塑造景观的不同路径分为七个类型进一步深化了对郊区的研究。尽管郊区景观在发展变迁,但传统性别角色和家庭构成却没有改变。

值得一提的是,海登并未将郊区视作城市史研究的次要部分或是城市研究大餐中的配菜。相反她告诉我们,郊区和城市以及它们所构建的社会关系始终处在互动之中。由此,海登有力地揭示了设计和住房政策中的女性主义视角,以及将女性主义与郊区相联结的必要性。

《场所的权力》推进了海登的研究,使其在关注那些被忽视和次等历史的基础上,提出了具有社会包容性和集体性的景观史研究,将那些易于被人忽视的场所纳入研究视野——建筑学往往不涉及社会和政治议题,而社会史则常常忽略空间和设计（安格里斯特［Agrest］等，1996 年）。不过海登认为，建筑和社会都是美国城市的中心议题，而在对地标建筑及其保护的历史研究中，性别和族裔却往往不见其踪，因此呼吁通过公共史学、保护和设计来处理城市建成环境中的身份政治（参见本书关于 M. 克里斯蒂娜·博耶的介绍）。重要的是，这意味着要将场所作为公共史学的研究对象，离不开对斗争、生存、奴隶制、剥削和劳工史的关注。关于场所制造的传统观点强调民族荣耀、审美和消费场所等积极因素，海登的观点与之相反。《场所的权力》描述了保护项目的合作过程，指出这些项目需要新的研究路径，需要跨越差异的新联结（参见本书关于内斯特·加西亚·坎克里尼的介绍）。

对城市研究的贡献

四十五年来，海登是美国郊区研究领域的顶尖学者之一，她强调妇女史之于城市史的重要性，指出要研究美国住房、城市和郊区离不开那些塑造这些景观的社会力量。当代女权主义者批评城市开发、蔓延和设计忽视了女性，在交通、邻里设计和区划中没有考虑女性的需求，而海登的研究则为其批评奠定了学术基础。如果没有她，很难想象女权主义者会对女性住房设计（维克勒，1988 年）、绅士化（邦迪［Bondi］，1998 年）、建筑（博伊斯［Boys］，1998 年）、高级公寓（克恩，2010 年）和区域规划（贾维斯，2007 年）展开研究。

海登的研究对建筑师、规划师、城市设计师、决策者、学者和社会活动家都有所助益。她不满足只批评过去，而是望向城市的未来。她提出的一种方法是保护旧郊区而不是建设新郊区来容纳不断增长的人口。她设想了一系列方法来重建家庭空间以便满足不同的需求和欲望如为私人拥有住房的社区服务，以及关于公共住房的新路径。住房不仅是建筑问题，也是家庭生活和付费工作的问题。海登研究的中心，是主张女性有权占有城市，而这一权利必须是一种牢固可靠的政治权利。解决全国的住房需求需要经济方案，也离不开空间和社会干预，而要实现这一目标，有赖于公众意识到改变的重要性。女性必须参与进来并成为有组织的力量。

女权主义者的失败也是海登关注的焦点。在她看来，忽视空间是当代女权主义者失败的重要原因，围绕家务劳动的争议已经有一百年了，但现有设计仍然倾向于将家务和照护工作私有化。

　　同时海登告诉我们，唯物主义女权主义者并不总是明白全体女性解放的必要性，"只有超越阶级和种族的分野，女权主义才有足够的力量结束无偿劳动对女性的剥削"（海登，1982 年，第 300 页）。实际上，海登这也是在批评自己的研究，即在美国郊区化的研究中重视女性的同时，却忽视了阶级、性别尤其是种族。尽管海登在很多方面（例如住房抵押贷款中的种族歧视）注意到了这些因素，但没有特别关注被剥夺、被迁离和被替代的过程。因此，要想借鉴海登等人的观点来描绘未来的城市和郊区，也离不开借鉴去殖民化、酷儿和反种族主义等理论。

参考文献

Agrest, D. , Conway, P. and Weisman, L. K. （1996）*The Sex of Architecture*. New York：Harry N. Abrams.

Birch, E. L. （1985）*The Unsheltered Woman：Women and Housing in the* 1980s. New Brunswick, NJ：Center for Urban Policy Research.

Bondi, L. （1998）"Gender, class, and urban space：Public and private space in contemporary urban landscapes", *Urban Geography*, 19(2)：160 – 185.

Boys, J. （1998）"Beyond maps and metaphors? Re-thinking the relationships between architecture and gender", in R. Ainley（ed.）*New Frontiers of Space，Bodies and Gender*. London：Routledge, pp. 203 – 217.

Eichler, M. （ed.）（1995）*Change of Plans：Towards a Non-Sexist Sustainable City*. Toronto：Garamond Press.

Fishman, R. （1987）*Bourgeois Utopias：The Rise and Fall of Suburbia*. New York：Basic Books.

Hayden, D. （1977）"Skyscraper seduction, skyscraper rape", *Heresies*, 1(2)：108 –115.

Hayden, D. （1979）*Seven American Utopias：The Architecture of Communitarian Socialism，1790 –1975*. Cambridge, MA：MIT Press.

Hayden, D. （2004a）*A Field Guide to Sprawl*. New York：W. W. Norton.

Hayden, D. （2004b）*American Yard*. New York：David Robert Books.

Jackson, K. T. （1985）*Crabgrass Frontier：The Suburbanization of the United States*. New York：Oxford University Press.

Jarvis, H. （2007）"Home-truths about care-less competitiveness", *International Journal of Urban Regional Research*, 31(1)：207 – 214.

Kern, L. (2010) *Sex and the Revitalized City: Gender, Condominium Development, and Urban Citizenship*. Vancouver: University of British Columbia Press.

Kunstler, J. H. (1993) *The Geography of Nowhere: The Rise and Decline of America's Man-Made Landscape*. New York: Free Press.

Perin, C. (1977) *Everything in its Place: Social Order and Land Use in America*. Princeton, NJ: Princeton University Press.

Wekerle, G. R. (1984) "A woman's place is in the city", *Antipode*, 16(3): 11 – 19.

Wekerle, G. R. (1988) *Women's Housing Projects in Eight Canadian Cities*. Ottawa: Canadian Mortgage and Housing Corporation.

简·雅各布斯

JANE JACOBS

奥莉·莫尔德　伦敦大学皇家霍洛威学院

(Oli Mould, Royal Holloway, University of London)

129　**代表作**

Jacobs, J. (1961) *The Death and Life of Great American Cities*. New York: Random House.

Jacobs, J. (1969) *The Economy of Cities*. New York: Vintage.

Jacobs, J. (1984) *Cities and the Wealth of Nations*. New York: Random House.

导言

　　简·雅各布斯(婚前名为简·布茨纳[Jane Butzner])是 20 世纪最有影响力的城市思想家之一,1961 年她的代表作《美国大城市的死与生》(*The Death and Life of Great American Cities*)出版,该书被视作城市规划领域最为重要的文本之一,对于研究者和活动家都不啻为指南性作品。作为思想家,雅各布斯最大的贡献在于提出了城市街头日复一日发生的社会、文化和经济生活的重要性,批评破坏性的规划威胁了城市生活的活力。在她看来,城市生活的多样性是经济发展与文化繁荣的基础;终其一生,雅各布斯不断发表论著捍卫这一观点,也不惜亲自投身街头抗议。

　　在同时代主流城市思想家和管理者看来,雅各布斯只是一个总也不入流的门外汉,时常被专家们抨击甚至嘲讽,将她看作美国城市尤其是纽约市这个大蛋糕上的小苍蝇。但随着时间的推移以及雅各布斯对传统城市规划持续不断的批判,她的观点逐渐被人所接受。雅各布斯告诉读者,在纽约的日常生活中社会、政治和经济生活充满活力,通过这样的方式她最终改变了这座世界最大城市,这也启发了一代一般城市居民反抗"自上而下"的城市开发模式。因此,即便在 2006 年她去世后,在城市大规模变迁中保护社区成为她的遗产并进入城市研究领域,也使她成为我们时代最值得尊敬的城市学家之一。

学术经历与研究重点

简·雅各布斯 1916 年生于宾夕法尼亚州斯克拉顿(Scranton),19 岁时迁往纽约市,并开始为多家报刊撰稿,随后又为美国战争信息办公室(Office for War Information)和俄语杂志 *Amerika* 工作。1952 年,雅各布斯受雇于《建筑论坛》(*Architectural Forum*)杂志,并在几年后访问费城一处受勒柯布西耶①影响的住房工程时开始了她对此类大型城市规划项目的质疑。雅各布斯称之为"冷酷糟糕"(古德伯格[Goldberger],2006 年),并成为自上而下的城市规划模式的坚定反对者,开始批评那些更为传统、广为接纳的城市观念。尽管她将攻击的矛头指向了纽约政治精英,但她的研究实际上得到了洛克菲勒基金会(Rockefeller Foundation)的大力支持,正因为这样,才有了她影响深远的代表作《美国大城市的死与生》。该书追溯了城市发展的历史,认为当代城市的社会生活已经被大规模的现代主义建筑(例如她在该书第 18 页描述了埃比尼泽·霍华德的田园城市运动)所摧毁。该书的观点主要来自她对自己居住社区的观察,也就是纽约市格林威治村(Greenwich Village)的哈德逊街(Hudson Street)555 号。她用细致的笔调详细描绘了"街边的芭蕾",包括本地餐馆和儿童、领救济金的人和商店员工,指出这些互动交往才是城市生活之多样性和活力的基础。雅各布斯借鉴数学家沃伦·韦弗(Warren Weaver)的"有组织复杂性"(Organized Complexity)理论,将城市视作"有机体"(Organism),将当代城市视作一个复杂的、具有适应性的应急系统(参见本书关于迈克尔·巴蒂、阿什·阿明的介绍)。《美国大城市的死与生》中充满了对城市生活的科学和生物学隐喻,这些隐喻也被用来指责城市规划学——当然这些批评和指责在全美各地遭到城市官员的愤怒回应。尽管如此,该书依然

130

---

① 勒柯布西耶(Le Corbusier),现代主义建筑的奠基人之一。——译者注

风靡纽约,而雅各布斯也开始越发活跃地反对纽约的规划体系尤其是城市的规划总监罗伯特·摩西(Robert Moses)。

二人矛盾的焦点在于摩西的高速公路计划——他计划修建一条穿越下曼哈顿的多车道高速公路,雅各布斯居住的格林威治村也在拆除之列。如果这条公路如期开工,意味着许多家庭另寻住所,许多社区夷为平地,成千上万间小店铺只得关门歇业。在当时那个机动车统治城市尤其是不断蔓延的美国大都市区的时代,修建这条高速公路被视作纽约城市开发的必需之举;但华盛顿广场公园将片甲不存,而被雅各布斯视作纽约乃至美国城市之核心的社区也将被连根拔起。因此,雅各布斯呼吁更多的人与她一道抗议,担任多个社区委员会的主席并发布小册子以阻挠摩西的计划。纽约在 20 世纪 60 年代多次试图修建这条高速公路,但每次都因为以雅各布斯为首的抗议而以失败告终。1968 年雅各布斯甚至因此一度被捕,该事件成为美国学者格兰茨(Gratz)2010年的专著《为哥谭而战》(*Battle for Gotham*)一书的最后一章,同时也彻底宣告高速公路计划的破产。

不过,与纽约市的长期斗争也使得雅各布斯身心俱疲,最终举家迁往加拿大多伦多。在这里,她继续自己的写作生涯,并于 1969 年出版第二部专著《城市经济》(*The Economy of Cities*),该书被视作探讨集聚、多元性和社会混合对城市经济之关键作用的基础性文本,形成了对今天的城市开发具有重大影响的理论。她后来的著作,包括 1984 年的《城市与国家财富》(*Cities and the Wealth of Nations*)、读者相对陌生的 1992 年出版的《生存体系》(*Systems of Survival*)和 2000 年的《经济学的属性》(*The Nature of Economies*)关注的都是经济、社会与城市生活的复杂性,以及国家如何压制了城市生活的活力。2006 年雅各布斯在多伦多逝世,而她的作品不仅影响美国,也影响了全世界。

核心理念

雅各布斯的研究和写作始终游离在学术世界之外,但这并不意味着她的观点与种种城市理论和争论无关。她的著作信息丰富、研究透彻,为当代许多关于城市的概念奠定了基础。她的多部著作有着共同的主题和清晰的逻辑,无不将人类的才能置于进步和社会变革的核心位置,而"宏大"的制度性权力往往扮演着拦路石的角色。在《美国大城市的死与生》即她的首部也是影响最大的著作中,雅各布斯运用大量实证性的细节论证了这一观点,并在后来的《城市经济》和《城市与国家财富》等著作中从理论上做了升华。通过将视野放在街头、城市和国家三个不同层面,我们可以详细了解她的观点。

雅各布斯认为,街道(Streets)和人行道(Sidewalks)是一个城市最有活力的器官,但"教条的城市规划"包括埃比尼泽·霍华德的田园城市和勒柯布西耶的镭射城(Radiant City)等却将摧毁这些器官。与这些破坏人性的规划相比,让街道适得其所才是她的理念根基。因此在《美国大城市的死与生》中,雅各布斯运用了自己和朋友的生活经验来展示街道如何成为构建城市生活的中心环节。她列出了一系列使街道保持活力的条件以及保持经济繁荣的前提——不同风格和建造年代的建筑同生共存(她呼吁对老旧建筑进行保护和再利用),一定密度和多样性的人口(年龄、种族、阶级等方面的多样化)和小规模的街区(也就是当代城市学家所说的步行可达性[Walkability])。一句话,雅各布斯将街道视作城市的"血脉",而街道始终是城市的一部分也说明,人们在街道上活动感到自由和安全,街道上人群的眼睛构成了天然的监控,"好的城市里,人行道上的芭蕾在每个地方都有所不同,在任何新的地方总是会有即兴表演出现"(雅各布斯,1961年,第50页)。在她看来,大型的现代主义建筑破坏了街道生活,因此也破坏了城市社会与经济的活力(参见本书关于凯文·林奇的介绍)。

街道上精妙的"芭蕾"从微观层面揭示了为什么城市对人类的发展是至关重要的。它们在巨大的空间内鼓励交流和创新,这一巨大空间是其他任何人类聚居点所不可比拟的,因此城市堪称人类最伟大的创造物。在《城市经济》一书中她再度强调了这一观点,但乍看起来却有违日常经验,因此也引起不小的争议。雅各布斯指出,城市不是人类定居模式进化的终点,它们不是农业和农耕社会之后的产物,而是在农业之前就已出现,在讨论古代城市加泰土丘(Catal Hoyuk)时她写道:

132

> 新时期时代最重要的发明,如果你愿意的话也可以说事件,不是农业的产生。实际上,可持续的、相互依存的、创新型的城市经济使得新的工作类型,包括农业,成为可能。(雅各布斯,1969年,第36页)

这一新观点的依据在于,加泰土丘的考古发现证明,这里的农业服务于快速增长的人口；从乡村到城镇再到城市的发展在这里并未出现。这里有艺术品和手工产品，有食物储存和工作创造，这对雅各布斯来说意味着城市首先出现并推动农业腹地的形成。她把传统的认为农业优先的观点视作教条之论（雅各布斯，1969 年，第 35 页），与当时的主流史学和考古学观点不同，运用新的资料突出了城市在历史与社会科学中的重要性。

雅各布斯通过研究历史，凸显了城市在所有经济生产活动中（农业只是其中之一）的推动作用，并将其视作一种独特的增长方式，能够快速推动国家的发展（而她认为政府的所作所为却会阻挠城市的"自然增长"）。在《城市经济》和《城市与国家财富》中，雅各布斯通过丰富的资料研究了纽约等几个城市的"爆炸式增长"后指出，其发展有赖于多样化生产和工业基础等历史条件，但更重要的在于"进口替代"（Import Replacement），即城市开始生产原本需要进口的产品。《城市经济》的第五章题目就是"爆炸式增长"（Explosive City Growth），在本章中雅各布斯分析了 19 世纪的东京。当时的东京进口自行车，但随着该城开始维修、保养和生产自行车，它便不再进口——生产替代进口，创造了以前不存在的新工作机会和劳动方式，这被雅各布斯称作"新工作"。进口替代使得资本可以进口其他产品，继而新产品又会被生产所替代。这一从进口到自主生产的循环使城市经济多元化，并实现了爆炸式增长而非仅仅是部分工业部门的线性增长。在一国范围内，这样的增长会从一个城市扩散到另一个城市或区域，因此城市才是国家发展的发动机——而以往的经济理论往往将民族国家视作经济发展的基本地理单位。

这些关于经济发展和集聚活力的观点有其说服力（参见本书关于迈克尔·斯托普的介绍），但雅各布斯坚信，少了有活力的街头生活，城市不可能实现超常规发展。因此，从街道、城市和国家这三个等级入手可以了解雅各布斯关于城市蕴含之巨大能量的基本观点。在她看来，无论是理论上还是实证中，城市将人口聚合并创造新的社会和经济生活方式的路径才是最重要的。

对城市研究的贡献

雅各布斯的研究之于当代城市研究的重要性毋庸置疑，尤其是在《美国大城市的死与生》中表达的观点，更是对于城市研究和规划产生了巨大影响。尽管最初不受规划精英和城市学家认可，但时间站在了雅各布斯这一边——如今,她的观点已经改变了城市规划。随着现代主义规划弊端尽显,随着越来越多的社会问题图穷匕见,规划者们开始认真考虑雅各布斯的观点,也开始将街头生活视作城市的血脉根本。例如,20 世纪 80 年代以来在美国兴起的新城市主义运动(New Urbanism Movement)深受雅各布斯影响,主张在郊区建造村庄式的、混合利用的小型中心,居民步行上班,每天都在社区内外纵横交叉的路上走过。新城市主义第一次实践也是新城市主义的典型城市,那是佛罗里达州的海滨城(Seaside),这座气质独特的小镇因拍摄 1998 年的电影《楚门的世界》(*The Truman Show*)而闻名。但新城市主义规划却被指责违背了雅各布斯的核心理念,结果导致城市景观缺乏美感,并且更重视私人开发而非公共空间。此外,雅各布斯关于"盯着街头的眼睛"(Eyes on the Street)的理论对城市监控研究同样影响深远,尤其启发了奥斯卡·纽曼(Oscar Newman)的"防卫空间理论"(Defensible Space Theory);也对城市居住区的设计产生了巨大影响——但这样的社区最终也引起了对过度监控的批评,并导致了门禁社区的出现。

"创新性"(Creativity),经由城市学者理查德·佛罗里达 2002 年的著作《创意阶层的崛起》(*The Rise of Creative Class*)广受认可,可以说也来自雅各布斯。佛罗里达自称受到雅各布斯关于街道和多元城市经济理论的影响。创意阶层理论使许多学者批评道,城市以高度绅士化为代价来追求乌托邦式的田园牧歌生活。而佛罗里达本人也常常使用雅各布斯的理论来论证多元的、有宽容的街道生活将产生繁荣。但也有评论者认为,如果城市完全实践这些理论,其结果将是高涨的地租和现有社区被破坏。也有城市学者如爱德华·格莱泽和迈克尔·斯托普在借鉴雅各布斯理论时有所保留,但往往相信城市的创新性来自居民在"人居层面"(Human Scale)例如街道上的交往互动。无论孰是孰非,城市规划界对雅各布斯的认可引起了城市形态,尤其是美国城市形态的巨大变革——社区和街道层面的参与是其核心,但也带来了无家可归、绅士化和社会不平等等问题。

参考文献

Florida, R. (2002) *The Rise of the Creative Class: How It's Transforming Work,* 134
　　Leisure, Community and Everyday Life. New York: Basic Books.
Glaeser, E. (2011) *The Triumph of the City*. New York: Penguin Press.

Goldberger，P. （2006）"Uncommon sense：Remebering Jane Jacobs，who wrote the 20ᵗʰ century's most influential book about cities"，*The American Scholar*. Available at：https：//theamericanscholar. org/uncommon-sense/♯. VYkSAFVViko （accessed 23 June 2015）.

Gratz，R. （2010）*The Battle for Gotham：New York in the Shadow of Robert Moses and Jane Jacobs*. New York：Nation Books.

Jacobs，J. （1992）*Systems of Survival：A Dialogue on the Moral Foundations of Commerce and Politics*. New York：Random House.

Jacobs，J. （2000）*The Nature of Economies*. New York：Random House.

Jacobs，J. （2004）*Dark Days Ahead*. New York：Random House.

Weaver，W. （1958）"The encouragement of science"，*Scientific American*，199：170 -179.

珍妮·M.雅各布斯
JANE M. JACOBS

瑞恩·森特纳　伦敦政治经济学院

(Ryan Centner，The London School of Economics and Political Science)

代表作　　　　　　　　　　　　　　　　　　　　　135

Jacobs，J. M.（1996）*Edge of Empire：Postcolonialism and the City*. London：Routledge.

Fincher，R. and Jacobs，J. M.（eds）(1998) *Cities of Difference*. New York：Guilford Press.

Jacobs，J. M.（2006）"A geography of big things"，*Cultural Geographies*，13(1)：1-27.

Jacobs，J. M.（2012a）"Comparing comparative urbanisms"，*Urban Geography*，33(6)：904-914.

Cairns，S. and Jacobs，J.M.（2014）*Buildings Must Die：A Perverse View of Architecture*. Cambridge，MA：MIT Press.

导言

　　珍妮·M.雅各布斯是澳大利亚文化地理学家,研究城市、建成环境和文化遗产景观,关注文化及其差异性在城市中的表现,尤其试图控制或重塑其表现的较量和斗争;此外,她也研究城市比较的逻辑和政治。雅各布斯研究了城市土著群体、移民和主导群体并做了理论升华,综合运用了后殖民主义、女性主义、行动者网络和建筑学等不同方法。她的科研工作几乎遍及全球,相应地,其作品也涉及澳大利亚、英国、北非和东南亚等不同地区;但雅各布斯的研究核心始终没有改变，即不同语境中文化遗产的政治。对她来说，文化遗产涵盖一切与该文化之构造相关的物品和场所，这一宽泛而开放的定义使她参与到各种围绕文化与空间的争论中，不管这种文化与空间的交织是在固定的建成环境中，还是在日常生活的流动里。

目前，珍妮·M. 雅各布斯是新加坡耶鲁—新加坡国立学院（Yale-NUS College）的城市研究学教授，兼社会科学系主任。尽管名字相近，她与前文介绍的简·雅各布斯（Jane Jacobs）毫无关系，不过她也承认，这个大众化的名字会促使她更为批判地思考符号、模糊性与差异。

学术经历与研究重点

136　　　　雅各布斯 1958 年生于澳大利亚南部乡村地区，并在阿德莱德大学（University of Adelaide）先后获得地理学学士和硕士学位，其硕士论文研究了澳大利亚南部奥古斯塔港（Port Augusta）土著群体在争取土地使用权中的斗争策略（雅各布斯，1983 年），直到今天，该文仍是研究澳大利亚土著居民实现权力的斗争方式的重要参考。随后，她参与到政府资助的"游客与国家遗产"（Tourists and the National Estate）研究项目中，调查澳大利亚全国各地的土著文化遗址，从两个方面突出了旅游业对文化的影响——作为物理空间的文化遗址和作为象征与符号的文化遗址。这项早期工作启发了她对在地化文化之使用竞争的持久关注。

雅各布斯在伦敦大学学院获得地理学博士学位，研究了伦敦两个地区再开发过程中的文化政治——一个是银行与金融企业集聚区，另一个是以孟加拉移民为主的社区。1990 年，雅各布斯返回澳大利亚，并进入墨尔本大学地理系。这段在澳大利亚和英国的求学经历也催生了她最广为引用的专著，即出版于 1996 年的《帝国的边缘：后殖民主义与城市》（*Edge of Empire：Postcolonialism and the City*）。该书探讨了大英帝国对今天城市中围绕空间与表现的文化斗争，征引的案例来自英澳两国。在此之后，虽然雅各布斯通过与他人合作以及进行跨学科研究继续自己的地理学之旅（戈尔德[Gelder]和雅各布斯，1998 年），但她的关注焦点始终没有离开土地和文化遗产。2002 年她前往爱丁堡大学（University of Edinburgh）后才开始关注构造/拆解建成环境的实践和背后的政治，包括与自己的丈夫、建筑师斯蒂芬·凯恩斯（Stephen

Cairns)合作在苏格兰进行的一系列与自己学科有关或无关的田野调查。

2012 年,雅各布斯应邀前往耶鲁大学与新加坡国立大学联合成立的耶鲁—新加坡国立学院主持社会科学专业的构建,在这里,她继续研究城市比较的逻辑,并深化了对建成环境的理解。

核心理念

雅各布斯将帝国遗产这一学术话题引入城市研究,强调历史上对文化和场所的争论一直延续到今天。通过关注大英帝国留下的复杂而多变的历史遗产,尤其是《帝国的遗产》中的探讨,她为我们提供了将帝国蔓延至今而又不均衡的影响应用到后殖民城市的研究方法。因此,宗教、地缘政治要素等与权力相关的帝国遗产,当不同的群体运用它们来改变城市时,也将呈现不同的面向。这一方法开启了发展研究的新视野,也为土著居民、前殖民者和移民等不同群体参与再开发过程提供了工具,尤其是当他们在后帝国时代的城市中争夺土地等资源的时候。结果,他们对何为权威的理解并不相同,也导致了对何为正义的不同认识(参见本书关于马里亚纳·瓦尔夫德的介绍)。这其中的关键在于"真理"的冲突,也就是他们在何为权力、孰优孰劣、何为价值等基本理念上的不同理解,在城市里,他们想当然地按照他们对这些理念的理解活动。

雅各布斯对后帝国时代的研究侧重地产和礼仪,她对城市的关注依然如此(雅各布斯,2012 年 c),强调更有权势(往往也更富有)阶层在迁就土著居民或边缘群体时往往表现出复杂化的政治,这些迁就总会遮蔽边缘群体眼中关于文化遗产和场所的"真理",将它们简化为与该文化遗产和场所有关的图片,并成为文化商品的一部分,使其不再是文化遗产。为了防止这一结果的出现,边缘群体或是直接抗议,或是采取场所营造(Place-Making)的方法。在雅各布斯看来,这正是城市尤其是帝国难以驾驭的一面——尽管帝国的典型特征是制订秩序和维持秩序;在这里也孕育着边缘反抗和后殖民主义运动的可能性。坦白地说,尽管可能性并不大,但总会在城市开发和营销中催生关于帝国的乡愁。

围绕城市中帝国遗产的讨论促使雅各布斯反思不同层级的城市中的文化差别。现有研究或是中立化城市间的差异和城市中的不平等,或是将这种差异和不平等简化为阶级的结果(芬克尔[Fincher]和雅各布斯,1998 年;雅各布

137

斯,1993 年）；而雅各布斯则试图创造新的分析工具,并在阿德里尼·里奇
(Adrienne Rich)和多里恩·马西(Doreen Massey)以及杰拉尔德林·普拉特
(Geraldine Pratt)影响下提出了基于女性主义与地理学的概念"在地化的差异
政治"(Located Politics of Difference),旨在揭示城市中多样而又相互交织的
社会差别。在《充满差异的城市》中,芬克尔和雅各布斯凸显了城市中的差异
是如何被操控的,而这些操控深深植根于城市社会之中且变化多端,本身也是
政治的一部分。这一观念突破了由空间入手理解差异的传统思路,也突破了
分析城市不同地域内部状况和地域之间相互关系的固有路径,试图抓住导致
差异和将差异与空间相联结的政治。

　　雅各布斯关于后殖民主义、差异和城市的研究促使她质疑城市比较研究
这一方法本身,并提出了比较城市研究的新思路。在此,她借鉴了德勒兹的城
市比较模型,即强调倍数(Multiple)的方法;例如,并非用 n＝1 这样的个案研
究作为原型,而是强调 n－1 的差异(雅各布斯,2012 年 a,第 906 页)。这一原
则强调的是突破传统城市比较的局限,即仅依靠少数几个典型城市——如芝
加哥、巴黎、洛杉矶和纽约——便得出所谓一般性认识。

　　雅各布斯主张"使用倍数即更多城市、非少数典型城市和一般城市,这种
倍数不是做加法(即在提出一般性理论时多用几个个案),而是做减法(比较城
市的差异来预测未来的发展趋向)"(雅各布斯,2012 年 a,第 906 页)。这一新
方法不仅是要综合理解"倍数",而且要通过比较城市研究并在比较城市研究
过程中,在研究议程和再现政治之间做出平衡,"对于那些相对中心和腹地而
建构主观性的人或场所,找到合适的条件来理解是核心任务"(雅各布斯,
2012a,第 909 页)。因此,雅各布斯将城市之间的差异视作理解城市的钥匙。

　　对差异形成、在地化及其结果的关注促使雅各布斯关注差异本身,即差异
政治对建筑的建设与拆除的影响。她在爱丁堡期间,与其他学者合作共同研
究了格拉斯哥的红色之路综合体(Red Road Complex),这是国家资助下建成
的住房社区。在此期间,她利用几次前往新加坡的机会考察了公屋这一到 20
世纪末已容纳大多数新加坡的人住房建筑(雅各布斯和凯恩斯,2008 年)。这
些大不相同的建筑提供了绝佳的比较范例,显示了"国家资助的现代主义高层
住房"如何在不同的空间和环境中变得大相径庭(雅各布斯,2006 年,第 3
页):格拉斯哥红色之路综合体饱受诽谤,以失败告终;新加坡公屋却推动国
家实现了现代化。雅各布斯告诉我们,在格拉斯哥和新加坡,建筑、建设和管

制背后不同的政治机制极大影响了这些工程的物质构成,也形成了不同的生活经验以及大众对这些工程的印象,包括强力机构对待它们的态度——通过借鉴布鲁诺·拉图尔的行动者网络理论,雅各布斯揭示了建筑与物质和非物质等各种因素的互动,她是城市研究领域中较早运用组合视角的学者(法利阿斯[Farias]和本德[Bender],2012 年;麦克法兰,2011 年)。

除了探讨建筑的建成,雅各布斯还探讨了建筑的拆除,这在格拉斯哥红色之路综合体的研究中最为明显,该项目先是部分被拆除,最终彻底被夷为平地。这也是雅各布斯近来研究重点的发端,即场所尤其是城市建筑的拆解。2014 年,她与凯恩斯合著的《建筑必须死:关于建筑的颠覆性观点》(*Buildings Must Die: A Perverse View of Architecture*)出版,该书从历史角度出发探讨了作为学科的建筑学如何思考建筑物,并选取了欧亚不同地区的案例,分析建筑物或建筑综合体最终被拆除的过程。她从分析方法和概念两个角度突破了将建筑视作一个领域的偏执,即建筑师们往往关注建造的过程和建筑物的完工,但对建筑的拆除则并不在意。凯恩斯和雅各布斯认为,建筑学旨在培养建筑师的创造力,注重的是建筑作品的持久性,建筑师首先考虑的是其设计方案是否足够好,以及他们的产品是否能永远存在。同时两位作者认为,城市社会科学家们相信城市部分地区建成环境之所以被拆除(例如城市更新运动[Urban Renewal])是因为产生了不好的社会影响,因此自己的责任就是保护其免遭拆除;从这个角度出发,建筑被拆除也是不容忽视的城市现象,但拆除建筑物往往被不假思索地指责为错误。凯恩斯和雅各布斯建议在城市中预留空间,使这里的建筑可以被合理正常地拆除,并分析城市死亡的自然流程。通过跨学科的分析方法,两位作者旨在将建筑的拆解理解为政治进程(类似雅各布斯此前的著作),同时探讨技术包括特定材料的使用寿命和某些建筑方法的效果对政治的影响。概而言之,这一"颠覆性观点"认为,我们必须理解空间拆解如何以及为何发生,同时将其纳入规划过程,这种拆解与"死亡"表达出了城市构造中的"生态地平线"(Ecological Horizons),摆脱建筑永存观念的约束。

对城市研究的贡献

在其宽泛的研究领域中,雅各布斯对城市研究的贡献主要体现在两个方

139

面。首先,她是后殖民主义与城市研究中最杰出的学者之一,创造性地研究了帝国遗产,超越了关注位于前殖民地而如今被土著居民管理的城市的典型思路,她用后殖民主义方法研究以白人定居者为主的城市以及宗主国大都会。这使得她可以分析城市内部的斗争,以及那些在帝国遗产中或主动或被动卷入的不同群体——既包括富有的伦敦银行家和开发商,也包括英国的贫困孟加拉移民。她没有用教条的比较方法,而是关注超越地点的联系以及地点的易变性——即不同意义中的边缘,这也使她在《帝国边缘》出版后卷入一系列争论中。她的研究启发了对后殖民主义城市的广泛关注,为后来对英帝国和其他帝国的探讨提供了借鉴。

其次,雅各布斯对城市比较研究的思考也促使她深入城市地理学和城市社会学的多个不同领域。通过借鉴"倍数"的方法进行研究以理解结构性的差异,雅各布斯打破了只能比较表面现象的传统方法。

参考文献

Anderson, K. and Jacobs, J. M. (1997) "From urban aborigines to aboriginality and the city: One path through the history of Australia cultural geography", *Austrialian Geographical Studies*, 35(1): 12 - 22.

Farias, I. and Bender, T. (eds) (2012) *Urban Assemblages: How Actor-Network Theory Changes Urban Studies*. London: Routledge.

Gale, F. and Jacobs, J. M. (1987) *Tourists and the National Estate: Procedures to Protect Australia's Heritage*. Canberra: Australian Heritage Commission.

Gelder, K. and Jacobs, J. M. (1998) *Uncanny Australia: Sacredness and Identity in a Postcolonial Nation*. Melbourne: Melbourne University Press.

Jacobs, J. M. (1983) *Aboriginal Land Rights in Port Augusta*. MA dissertation, Department of Geography, University of Adelaide.

140 Jacobs, J. M. (1993) "The city unbound: Qualitative approaches to the city", *Urban Studies*, 30(4/5): 827 - 848.

Jacobs, J. M. (2012b) "Urban geographies I: Still thinking cities relationally", *Progress in Human Geography*, 36(3): 412 - 422.

Jacobs, J. M. (2012c) "Property and propriety: (Re)Making the space of indigeneity in Australian cities", *Postcolonial Studies*, 15(2): 143 - 147.

Jacobs, J. M. and Cairns, S. (2008) "The modern touch: Interior design and modernisation in post-independence Singapore", *Environment and Planning A*, 40(3): 572 – 595.

Jacobs, J. M. and Merriman, P. (2011) "Practising architectures", *Social and Culutral Geography*, 12(3): 211 – 222.

Jacobs, J. M., Cairns, S. and Strebel, I. (2012) "Doing building work: Methods at the interface of geography and architecture", *Geographical Research*, 50(2): 126 – 140.

McFarlane, C. (2011) "The city as assemblage: Dwelling and urban space", *Envrionment and Planning D: Society and Space*, 29(4): 649 – 671.

Rich, A. (1986) "Notes towards a politics of location", *Blood, Bread and Poetry: Selected Prose, 1979 – 1985*. London: Little Brown.

娜塔莉·杰罗米年科
NATALIE JEREMIJENKO

克莱门斯·德莱森　瓦赫宁根大学
(Clemens Driessen，Wageningen University)

141　代表作

Natalie Jeremijenko. Available at：http://nataliejeremijenko. com/portfolio.

Bronx Ooz, project/design series，hosted by Bronx River Arts Center (BRAC)，New York. Available at：www. environmentalhealthclinic. net/ooz/.

The Art of the Eco-Mind Shift. Video on TED. com. October 2009. Available at：www. ted. com/talks/natalie_jenko_the_art_of_the_eco_miroshift.

xDesign project archive. Available at：www. nyu. edu/projects/xdesign/.

导言

　　娜塔莉·杰罗米年科是艺术家、设计师、工程师，也是环境科学家，开发了一系列设备处理自然以及人类与动物的关系。她最著名之举是将工程技术，包括机器人、化学探测器和信息技术，运用到城市生态和环境治理中。借助设计，她创造了新的设备，或是通过营造条件将原本不可见或无形的生态和其他环境进程呈现在人们面前。她是运用数字技术研究人类与动物关系的先驱，开发了一系列项目使人类与蝙蝠、鸭、鱼、树、甲壳虫和鸟类等物种互动。

　　她的经历引起媒体的高度关注，尤其是她在研究城市自然与生态时天马行空般反思和重构了自然/文化、生态/技术、人类/非人类等惯常的两分法，这些两分法塑造了我们的经验，并引导了我们对城市自然的认识。在这一过程中,杰罗米年科关注城市中人类与非人类的健康和福利,并启发我们思考更广阔的、与城市自然和环境健康有关的社会、经济和政策议题。

如今,娜塔莉·杰罗米年科是纽约大学艺术和艺术教育学副教授,同时也参与该校计算机科学系和环境研究项目。　142

学术经历与研究重点

娜塔莉·杰罗米年科在布里斯班的格里菲斯大学(Griffith University)学习生物化学,后进入昆士兰大学(University of Queensland)和斯坦福大学攻读神经科学,最终在昆士兰大学获得计算机与电力工程学博士。在读书之余,杰罗米年科热爱艺术,为她与同仁一起在布里斯班发起的丽维德音乐节(Livid)制作设备(伯格,2006年)。

1994年,杰罗米年科来到施乐公司在帕洛阿尔托的研究中心(PARC)工作,这里在当时是新兴网络和通信技术的创新基地。中心不仅研究网络计算机技术及其影响,也关注创新性、批判性的设计和艺术活动,探索这类活动对于文化、社会性和经验的影响(参见本书关于威廉·米切尔的介绍)。由于很早就接触这一行业,杰罗米年科得以在万维网和社交媒体发端时期就深入了解这一人与环境互动的新模式,体验到这一新社会—技术世界的多重进程。相关技术首先运用到通过线缆将数据传送到跳舞机,以及检测金门大桥上的自杀者并将其与证券市场波动相联系(威尔逊,2002年)。

施乐公司的研究中心汇聚了包括计算机科学家马克·维瑟(Mark Weiser)在内的一众顶尖人物,创造了"普适计算机"(Ubiquitous Computer)的概念,即ICT不再是不同设备的简单集合,而是一个连接世界的整体(维瑟,1996年)。杰罗米年科的工作其实就是今天的物联网(Internet of Things),不仅满足人类的需要,也能满足有机体和生态系统,尤其是城市生态系统的需要。此外她还关注镇静技术,以及与心智和身体相关、副作用小的技术,在此过程中,杰罗米年科不断反思何为"环境",以及人、技术和自然的分离。

杰罗米年科在工作中接触到许多反文化和破坏性的创新,但她没有用硅谷的风险资本家那样的视野来看待这些新技术,相比商业前景,她更关注技术的政治影响力,担心她的研究所产生的后果(达科斯塔[da Costa]和菲利普

[Philip]，2008 年）。1999 年，她将克隆而来的 20 棵基因完全相同的橡树栽种在旧金山湾区的不同地区。这些橡树的成长经历说明，即便基因完全相同，它们也会因为外部环境的差异而产生不同。这项研究成为一个实验室，在这里可以发现外部环境比如富人区和工业区对树木生长的影响。

离开施乐公司的帕洛阿尔托研究中心后，杰罗米年科先后加入多所大学的科学、技术、艺术和传播类学科从事科研/艺术工作。通过与其他学者合作，她发表了许多基于一手调研的著述，推动了公众的环境意识。Howstuffismade.org 是一个研究环境与社会影响的同人网站，这里有她与尤金·萨克尔（Eugene Thacker）合作完成的"创造性生物技术使用手册"（Creative Biotechnology）。很多户外艺术节和科技类博物馆都曾展出了杰罗米年科的设计作品。

核心理念

杰罗米年科的研究既富有诗意，又不乏敏锐，开创了城市环境研究的新方法和新路径。她的多项研究关注了城市社会不公与环境背景之间的关系。在她仍在进行中的"野蛮机器人"项目中，杰罗米年科教授学生和学童将玩具机器狗改装成为探测工业废地有毒土壤的设备。通过举办使用这类"野蛮机器人"的公开活动，她一方面向公众传播此类知识，同时也吸引了更多人参与其中。

杰罗米年科设计了许多设备来促进人与城市中野生动物的交流，这被他称作 OOZ 计划（OOZ 是"动物园"[Zoo]一词的颠倒）。"照顾小鸟"就是其中之一，旨在确保野生鸟类能够与博物馆的游客进行互动。一旦野生鸟触发机关，一段文字就会投射在对面的墙面上：

　　哒哒哒，这是禽流感基因突变为人类流感的声音。你知道该如何让这一变异慢下来吗？那就是保持足够的健康鸟群，增加鸟类的多样性。每个人都很高兴，加入自己健康、开心、吃饱穿暖。那么，你可以让出一点你的营养；也就是，让鸟儿也尝尝你的午餐（伯格，2006 年）。

触发不同的机关，游客会看到迁徙的鸟与不同疾病间的关系，或是被要求和鸟分享自己的食品以保护生物多样性。结果发现，鸟儿最常触动的就是喂食这个;而博物馆的游客们也往往相信文字的介绍,喜欢和动物的互动,乐于将自己的午餐拿出来分享。

其他与野生动物互动的项目并不都是如此感性,但其目的也在于沟通人类和非人类。她的研究正在于探讨人与动物的平等交流会产生怎样的结果,以及共享的物质文化对双方交流的推进作用,同时,她的研究也证实了动物与人类的交往及其动机。与克里斯·沃伯肯共同发起的"甲壳虫斗士"是另一个类似项目,通过精巧的设计使人与最有力的动物(身体大小与力量大小的对比)独角仙甲虫进行身体对抗。这种对抗吸引了不少人,而这场人类不一定取胜的游戏也使人们质疑自己的优势。

144

她的艺术活动也吸引了媒体的广泛关注。她研究城市自然和生态的方法启发了我们重新反思自然/文化、生态/技术、人类/非人类以及那些组织我们日常经验以及主导围绕城市自然的争论的二分法。她发起和参与的项目利用技术手段将人类放入大自然中并将其与生态系统相联结,促使我们想象一种多物种社会的新形态。也有学者做过类似努力,例如威廉·克罗农(William Cronon),他为我们描绘的自然是一个没有人类的自然,而杰罗米年科则大大拓展了这类研究,她让我们认识到,自然并不是一个自外于人类的非城市的野生世界(参见本书关于马修·甘迪的介绍)。与之类似,唐娜·哈拉维(Donna Haraway)也尝试结构那些深刻影响了我们思维的传统二元定式,包括社会/自然和城市/野生世界,并推动物种之间的交流;还有詹妮弗·沃尔克(Jenneifer Wolch,1996)的观点,即动物也是城市居民的组成部分,因此城市是包括人类在内的大"动物都市"(Zoopolis)——这些都与杰罗米年科的观点可谓桴鼓相应。

杰罗米年科的著作大多是其实践项目和展览的文字版,它们是项目的解释,同时本身也是其观点和实验性研究的传播媒介,同时也说明通过物质干预(以及此前曾被称作视觉干预)和新交流方式可以产生深刻的、有批判力的思想,即便没有写作或演说才能。她以原创性的思想重新思考城市环境,不再将城市设计局限于基础设施等硬件,而是以数据为导向的智慧城(参见本书关于威廉·米切尔的介绍)。例如"两栖建筑"(Amphibious Architecture),即哈德逊河上一套浮动的设施,鱼经过时可以发出信号,也可以显示鱼类的健康状况;浮标可以显示有鱼类游过,这也可以反映纽约市的环境状况。市民可以通过发送文字消息来为鱼类的"能量棒"注入食品,以清理鱼血液中的多氯联苯。

对此，杰罗米年科在一次访谈中有过解释：

> 吃相同食物的观念再明白不过地说明我们生活在同一个系统中。一起吃饭是最密切亲属关系的体现。通过建立一个我们与鱼吃相同食物的系统，我正在重建人类与鱼类的关系。（伯格，2006 年）

因此杰罗米年科实际上创造了一种景观艺术的新形态，似乎已超越了哈德逊河学派（Hudson River School）抛弃人类描述自然的浪漫主义格调，展现了处于危机中的自然景观以及与城市生活紧密相连的生态系统。

在她的种种项目中，杰罗米年科对崛起的或是衰退中的城市社会—生态系统以及城市中制度化的人类—动物关系如动物园等常常展示出一种含蓄的（有时是公开的）道德立场。在她看来，禽流感反映了全球社会—自然进程中人类与动物共同承担的风险，也被视为人类活动与科技的产物，而不仅仅是人类自身的生物安全危机。在这一过程中，动物与动物交流以及动物与人类交流的多重空间包括动物园、河流污染和餐桌都参与其中。

杰罗米年科认为，城市设计不应局限在建筑、街道、广场和公园（参见本书关于哈维·莫洛特克的介绍），她展示了人类与生态环境的关系如何在特定的形态中被整饬，而且这种关系能够被彻底改变——通过促进生态意识和相互联系。因此，杰罗米年科不认为人类是城市中唯一的合法居民，也没有超越城市生态系统之外。这就需要提供其他物种可以使用的基础设施。例如她设计的"蝴蝶桥"（Butterfly Bridge）项目，在街头搭起一个绳索样的设施，上面放好特定的花，吸引蝴蝶前来。超越人类来设计城市催生了关于基础设施的不同理念，也产生了有意义场所的新型拓扑结构（参见本书关于斯蒂芬·格拉汉姆和简·吉尔的介绍）。因此，杰罗米年科不仅形成了新的城市美学，而且形成了新的设计路径来促进人类与非人类有机体之间有意义的互动。

对城市研究的贡献

杰罗米年科的研究和实践是促进艺术与技术以更具批判性、更具参与性和行动力的融合的一部分，她与许多艺术家、设计师和科研人员一起呼吁利用 DIY 技术、黑客文化和设计理念关注环境和其他政治问题（达科斯塔和菲利普,2008 年;威尔逊,2002 年)。她发起的大量项目提供了将人与自然相融合以解决城市环境不平等的范例,使我们在对城市正义和政治的理解中加入了野生动物和生态系统,而构建一个独特的多物种政治靠的是物质化的交流互动,也可以说是解放。她关注的对象是非人类的有机物,将其视作设计进程中活跃的参与者。

杰罗米年科的观点颇具争议。支持者认为,她的观点有效融合了自然与技术乐观主义,自然是一股仁慈的力量,而技术则是潜在的救世主,当然前提是我们有恰当的工具协调人与自然的关系。然而,杰罗米年科的项目和活动并非生态现代主义者的技术解决方案,也不是传统的单一视角的生态系统开发手段。她并不认为自己的设计能够解决当今的环境问题或是社会不公,这些问题的解决往往需要有效参与、新技能的学习和社会—文化的整体性转变。杰罗米年科的研究与实践说明,她已经深刻意识到技术支持者的过度乐观。相反,她主张行动主义和地方实验,这样可以将社会和环境意识与新的社区生活结合起来并付诸实践(参见本书关于贾森·科伯恩的介绍)。

杰罗米年科的项目总是令人耳目一新,她的那些生态交流活动或是流动、或是步行、或是旋转,与常规的城市生态与规划总是有所不同,也不是那些常见的规划、思考和重建城市的方式。相反,她主张通过不同的知识构造和政府机构如"反技术局"(Bureau of Inverse Technology)和"环境健康诊所"(Envrionmental Health Clinic)来实现自己的计划。这是否意味着这些临时性的干预措施和艺术性实验——尽管有启发性和娱乐性——最终会阻挠学术和政治力量? 我们很难估量其作品的影响力。频繁的媒体亮相显露了杰罗米年科的个性,她也是杰出的公共演说家,并被多个年度"最有影响力思想家、设计师、创新者"等名单收入其中,这也说明了她的观点广为传播。她的生态实践和行为干预也许影响了野生动物的行为和生态关系,虽然这些很难评估,但更吸引我们去探索。

146

参考文献

Acampora, R. (2010) *Metamorphoses of the Zoo: Animal Encounter after Noah*. Lanham, MD: Lexington Books.

Berger, K. (2006) "The artist as mad scientist", *Salon*, 22 June. Available at: www. salon. com/2006/06/22/natalie.

Clark, L. (2013) "Natalie Jeremijenko: How kissing frogs teaches us about healthy eating and biodiversity", *Wired Magazine*, 17 October. Available at: www. wired. co. uk/news/archive/2013-10/17/natalie-jeremijenko.

Da Costa, B. and Philip, K. (eds) (2008) *Tactical BioPolitics: Art, Activism and Technoscience*. Cambridge, MA: MIT Press.

Jeremijenko, N. and Thacker, E. (2004) *Creating Biotechnology: A User's Manual*. Newcastle-upon-Tyne: Locust.

Raffles, H. (2014) "Beetle wrestler. Design and violence", *Museum of Modern Art*, New York. Available at: http://designandviolence. moma. org/beetle-wrestler-natalie-jeremijenko-chris-woebken/.

Sullivan, G. (2005) *Art Practice as Research: Inquiry in the Visual Arts*. London: Sage.

Weiner, J. (2013) "The artist who talks with the fishes", *The New York Times Magazine*, 30 June. Available at: www. nytimes. com/2013/06/30/magazine/the-artist-who-talks-with-the-fishes. html.

Weiser, M. (1996) "Ubiquitous computing". Available at: www. ubiq. com/hypertext/weiser/UbiHome. html/.

Wolch, J. (1996) "Zoopolis", *Capitalism Nature Socialism*, 7(2): 21 – 47.

Wilson, S. (2002) *Information Arts: Intersections of Art, Science and Technology*. Cambridge, MA: MIT Press.

雷·库尔汉斯
REM KOOLHAAS

戴维·庞兹尼　米兰理工大学

(Davide Ponzini，Politecnico di Milano)

代表作　　　　　　　　　　　　　　　　　　　　　　　　　147

Koolhaas，R.（1978；2nd edn 1994）*Delirious New York：A Retroactive Manifesto for Manhattan*. New York：Oxford University Press.［2nd edn，New York：Monacelli Press，1994］.

OMA，Koolhaas，R. and Mau，B.（eds）(1995) *S，M，L，XL*. New York：Monacelli Press.

Koolhaas，R.（ed.）（2014）*Fundamentals：Catalogue of the 14th Biennale International Architecture Exhibition of Venice*. Venice：Marsilio.

导言

在大自然中,能够生存下来的物种往往不是最强的也不是智力水平最高的,而是那些环境适应能力最强的。这也能够解释为什么有些学者可以在文化和公共生活中获得成功,或是产生和留下影响。仅仅用这句话来说明身兼建筑师、规划师与思想家的雷·库尔汉斯当然太过简单,但务实的改变与适应的确是库尔汉斯的独特之处,的确使他几十年里在城市设计与建筑领域拥有话语权、利用不同的地缘政治为自己服务,无论是作为思想者还是实践者(巴勒莫[Palermo]和庞兹尼,2015 年;索尔金[Sorkin],2003 年)。

通过自己的著作和思路敏锐的访谈、讲座和演说,库尔汉斯在学术界内外都产生了巨大影响。他的研究揭示了现代主义规划的失败与当代城市建筑的矛盾之处，尽管他曾为多个威权主义国家的城市建设服务并引发一系列争议。雷·库尔汉斯在 1975 年与他人合作成立了大都会建筑办公室（Office for Metropolitan Architecture，OMA），1998 年成立了旨在从事研究的建筑媒介组织（Architecture Media Organization，AMO）。凭借在建筑和城市领域的杰出成就和学术贡献，库尔汉斯收获许多奖项，包括 1992 年度的安东尼·高迪奖（Antonio Gaudi Prize）、2000 年度的普利茨克建筑奖（Pritzker Architecture Prize）、2003 年的日本皇室世界文化奖（Praemium Imperiale）、2004 年度英国皇家建筑师学会的皇家金质勋章（Royal Gold Medal）和 2010 年度威尼斯双年展（Venice Biennale）的金狮终身成就奖（Golden Lion for Carer Achievements）。

148 目前，雷·库尔汉斯是哈佛大学建筑学研究生院的实习指导教授（Professor in Practice）。

学术经历与研究重点

雷蒙特·卢卡斯·库尔汉斯（Remment Lucas Koolhaas，通常被称作雷·库尔汉斯）走入建筑学和城市研究领域的道路并不寻常。库尔汉斯 1944 年生于鹿特丹，从小就广泛接触各种城市环境。在 1968 年进入建筑学之前，他本想成为记者和编剧；随后进入伦敦的建筑学会建筑学院（Architectural Association School of Architecture），之后又远渡重洋来到康奈尔大学，师从建筑师奥斯瓦尔德·马赛厄斯·昂格尔（Oswald Mathias Ungers）和科林·罗（Colin Rowe）。从康奈尔毕业后，库尔汉斯于 1973 年成为纽约建筑与城市研究所（Institute for Architecture and Urban Studies）访问学者，师从彼得·艾森曼（Peter Eisenman）。

从 20 世纪 70 年代早期开始，库尔汉斯与研究大都市建筑的卡里格力斯·卡伯奈特博士（Caligaris Cabinet）合作进行了多个设计和研究活动，并与伊莱亚·泽西里斯（Elia Zenghelis）、佐伊·泽西里斯（Zoe Zenghelis）和马德伦·福利森德罗普（Madelon Vriesendrop）一起成立了大都会建筑办公室。1974—1975 年间，他与伊莱亚·泽西里斯共同在建筑学会建筑学院执教，使他有机会完善和推广在大都会建筑办公室的工作中得出的理论，这份教学工作一直进行到 1980 年。

在发表了一系列关于城市生活环境和城市社会转型的论著后，库尔汉斯在 1978 年出版了第一部专著《发狂的纽约：曼哈顿反判宣言》(*Delirious New York: A Retroactive Manifesto for Manhattan*)，批评现代主义这一主流城市规划方式。1995 年，库尔汉斯编辑出版了长达 1350 页的《小号、中号、大号和超大号》(*S, M, L, XL*)，收录了大量震撼性的图片、论文和大都会建筑办公室项目的介绍，有小型项目，也有超大型项目，同时配上了启发性的词汇，构成了当代建筑的新语言。书中的图片从内容到形式揭示了建成环境的设计和转型，及其与经济、社会和文化氛围的关系，包括美国纽约、法国里尔、日本横滨，也包括 1986 年的米兰三年展和连载漫画。他的观点吸引了评论家和建筑学者的关注，但他们对该书的理解往往是片面的。

离开建筑学院后，库尔汉斯在 20 世纪 80 年代前往荷兰代尔夫特理工大学(Delft University of Technology)任教，90 年代又来到赖斯大学(Rice University)，1995 年获得哈佛大学的教职，其科研和教学集中于当代城市环境。他带领学生开创了"城市研究项目"(Project on the City)，促进对极端城市状况(如当代城市不同环境中的零售和消费结构，以及尼日利亚拉各斯的居住区和城市生活)的研究。这一项目形成了许多论著，最有名的是论文集《大跃进》(*Great Leap Forward*)，探讨了珠江三角洲地区城市发展的超大规模、高密度和历史断裂(参见本书关于吴缚龙的介绍)。该项目致力于理解城市生活之知识的矛盾性——"城市被视作神灵，但我们对城市的理解反而被遮蔽了"(库尔汉斯，2002 年，第 27 页)。因此，这本书将学生的研究成果整理出来，旨在开创"描述和解释当代城市状况的新的概念框架"(第 28 页)。这一尝试虽然失败了，但为进一步的研究奠定了证据。

2005 年，库尔汉斯与奥利·博曼(Ole Bouman)和马克·威格利(Mark Wigley)合作发起创办了《沃里姆杂志》(*Volume Magazine*)。2007 年和 2010 年相继出版了关于波斯湾地区城市发展的专号，即《Al Manakh》和《Al Manakh 2: Gulf Cont'd》。这些刊物整理了大量材料、事实和表格，也包括访谈、预测和调查，提供了关于迪拜、阿布扎比、多哈等经历极端转型的城市的生动记录。

2014 年，库尔汉斯被任命为第 14 届威尼斯国际建筑双年展主席，这是对其职业生涯的进一步肯定。他在这里策划了"基础"(*Fundamentals*)三联展。在"吸收现代性，1914—2014"(*Absorbing Modernity, 1914 - 2014*)中，库尔汉斯试图让各国家馆展出百年来现代主义与国家和地方特性博弈和融合的过程；"建筑的要素"(*Elements of Architecture*)展则试图回溯建筑的基本构件

149

而不是展示建筑全貌；"意大利的世界"（*Monditalia*）则聚焦意大利，从建筑角度展示这一国家的独特性。

核心理念

考虑到他的研究方法和多种多样的文化活动，库尔汉斯的观念很难被纳入传统的城市研究和社会科学领域，但他的研究方法和他最重要的三个概念，即曼哈顿主义（Manhattanism）、宏大（Bigness）和广普城市（Generic City），正是他对城市研究最重要的贡献，揭示了当代城市和城市生活的矛盾性和独特品质。

雷·库尔汉斯在城市研究和设计领域方面的研究与其在建筑业的成功和绝佳的沟通能力有关。他发现，不管是城市、政治领域还是社会领域，有很多机会可以实践不同形式的设计理念。如今，大都会建筑办公室已成为跨国机构，其分支部门遍布欧洲、亚洲和美洲，完成的项目包括 2012 年的中国中央电视台新大厦、2005 年的波尔图音乐厅（Casa da Musica in Porto）、2004 年的西雅图中心图书馆（Seattle Central Library）、2003 年的荷兰驻柏林大使馆以及 1988—1995 年的欧洲里尔（Euralille）①，总体规划等重要建筑，其中体现了库尔汉斯的理念。建筑学院作为研究机构，其领域涉及传媒、政治学、社会学，也包括时尚风潮，库尔汉斯在这里学习、研究并担任教师，多学科交叉也促使他提出创造性的概念，验证并改进这些概念。他可以跨越学科边界，接受那些不在传统学术领域之内也不是常规建筑实践的研究和实验并将之推广，有时还冒险采取没有科学依据的方法。这一方法可以帮助城市设计师、建筑师和规划师理解城市（参见本书关于简·吉尔和恩里克·佩纳罗萨的介绍）。在库尔汉斯的方法中，城市设计与当代经济、社会、传媒和文化整合在一起。

曼哈顿主义是库尔汉斯研究曼哈顿城市状况和城市生活的方法，于 1975 年在大都会建筑办公室的宣言中正式提出。70 年代，类似概念也受到其他边缘和激进设计们的欢迎，包括阿基格拉姆集团②的"速成城市"（Instant City）、阿基佐姆（Archizoom）③的"不停车城市"（Non-Stop City）和超级工作室

① 里尔（Euralille），里尔市中心的综合建筑群。——译者注
② 阿基格拉姆集团（Archigram），20 世纪 60 年代以伦敦两所建筑学院学生为主形成的建筑集团。——译者注
③ 阿基佐姆（Archizoom），意大利佛罗伦萨的建筑事务所。——译者注

(Superstudio)的"超超表面"(Supersuperfice)。库尔汉斯的第一部专著也就是《发狂的纽约》,核心思想是将曼哈顿的城市形态理论化,这更像是一份宣言,揭示了"这座城市过往形态的策略、理论和突破之处,这些形态的有效性正说明曼哈顿主义仍有其必要性,现在它是明白无误的宣言,不仅能够用在这座岛上,也应该用在更广泛的当代城市中"(库尔汉斯,1978 年,第 10 页)。19 世纪下半期,电梯、高层建筑、电力和大众运输等新的城市和建筑技术大量运用在曼哈顿,成为解决城市拥堵问题的新方法。库尔汉斯专门探讨了高层建筑如何在减少用地面积的同时,在密度越来越高的地区集中大量活动;在他看来,由此形成的城市形态受到更少管制,而且更稳定。新建筑的规模不可避免地导致建筑内部与外部之间的隔阂,甚至使得楼层之间也迥然有别。曼哈顿的网格状布局使得街区之间在形态和功能上都有所不同,这也是曼哈顿和许多同时代城市共有的情况。这里,我们可以发现库尔汉斯清醒地意识到自由主义商业理性和缺乏有效建筑和规划理论所导致的结果。

建筑和结构一旦超过临界值,在审美和功能上都会脱离城市背景,这是库尔汉斯的"宏大"概念,也是他从城市设计的主流方案以及大型综合性建筑的实践中得出的认识,并没有从理论上将其与城市联系起来。库尔汉斯认为,宏大一方面会扼杀建筑,同时也会使得由不同领域和观点的专家综合提出的建筑方案变得平庸。不过库尔汉斯并不完全否定宏大的价值,宏大能够产生语境中立的后建筑(Post-architecture)。

库尔汉斯认为,当代城市环境的快速变迁、城市碎片化、去中心化和场所认同的弱化产生了广谱(Genetric)的概念(大都会建筑办公室等,1995 年)。像机场一样,城市也正变得千篇一律,也就是场所的特性在减弱。尽管广谱城市难以清晰划分类别,不过有些城市正从平庸变得独特,有些曾经独特的城市却在丧失自己的个性。城市的选择也不一样,比如亚洲许多国家的首都城市,有些喜欢放弃自己的特性,有些则选择保留。公共领域的消失以及当代城市环境在形态和功能上变得相似,正是广谱城市的写照,这也使得那些欧洲和西方国家的城市趋于消亡。这一概念也说明他已经离开了早年珠三角城市的关注焦点。

对城市研究的贡献

库尔汉斯在揭开当代城市与城市主义的矛盾中扮演了重要角色,他的经历也凸显了这一过程中建筑师和规划师的功能。他认为，西方、亚洲和非洲差异巨大的城市环境发生了激烈变迁，这也说明在城市化持续发展的时期也就是人们最需要建筑师和规划师的时候，他们与技术、政治和知识的关系却越来越疏远。目前没有有效的理论和方法来解决当代城市的问题，这一空缺促使许多学者进行探索，但成效却并不明显。

在库尔汉斯看来，都市主义不可能建立在如下基础上：

> 对秩序和万能的幻想，这将导致不确定性；这与追求永恒性无关，而是重视建筑的潜在功能；都市主义不再渴望稳定，而是要创造一种适应不确定性和不稳定性形态的空间；都市主义不再是一种谨慎的定义，不再是列举约束性条件，而是一个扩张性的概念，将冲破一切边界（库尔汉斯，1995 年，第 969 页）。

这里，我们再一次看到了库尔汉斯的适应性方法："重新定义的都市主义不仅仅是研究领域，而且是一种思考方式和意识形态，也就是说，接受所有已经存在的东西"（库尔汉斯，1995 年，第 969—971 页）。

因此，库尔汉斯对城市研究和城市规划展开了批判。赫克在 2010 年指出，库尔汉斯在拉各斯采用的低空飞行策略可以看清城市情形，但没有关注城市的政治经济状况，也缺少对基础设施和服务的重视，忽略了社会和经济差异（参见本书关于马修·甘迪的介绍）。尽管不知道具体数字，但他的方法被世界各地的建筑师所采纳，甚至被盲目效仿者滥用。从这个角度来看，库尔汉斯对城市研究的贡献是为不同国家的大牌建筑师及其在各地的合作伙伴提供文化合理性（索尔金，2003 年），并在威权主义国家建立政治和经济权力（斯科拉[Sklair]，2013 年）。

库尔汉斯将欧美城市的经验与波斯湾、珠三角和拉各斯等经历快速城市化地区的经验相融合，这使得他能够更好地解释城市发展的普遍性，并更好地描绘当代城市的镜框。因此，库尔汉斯能够将上述视野引入更广泛的设计和建筑领域，使后者意识到城市、经济、社会和文化的价值。

152

参考文献

Bouman, O., Khoubrou, M. and Koolhaas, R. (eds) (2007) *Al Manakh*. Amsterdam:

Stichting Archis.

Chung, C. J. , Inaba, J. , Koolhaas, R. and Leong, S. T. (eds) (2001) *Harvard Design School Guide to Shopping*. Cologne: Taschen.

Chung, C. J. , Inaba, J. , Koolhaas, R. and Leong, S. T. (eds) (2002) *Great Leap Forward*. Cologne: Taschen.

Gargiani, R. (2008) *Rem Koolhaas/OMA: The Construction of Merveilles*. Lausanne: Epfl Press.

Hecker, T. (2010) "The slum pastoral: Helicopter visuality and Koolhaas's Lagos", *Space and Culture*, 13(3): 256–269.

Koolhaas, R. (1995) "Whatever happened to urbanism?", in OMA, R. Koolhaas and B. Mau (eds) *S, M, L, XL*. New York: Monacelli Press, pp. 959–971.

Koolhaas, R. (2002) "City of exacerbated difference ©", in C. J. Chung, J. Inaba, R. Koolhaas and S. T. Leong (eds) *Great Leap Forward*. Cologne: Taschen, pp. 27–28.

Koolhaas, R. , Cleinje, E. with Harvard Project on the City (2007) "2X4", in A. Adelusi-Adeluyi (ed.) *Lagos: How it Works*. Baden: Lars Muller.

Palermo, P. C. and Ponzini, D. (2015) *Place-Making and Urban Development: New Challenges for Planning and Design*. London: Routledge.

Reisz, T. (ed.) (2010) *Al Manakh 2: Gulf Cont'd*. Amsterdam: Stichting Archis.

Sklair, L. (2013) "The role of iconic architecture in globalizing urban megaprojects", in G. del Cerro Santamaria (ed.) *Urban Megaprojects: A Worldwide View*. New York: Emerald, pp. 161–183.

Sorkin, M. (2003) "Brand aid; or, the Lexus and the Guggenheim (further tales of the Notorious B. I. G. ness)", *Harvard Design Magazine*, 17: 4–9.

Yaneva, A. (2009) *Made by the Office for Metropolitan Architecture: An Ethnography of Design*. Rotterdam: 010 Publishers.

电影

Heidingsfelder, M. and Tesch, M. (2008) *Rem Koolhaas: A Kind of Architect*. ZDF/ Arte Geie.

Van der Haak, B. (2003) *Lagos/Koolhaas*. Sylvia Baan/Pieter van Huystee Film.

亨利·列斐伏尔

HENRI LEFEBVRE

戴维·平德尔　罗斯基勒大学

(David Pinder，Roskilde University)

153　**代表作**

Lefebvre，H.（1991［1974］）*The Production of Space*. Trans. D. Nicholson-Smith. Oxford：Blackwell.

Lefebvre，H.（1996）*Wrtings on Cities*. Ed. And trans. E. Kofman and E. Lebas. Oxford：Blackwell.

Lefebvre，H.（2003a［1970］）*The Urban Revolution*. Trans. R. Bononno. Minneapolis：University of Minnesota Press.

Lefebvre，H.（2014a）*Towards an Architecture of Enjoyment*. Trans. R. Bonommo. Minneapolis：University of Minnesota Press.

Lefebvre，H.（2016［1972］）*Marxist Thought and the City*. Trans. R. Bononno. Minneapolis：University of Minnesota Press.

导言

　　亨利·列斐伏尔(1900—1991)是法国马克思主义哲学家和社会学家,他对批评的城市理论以及城市和城市化研究产生了深远影响,但其在世期间却未被充分认可。列斐伏尔可谓著述等身,一生留下了近 70 部专著和数以百计的论文,并被译成 30 多种文字而流传世界各地,对现代化、资本主义、日常生活、空间、异化和国家与革命等 20 世纪的重要社会理论进行了富有新见的思考。他对城市研究的影响主要来自 1968—1974 年间一系列关于城市与空间问题的著述,为了打破学科界线,列斐伏尔从未试图构建系统化的城市理论,而是以开发性、启发性和质疑性的态度进行研究,并预设了强烈的政治动机——他以越来越鲜明的辩证法以及与马克思和其他思想家不同的方法尝试打开新的领域,而其研究工作的影响也持续了数十年之久。列斐伏尔关注同时代的城市,对同代学者已经研究的课题进行了反思,尤其是空间的社会生产、占有城市的权利和星球城市化。他的理论核心,是城市空间背后蕴藏着政治以及在日常生活、实践和可能中意识到空间背后的政治。在他看来,改变世界的关键是改变日常生活及其空间,因此他的论著旨在启发读者关注城市叛乱的理论与实践,为解放性和民主化的城市未来而奋斗。

亨利·列斐伏尔曾在法国多所科研院所执教,先后于 1961—1965 年担任斯特拉斯堡大学(Strasbourg University)社会学教授和 1965—1973 年担任巴黎十大社会学教授。

学术经历与研究重点

列斐伏尔相信,人生是一项工程,他这个工程始于 1901 年法国西南部比利牛斯山麓的阿热特莫(Hagetmau)。在天主教家庭长大后,列斐伏尔来到巴黎索邦大学学习哲学,并与左派学生一道发起了《哲学》(*Philosophies*)杂志和组织。在巴黎的先锋派艺术家、作家和活动分子尤其是达达主义者和超现实主义者影响下,列斐伏尔的思想越发具有颠覆性。正是通过超现实主义者布勒东(Andre Breton),他发现了黑格尔;又通过黑格尔,他发现了马克思。列斐伏尔追求理论与实践的统一,因此在 1928 年加入了法国共产党,尽管他秉承浪漫主义观点并反对斯大林主义,但在 1958 年被开除出党之前,列斐伏尔始终是共产党员。20 世纪 30 年代,他在黑格尔和马克思的理论进入法国的过程中扮演了重要角色,并与诺伯特·古特曼(Norbert Guterman)共同翻译不久前才发现的马克思《1844 年手稿》(*1844 Manuscripts*)。在这一过程中,列斐伏尔发现马克思的理论往往被简化成经济决定论,因此他决定更全面地阅读理解马克思,用辩证的、多元的和人道主义的方法重新理解;同时他也发起了对尼采和海德格尔的尖锐批判。他的早期作品尤其是《辩证唯物主义》(*Dialectical Materialism*,1968,1939)将异化(Alienation)而非经济视作日常生活中最重要的元素,要讨论异化就离不开对日常生活进程的关注。这奠定了他对日常生活进行批判的基础，这也是他自认为对马克思主义城市研究最大的贡献，其观点体现在三卷本的《日常生活的批判》（*Critique of Everyday Life*，1947，1961，1981）和《现代世界的日常生活》（*Everyday Life in the Modern World*，1968）中。

列斐伏尔不仅执教于大学，也在高中教书。甚至有几十年的时间，他或是在工厂里打工，或是开出租车，或是在电台当主持人，第二次世界大战期间还曾和法国抵抗组织并肩作战。20 世纪 50 年代以来，列斐伏尔在学术机构获得了稳定的职位并获得博士学位，之后主持法国国家科学研究中心（Centre National de la Recherche Scientifique）社会学部的工作，对农村问题和土地所有权进行实证研究。离开中心后，列斐伏尔在斯特拉斯堡大学和巴黎第十大学获得教授职位。1957 年，法国政府在阿热特莫附近建设穆朗新城（Mourenx），这重新燃起了列斐伏尔对城市问题的兴趣。情境主义者对他的影响也很大，他们通过心理地理学实验创造某种情境，以此来理解资本主义城市。列斐伏尔亲身经历了 20 世纪五六十年代法国的高速城市化与现代化，见证了巴黎通过成千上万人流离失所而实现的阶级重构，从这里出发探讨了资 155 本主义和国家规划如何塑造了日常生活及其空间，以及这些空间如何被想象、充实、变现以及围绕这些空间的斗争。他认为，城市主义这一理念将扼杀城市，将居住模式简化为人的居住，无视可能存在的相遇、玩耍和自发行为。人们如何协调空间与生活的关系？人们如果不向权威低头，该如何参与创建新的空间和生活方式？借鉴情景主义者的研究方法，列斐伏尔从"节日"和"革命的都市主义"的视角重新研究了失业工人占领城市的巴黎公社（Paris Commune）。后来他将这些探讨写入了《论城市》（*Writings on Cities*）一书，该书出版之时，正逢 1968 年 5 月巴黎第十大学的学生们掀起"五月革命"的前夕，他又一次预言了空间竞争和变迁引发的冲突。

从 20 世纪 70 年代初开始，列斐伏尔不断周游各地，或发表演讲，或从事研究，这些经历影响了他对城市化和空间的理解，但由此而产生的著作却只有部分被翻译为英文。其中著名的有 1970 年出版的《城市革命》（*The Urban Revolution*），该书在解构城乡对立关系的基础上提出了"完全城市化"（Complete Urbanization）和"都市社会"（Urban Society）的概念；1971 年出版《有感情的半机器人》（*Vers le cybernanthrope*），批判了由技术官僚及功能主义主导的城市规划；次年出版《马克思主义者的思想与城市》（*Marxist*

Thought and the City），探讨了马克思和恩格斯在理解工业资本主义所带来的城市变迁的影响时的局限；还有完成于 1973 年而出版于 2014 年的未刊手稿《通向娱乐建筑》（*Toward an Architecture of Enjoyment*），从宜居、想象、身体和感觉等角度考察建筑。他最著名的作品当属出版于 1974 年的《空间生产》（*The Production of Space*），而他关于国家、国家—空间关系和"万维"（Worldwide）的理论探讨则集中体现在四卷本的巨著《国家》（*De l'Etat*）中，该书在 1976—1979 年间陆续出版。列斐伏尔与众多思想家展开对话和交锋，包括萨特、福柯和拉康，尤其是在 20 世纪 60 年代极力捍卫其马克思主义结构主义的阿尔都塞；同时他也对同代的重大事件和重要场所做出回应。列斐伏尔认为，哲学不应该困在象牙塔内而应该联系日常生活，参与到社会整体之中。他对城市的思考并非无根之木，而是建立在对实证研究的基础之上，尤其是利用他在 1962 年与同仁共同发起的城市社会学研究院（Institut de Sociologie Urbaine），以及与建筑师、规划师、城市学家以及相关的网络和机构间的联系（斯坦奈克［Stanek］，2011 年）。列斐伏尔著述等身，甚至去世后仍有作品被发现和出版，包括在身后问世的《韵律分析的构成》（*Elements of Rhythmanalysis*），该书出版于 1992 年，虽是薄薄的一本小册子但异常敏锐；之外还包括 1986 年参加新贝尔格莱德规划的方案（比特［Bitter］和韦伯［Weber］，2009 年）。

核心理念

与主流马克思主义哲学家不同，列斐伏尔关注空间、时间和历史，其城市研究的核心理念可以概括为"社会空间是社会的产物"（Social space is a social product）（列斐伏尔，1991 年［1974 年］，第 26 页）。通过对生产进行马克思主义的分析，他将关注重点从"空间中的物品"转向"空间的生产"本身，认为空间具有深刻的政治性，在社会进程中被生产并被规范，因此是一股活跃的力量而非静态的舞台和容器。社会不同，其生产的模式也不同，这也意味着空间的不同——空间在其中扮演着"思考和行动工具"的角色，同时也是"生产方式"和"控制方式，因此是支配和权力方式"（同上书，第 26 页）。这一辩证的观点主要出自其《空间生产》一书，认为空间可以从物理、精神和社会三个维度进行理解，是可以体验、构建和实践的。由此，列斐伏尔将空间分析融入对一系列力

156

量与进程的研究中，与政治经济学融为一体而又不局限在政治经济学的范畴之内。他尤其关注商品化、资本积累、官僚组织化、男性权力崛起和视觉化逻辑中的抽象空间的兴起（格里高利［Gregory］，1994 年）。这些几何形的、崇拜男性的和视觉化的抽象空间支配了日常生活中的现实空间，后者被商品形式和国家所控制。但日常生活的内容并非仅此而已，还包括各种现实生活，同时也是抵抗、斗争和反对行动的根基。

列斐伏尔关于空间之历史和地理的研究来自其早年对城市的研究，尤其是《城市革命》，该书从多种场域和城市形态出发探讨了长时段的城市化的历史，假定社会在"内爆—外爆"进程中以及世界范围内城市碎片的整合的基础上已经成为"完全的都市化"社会（列斐伏尔，2003 年 a［1970］，第 16—17 页）。尽管这些城市问题在某种程度上是虚拟的，但他注意到房地产投机和资本的"次级回路"（Second Circuit）——与工业生产相似——具有了新的重要性，这种重要性体现在塑造城市景观对资本主义经济危机的影响上，该理论后被大卫•哈维进一步发挥。列斐伏尔关注的是由此而产生的城市空间碎片化和等级化，以及城市人口的边缘化、流离失所、被排斥和受控制。在这种不满中，酝酿着对占有城市权利的需求。对于列斐伏尔来说，占有城市的权利既不是呼吁城市回归传统，也不是个体要求在现有的城市中受到更公平的待遇。这一权利是"呼吁和需求"，"需要占有城市生活权利（Right ot Urban Life）的转变和更新"（列斐伏尔，1996 年［1968］，第 158 页，斜体为原文）。这是城市居民集体对获得和生产空间的权利，是基于不同需求和欲望的非异化的活动。列斐伏尔没有用马克思主义者惯常的交换价值和私有财产等分析工具，他的研究彻底更新了城市的使用、参与、整合和差异，在这里，空间和日常生活都可以成为艺术品。

占有城市的权利与参与和生活方式等概念一起，很快为不同政治倾向的法国城市规划学们所采用和改造。列斐伏尔在与城市学家和规划家们的讨论中形成了自己的观点，因此其理念并不算激进。他反对激进派的观点，将其改造为占有城市的权利、保持差异的权利和对自我管理（Autogestion）的展望（列斐伏尔，2003 年 a［1970］，2003 年 b）。他将城市社会视作一个新世界，强调自由放任的新自由主义资本主义正在点燃城市社会中的种种危险；他的核心思想是辩证主义的城市乌托邦，关注在当代城市境况中蕴藏而又被其压制的种种可能。他认为，要将可能性变成现实，首先应该明确哪些是不可能的——这已不仅仅是理论思考,而且涉及艺术、建筑、城市实验和政治竞争,目标在于打破现实和想象中的局限,这些局限将使城市止步不前。

对城市研究的贡献

列斐伏尔的等身著述、创造性的思考和颠覆性的写作技巧,使得评论者更难领悟其所思所想。受内容和翻译的制约,他对城市研究的影响在不同国家有所不同——与德语、西班牙语、意大利语、葡萄牙语和日语相比,他的著作较晚被译成英文,直到20世纪80年代中期以后,英语城市研究界才重新发现了列斐伏尔,并在1991年翻译出版其标志性著作《空间生产》。此前,曼纽尔·卡斯特——他的学生,深受阿尔都塞影响——曾激烈批评其研究,这在很大程度上影响了学术界对列斐伏尔的看法;列斐伏尔被发现主要是因为大卫·哈维,后者全面系统地了解了列斐伏尔的研究,并借鉴其理论探讨了资本的城市化(Urbanization of Capital)和革命的城市化(Urbanization of Revolution)。随后,爱德华·索佳、尼尔·史密斯、马克·戈特迪纳(Mark Gottdiener)、罗布·希尔兹(Rob Shields)、克里斯汀·罗斯(Kristin Ross)和德雷克·格里高利(Derek Gregory)等学者也纷纷意识到他的批判的空间理论的重要性。从此之后,他的著作逐渐被翻译成英文,对其研究成果的讨论日渐增多,不同学科都开始关注列斐伏尔,而他也被视作社会科学和人文学科"空间转向"(Spatial Turn)的关键人物(参见埃尔顿[Elden],2004年;梅里菲尔德,2006年;贡尼沃德娜[Goonewardena]等,2008年)。甚至他的故乡法国在他去世后也将他遗忘,直到这股风潮重回法兰西,那里的人们才再度关注列斐伏尔。

受其影响的地理学家等城市研究者开始尝试将马克思主义空间化,尤其重视列斐伏尔的空间生产理论,探索的主题包括城市空间在主流社会关系再生产中的角色以及在工作场所之外拓展阶级斗争概念等。建筑学、文化研究和文化地理学等领域也意识到列斐伏尔的意义,在其影响下通过身体、韵律、想象、再现和审美等角度探讨城市日常生活中的实践和经验,同时引入性别、性和后殖民批评等新工具,并尝试将他的理论与米歇尔·德塞托(Michel de Certeau)等日常生活研究者的观点相结合。近来,学术界开始日渐关注列斐伏尔的马克思主义的宽广和复杂性,关注他整合物质、意识形态和象征等层面的研究,及其理论为何没有分别落入政治经济学和文化研究等传统范式。如今,学术界既关注他的实证主义研究,同时也将其应用到全球城市叛乱(Global Urban Uprisings)的研究中去(斯坦奈克等,2014 年)。

158 　　列斐伏尔的研究侧重城市政治、占有城市的权力、民主以及空间正义。他的理念尤其是占有城市的权利不仅仅在学术界产生影响,同时也被学界之外的社会运动、地方政府和国际非政府组织如联合国人居署等接受和使用。因此毫不奇怪,不同群体对列斐伏尔的作品有不同的理解和评价,不同的城市反抗者有着自己的解读。他的完全城市化或者叫星球城市化假说也引起了人们的兴趣,这一假说旨在超越以城市(City)为中心的城市研究(Urban Studies)从而得出对城市的新认识(尼尔·布雷纳,2014 年)。此外,学术界对他关于空间的时间性和暂时性以及韵律分析也有了进一步的认识。他的城市研究采用的是整体论的方法,否定当代城市状况是历史发展的必然结果,呼吁一条新路"通向一个完全不同的空间,通向一个完全不同的社会生活空间,并通向一个完全不同的生产模式"(列斐伏尔,1991 年[1974],第 60 页)。

参考文献

Bitter, S. and Weber, H. (eds)(2009) *Autogestion, or Henri Lefebvre in Belgrade*. Berlin and Vancouver: Fillip and Sternberg Press.

Brenner, N. (ed.)(2014) *Implosion/Explosion: Towards a Study of Planetary Urbanization*. Berlin: Jovis.

Elden, S. (2004) *Understanding Henri Lefebvre: Theory and the Possible*. London: Continuum.

Goonewardena, K., Kipfer, S., Milgrom, R. and Schmid, C. (eds)(2008) *Space, Difference, Everyday Life: Henri Lefebvre and Radical Politics*. London and New York: Routledge.

Gregory, D. (1994) *Geographical Imaginations*. Oxford: Blackwell.

Lefebvre, H. (1968[1939]) *Dialectical Materialism*. Trans. J. Sturrock. London: Jonathan Cape.

Lefebvre, H. (1971a [1968]) *Everyday Life in the Modern World*. Trans. S. Rabinovitch. Harmondsworth: Allen Lane.

Lefebvre, H. (1971b) *Vers le cybernanthrope: contre les technocrates*. Paris: Denoel.

Lefebvre, H. (1976 - 1978) *De l'Etat 1 - 4*. Paris: Union Generale d'Editions.

Lefebvre, H. (2003b) *Key Writings*. Ed. S. Elden, E. Lebas and E. Kofman. London: Continuum.

Lefebvre, H. (2004 [1992]) *Rhythmanalysis: Space, Time, and Everyday Life*. Trans. S. Elden and G. Moore. London: Continuum.

Lefebvre, H. (2014b [1947/1958,1961,1981]) *Critique of Everyday Life*, Vols 1 – 3. Trans. J. Moore and G. Elliott. London: Verso.

Merrifield, A. (2006) *Henri Lefebvre on Space: Architecture, Urban Research, and the Production of Theory*. Minneapolis: University of Minnesota Press.

Stanek, L. (2011) *Henri Lefebvre on Space: Architecture, Urban Research, and the Production of Theory*. Minneapolis: University of Minnesota Press.

Stanek, L. , Schmid, C. and Moravanszky, A. (eds) (2014) *Urban Revolution Now: Henri Lefebvre in Social Research and Architecture*. Farnham: Ashgate.

凯文·林奇
KEVIN LYNCH

昆廷·斯蒂文斯　皇家墨尔本理工大学
（Quentin Stevens，RMIT University）

159　**代表作**

Lynch，K.（1960）*The Image of the City*. Cambridge，MA：MIT Press.

Lynch，K.（1972）*What Time is This Place*? Cambridge，MA：MIT Press.

Lynch，K.（ed.）（1977）*Growing Up in Cities*：*Studies of the Spatial Environment of Adolescence in Crakow*，*Melbourne*，*Mexico City*，*Salta*，*Toluca and Warsaw*. Cambridge，MA：MIT Press.

Lynch，K.（1981）*A Theory of Good City Form*. Cambridge，MA：MIT Press.

Banerjee，T. and Southworth，M.（eds）（1990）*City Sense and City Design*：*Writings and Projects of Kevin Lynch*. Cambridge，MA：MIT Press.

导言

　　都市设计原本是城市规划和建筑学的一部分，但如今无论从理论、研究还是实践上都已成为独立学科，凯文·林奇在其中扮演了关键角色。他更倾向于称呼其为"城市设计"（City Design）或"物理规划"（Physical Planning），这样可以更加使人意识到该学科对各种城市物理形态的关注，而"都市"容易使人只注意大规模建筑项目的背景。林奇 1981 年出版的《美好城市形态》（*Good City Form*）至今仍是该领域最为全面的著作。

　　林奇著作的广泛影响和原创性源自他对城市实际使用者及其观点与活动的细致观察,旨在评估不同的建成环境是否以及如何满足人的需求,这与此前的设计师们以审美和形态的类型来评判建成环境,或是工程师和社会科学家们对空间和视觉效果的忽视以及心理学家对实验室研究的重视完全不同。林奇在对城市形态的研究中引入了经验主义、人文主义和知识活力,认为物理形态影响城市生活的质量,影响了人与人的交往、学习和社会发展,他的观点来自设计实践,与许多复杂的大型工程密切相关。

　　林奇是麻省理工学院城市研究与规划学教授。

学术经历与研究重点

　　凯文·林奇 1918 年生于芝加哥,读高中时正逢大萧条。这是美国第一所以进步主义为指导思想的高中,受到实用主义哲学家约翰·杜威的影响,重视学生的主动学习和社会参与能力。在政治上,大萧条期间的混乱、工人运动和西班牙内战影响了林奇,杜威的实用主义、经验主义和自由主义同样构成了林奇思想的底色。他的学术经历与背景十分复杂,曾在耶鲁大学短期学习建筑并在弗兰克·劳埃德·赖特的工作室实习,也曾学习工程学和生物,还做过绘图员,甚至在 1941 年应征入伍加入美国陆军工程兵团(Army Corps of Engineers),这些经历使林奇深信实践出真知的道理。二战结束后,林奇在麻省理工学院获得城市规划学学士学位,论文题为"控制重建之流和居住区的再规划"(Controlling the Flow of Rebuilding and Replanning in Residential Areas)。1948 年他进入麻省理工学院工作,直到 1978 年离开,三十年间再未获得任何正式的学位证明。

　　从 1951 年起,林奇开始与麻省理工的同事、画家兼艺术理论家吉尔吉·科普斯(Gyorgy Kepes)一同研究人对建成环境的视觉认识,这项研究受到了杜威哲学和彼时兴起的相互影响心理学的启发,强调人与场所之互动的活力。在福特基金会的资助下,林奇在佛罗伦萨度过了 1952—1953 年,这座城市独特的形态令人难忘。他详细探讨了佛罗伦萨居民对城市形态的认识和经验,探索了记录这些认识和经验的不同方式,这些研究开启了长达十年的对人对城市形态的视觉理解的研究。随后,他和科普斯又获得了洛克菲勒基金会为期五年的资助,在波士顿、泽西城和洛杉矶进行了上述研究,其结果就是 1960

年出版的《城市意象》（*The Image of the City*），该书至今仍是城市规划类书籍中的畅销者。科普斯对空间经验的电影式的理解影响了林奇，他与其他研究者合作出版了《路上的景观》（*The View from the Road*），从一辆汽车里观察城市景观并进行理解（阿普尔亚德［Appleyard］等，1964 年）。

林奇的第二个研究领域开始于 1959 年为波士顿下城的政府中心（Government Center）做的总体规划，致力于解释城市环境的形式和用途如何随时间而变化，以及人们如何理解和管理增长和变迁。由此，林奇在 1972 年和 1990 年相继出版《场所的时间》（*What Time is This Place?*）和《随风而逝》（*Wasting Away*）。第三个领域是探讨描述城市物理设置的方式，思考人类需求的范围以及建成环境的形态影响下的价值，制订了评估城市形态是否满足人类需求的标准。林奇尤其关注的是城市环境为探索、学习和个人成长所提供的潜力（卡尔［Carr］和林奇，1968 年，1981 年）。他领导联合国教科文组织的一项调查，分析了经济和城市发展政策对儿童认知能力和利用周边环境能力的不利影响，由此生成了调查报告《在城市中长大》（*Growing up in Cities*）并于 1977 年出版。这些研究和调查促使他完成了自己最具影响力的作品，即 1981 年出版的《美好城市形态理论》（*A Theory of Good City Form*）。

核心理念

161　　林奇对于城市研究的原创性贡献主要来自两个核心概念。首先，林奇认为，城市的物理形态尤其是公共领域，强烈影响着城市经验和社会生活的质量，而且判断其优劣的权力并不完全垄断在专家手中。其次，要理解和满足城市居民对形态的需求，离不开观察他们、与他们探讨和同他们一起工作。林奇的研究回应了战后城市发展越来越快的速度和越来越大的规模，回应了非视觉的、以社会科学为导向的规划方法。与林奇同时代的学者中，简·雅各布斯、克里斯托弗·亚历山大（Christopher Alexander）以及后来的简·吉尔等人都有过类似探讨。无论其研究范畴，还是其整合城市发展之历史理论研究和针对普通居民对城市环境认知和适应的田野调查的能力，林奇的研究都是独一无二的。通过城市规划方案、图片和关于城市形态、进程和复杂关系的随笔，林奇的观点处处可见。

《城市意象》是林奇早期也是最具原创性的作品，该书的视野相对集中，关注的是城市居民如何在视觉上认知和记忆城市环境以便适应和利用它们。林奇在研究中往往随机寻找路人，请他们描绘或画出步行穿越城市的道路，这一经验主义的方法对其他学者产生了很大影响，他也是最早将认知地图而非实验室研究应用到城市研究中的学者之一。《城市意象》启发了学术界用田野调查的方法研究人与环境的关系，也影响了环境心理学这一新兴学科。该书将"导向"（Wayfinding）、"可识别性"（Legibility）和"可想象性"（Imageability）这三个概念引入城市规划，其研究结果如今已广为人知，即人们在理性思考的基础上形成了不变的、抽象的和知识上的图形，这一图形包括五种基本要素——路径（Paths）、边界（Edges）、区域（Districts）、节点（Nodes）和标志（Landmarks）。林奇的五要素来自欧洲城市主义的视觉审美传统，但林奇的研究旨在通过经验主义的方法联结城市使用者的认知和活动，尤其是特定的土地利用模式和行为模式。

　　林奇另一个有影响力的概念是"城市纹理"（Urban Grain），在描述波士顿瘦长型街区的时候首次使用，随后被他用来分析城市土地的混合利用模式（林奇，1954 年），最终这一概念被他定义为"典型城市要素和密度在空间中被分离和差异化的程度，纹理有粗细，也有清晰模糊之分"（林奇和罗德文[Rodwin]，1958 年，第 205 页）。简·雅各布斯曾提出混合利用模式的重要性，认为短街区和不同类型建筑相混合有助于保持城市活力，林奇在她之前就已有类似观点。城市土地利用的"纹理"规模、建筑类型和城市街区已成为分析其功效的参考标准。

　　林奇对居民关于城市形态的认知，随着他对城市形态史、城市发展进程和未来城市的关注而进入了新的方向。在《场所的时间》中，林奇提出建成环境在持续变化，认为在城市形态中融入时间流逝的可视且合理的标识更能满足居民的需要，有助于形成自我认同，也有助于人们理解、协调甚至庆幸城市环境和社会变迁。之前几乎没有学者从这个角度理解城市空间，或是只考虑到城市变迁的负面影响。他认为，设计中应当考虑如何让居民在心理上和空间上都有利于城市转型，这是他人本主义观的集中体现。尽管这本书有不少哲学玄思，也充满想象力但也有不少对现实问题的回应，附录中列出了相关的社会科学收集数据的方法，还有政策建议。他批评规划过于重视城市增长并无视环境破坏，影响了当代研究。在后来的《随风而逝》中，林奇揭示了城市所需和浪费的数量众多、类型多样的资源，城市形态中对空间的浪费和再利用，荒

162

野的重要性、边缘城市空间以及为城市预留掩埋地的必要性。

《美好城市形态理论》是林奇最成熟的作品，提出了城市形态社区与批评的全面理论（参见本书关于简·吉尔的介绍），至今无人超越。林奇重视普通居民和他们对城市的认识，因此本书旨在为普通居民提供平台，使他们发出自己的声音，说出自己所理解的最好的城市形态。他提出了评价城市形态之优劣的五项标准，即活力、可达性以及三个相对被忽视的因素，包括感受质量、用户控制以及行为调适（林奇，1981 年，第 56 页）。林奇同样讨论了特定定居形态内的相对表现水平和每种品质的社会分配如何与效率和公平取得平衡。他的理论来自于对历史和当代城市形态、模型、理论和政策及其背后的价值观的研究，并且明确表达了理解城市结构的三种隐喻——城市是世界秩序的模型、是高效机器的模型、是生物有机体的模型。

林奇的研究充满奇思妙想。他的作品表述明确、逻辑清晰且不乏深度，总是启发人们思考城市形态、活动和管理。

对城市研究的贡献

林奇为城市形态研究提供了新的概念、经验主义方法和叙述，他强调人的经验和建成环境的可负担性，而非仅仅聚焦于建筑的审美和象征意义。林奇把环境设计融入社会科学，把人本主义理念融入城市和认知心理学。他认为，建成形态影响着城市生活，这一观念对建筑、规划、景观设计和新兴的环境心理学都产生了冲击。因此林奇从多个角度关注建成形态，包括感觉、可记忆性、对行为模式的适应性以及用户的管理和调适。他是用经验研究评估现有建筑和待建工程的先驱，开创了一系列研究方法，包括行为观察、访谈、图片启发和地图标识（林奇，1960 年，1977 年）。不过，林奇的影响主要集中在建筑领域，只有《城市意象》和《场所的时间》对人文地理学、城市社会学和民族志产生了影响，尤其是对旅游、历史遗产和场所现象的研究。1977 年，通过与联合国教科文组织合作，林奇对环境在人类发展中的作用进行了人本主义式的研究，启发了对年轻人空间需求的跨学科观察。

在设计师们所熟知的城市形态理论中，林奇的五要素和可想象性位居前列，但他从未说过城市布局应当重视这些要素，也从未说过视觉上的清晰是非常重要的条件，而认为自己的方法和观点仅仅是初步探索甚至是投机取巧（林奇,1960 年,第 5 页),甚至亲自批评《城市意象》一书的不足之处(林奇,1984 年)。第一,他认为该书的实证方法有所不足,资料来源有限。然而就城市设计领域而言,很少有研究比他的著作视野更为宽泛,也无人验证他的观点。第二,居民对城市的认知受到阶级、年龄、性别和文化的影响。第三,正如林奇后来所揭示的那样(1972 年),城市意象随着城市的变化而变化,随着行为模式与居民的差异而变化,因此极其复杂。第四,居民从城市结构中获得的经验必然受制于他们赋予其上的意义。第三,林奇认为自己的著作没有对规划政策和设计产生影响,审美以及广义上的形态仍被视作独特的且不服从于理性(林奇,1984 年,第 160 页)。后来的城市设计愈发重视行人的感觉,对天际线进行控制,研究地方的独特性,强调视觉表达和规范城市形态的立法。然而,尽管林奇在《美好城市形态理论》中大声疾呼,但"感觉"并没有像活力、适应性、可达性和控制一样成为城市设计中普遍的、重要的和明确的标准。但《城市意象》和林奇后来对城市形态之感觉的思考(林奇,1981 年)都有一处缺漏,也就是他所谓的感觉实际上主要是视觉。近来对城市形态之感觉的研究已将感觉拓展至触觉、听觉和味觉等多个领域,可以说林奇的开创性研究间接影响了这些后来者。

　　林奇本人重视研究方法,重视观察并向普通居民提问,他充满活力且不断质疑和批驳自己,这一切虽然对城市设计产生了影响,但似乎影响有限。林奇广泛接受社会科学、人文学科和工学的知识,他不仅研究问题,更提出了许多没有答案的问题,并且从真实的城市中获取和分析资料,通过与真实的城市居民互动来改进和完善自己的理论。他的著作往往在后记或附录中表达自己对已有研究的看法,并告诉读者自己所采用的方法论,讨论某些研究方法和评价标准的局限和影响。也许,林奇对城市研究最重要的贡献不在于自己的研究,而是启发了其他人更加审慎地观察并提出新问题。

参考文献

Appleyard, D. , Lynch, K. and Myer, J. R. (1964) *The View from the Road*. 　164
　Cambridge, MA: MIT Press.

Carr, S. and Lynch, K. (1968) "Where learning happens", *Daedalus*, 97 (4):
　1277 -1291.

Carr, S. and Lynch, K. (1981) "Open space: Freedom and control", in L. Taylor (ed.)

Urban Open Spaces. New York: Rizzoli.

Jacobs, J. (1961) *The Death and Life of Great American Cities*. New York: Vintage.

Lynch, K. (1954) "The form of cities", *Scientific American*, 190(4): 54 – 63.

Lynch, K. (1984) "Reconsidering The Image of the City", in L. Rodwin and R. Hollister (eds) *Cities of the Mind*. New York: Plenum.

Lynch, K. (1990) *Wasting Away*. San Francisco: Sierra Club Books.

Lynch, K. and Hack, G. (1962; 2nd edn 1971; 3rd edn 1984) *Site Planning*. Cambridge, MA: MIT Press.

Lynch, K. and Rodwin, L. (1958) "A theory of urban form", *Journal of the American Planning Association*, 24(4): 201 – 214.

威廉·J.米切尔
WILLIAM J. MITCHELL
戴维·比尔　约克大学
（David Beer，University of York）

代表作 165

Mitchell，W. J. （1995）*City of Bits：Space，Place and the Infobahn*. Cambridge，MA：MIT Press.

Mitchell，W. J. （1999）*E-topia："Urban Life，Jim-But Not As We Know It"*. Cambridge，MA：MIT Press.

Mitchell，W. J. （2003）*ME++：The Cyborg Self and the Networked City*. Cambridge，MA：MIT Press.

Mitchell，W. J. （2005）*Placing Words：Symbols，Space and the City*. Cambridge，MA：MIT Press.

导言

麻省理工学院媒体实验室（Media Lab）的建筑师和社会批评家威廉·米切尔致力于探讨数字网络化媒体与城市经验间的关系，在"智慧城市"（Smart Cities）理念、知识环境以及身体与数字化空间的联结性等方面影响巨大。他的著作融合了建筑学、人文和文化地理、城市社会学、媒体研究以及软件研究，文笔优美且不乏深刻。

米切尔既关注未来又不忘现实，他不是那种受到学科藩篱制约或是学术传统影响的思想家，而是在学术世界和公共领域都有一众肯定者的城市研究者；在通信技术与城市，以及信息与现实空间的互动领域，米切尔凭借研究方法和视野成为当之无愧的核心人物。

1992—2003 年间，米切尔是麻省理工学院建筑与规划系主任，此后担任建筑和媒介艺术教授，直到 2010 年去世。

学术经历与研究重点

166 米切尔所关注的社会转型是网络的崛起。他是第一个从知识角度对网络做出回应的学者，也是率先思考网络如何影响空间、场所、身体和城市等概念的学者。随着网络的普及，米切尔以此为主题的三部著作，对媒体研究和城市空间研究产生了广泛影响：第一部是 1995 年出版的《比特城市》(*City of Bits*)，此时网络刚刚开始普及；随后相继在 1999 年和 2003 年出版《E 托邦："城市生活，但不是我们所了解的那样"》(*E-topia："Urban Life，Jim-But Not As We Know It*")和《ME＋＋：赛博格自我和网络化城市》(*ME＋＋：The Cyborg Self and the Networked City*)。在这三部曲之外，其他与网络相关的文章也被整理出来，也就是 2005 年出版的《未完的话》(*Placing Words*)。在三部曲的第一部中，米切尔关注的是网络或曰赛博空间(当时的术语)开创的新的空间类型，随后又开始思考信息技术与现实空间的关系；当他开始撰写最后一部时，移动设备、联结性和移动性已经成为社会现实。关于米切尔的观点我们将在下面讨论，首先需要注意的是，米切尔的学术经历与他致力于回应的社会—技术变迁密切相关。

威廉·米切尔 1944 年生于澳大利亚，1992 年担任麻省理工学院建筑与规划系主任之前，先于哈佛大学、加州大学洛杉矶分校工作，并在剑桥大学短期执教。当上述三部曲逐一问世之时，米切尔已近知天命之年并已承担行政事务，但他并未固守自己的学术轨道。从书中可以发现，他乐于将自己的观念融入快速变化的社会环境中。不过这也不是突然出现的新方向。1992 年他出版了《重拾目光：后摄影时代的视觉真相》(*The Reconfigured Eye：Visual Truth in the Post-Photographic Era*)，1990 年出版《建筑的逻辑：设计、计算和认知》(*The Logic of Architecture：Design，Computation and Cognition*)。除此之外，20 世纪 70 年代以来他就对计算机辅助技术很感兴趣(格里米斯，2010 年)，出版了许多关于计算机技术用于建筑设计的专著。例如米切尔 1977 年的《计算机辅助建筑设计》(*Computer-Aided Architectural*

Design），十年后又出版了《计算机图形程序的艺术：建筑师与设计师的结构性导论》（*The Art of Computer Graphics Programming：A Structured Introduction for Architects and Designers*）。尽管他对计算机科学感兴趣，却并未失去对空间物质性的关注，1988年又与他人合作推出了《田园的诗学》（*The Poetics of Gardens*）。

20世纪90年代中期以后，计算机不仅在设计领域而且应用到日常生活的空间中，他对计算机改造社会之能力的观点也发生了变化。他对技术改造社会和文化等方面的兴趣贯穿其学术生涯始终，从计算机影响设计实践的方式开始，到计算机如何改造了城市空间。直到2010年因癌症而于65岁撒手人寰之时，他始终保持对这一问题的兴趣。2005年，米切尔在接受保尔·阿尔西纳采访时仍表达了其关注。他的最后一部著作《未完的话》也就是他的文集，展示了他如何理解日常生活空间的技术转型。该书的导言说明，这些问题为何始终居于其关注的焦点。

167

核心理念

米切尔的研究归纳起来就是探索身体、客体和空间之关系的技术转型（参见本书关于克里斯蒂娜·博耶的介绍）。他热衷于探讨数字技术和网络技术如何重塑了上述关系，以及这种转型之深刻。同时他也关注未来的发展趋向，因此致力于思考应对之道，想象这种转型会如何影响未来社会。他的研究涉及很多前人未能认真对待的问题，包括日常生活的媒介化、物质客体的媒介化和日常生活空间的媒介化，他的方法是揭示这些在行动和空间感中的媒介如何镶嵌在一起。米切尔也注意到，场所和客体正日益"智能"，并且在我们生活的环境中正在崛起一种媒介或者说是思考的权力（Thinking Power）。他对"智慧场所"的关注促使他在1999年出版《E托邦》一书，当然，对这一主题的关注也贯穿其研究的始终。米切尔始终在思考，如果客体、设备甚至场所都能思考，或是具备某种"智慧"，我们的生活会变成什么样子。他的兴趣正在于揭示和实现"嵌入式智慧"（Embedded Intelligence）将产生的影响（米切尔，1999年，第45页）。

从其三部曲的第一部也就是《比特城市》开始，米切尔便意识到小型化（Miniaturization）和非物质化（Dematerialization）这一双重进程的重要意义，这一双重进程也贯穿其后来的研究。简单说来，他所关注的是媒体技术小型化所产生的影响。双重进程的结果，是移动设备的普及和嵌入式设备可以植入物体甚至人体。在此基础上，他关注新虚拟形式对物质空间的意义。米切尔认为，我们正在进入一个非物质化时代，我们生活的大部分活动将会虚拟化。他的观点产生于 1995 年，对照今天的现实，这无异于预言了，毕竟那时还不能下载音乐，没有社交媒体，也没有流量之类的概念。正如他在《E 托邦》中所言，"虚拟性如今正在赶超物质性"（第 147 页）。

通过小型化和非物质化的双重进程，米切尔发现了一系列与身体和空间的未来有关的问题。从 1995 年的《比特城市》开始，米切尔便关注起赛博格意象，但对这一问题的研究最终形成了有影响力的著作《ME＋＋：赛博格自我和网络化城市》。在他之前已经有不少学者使用赛博格这一概念来分析科技如何改变身体，包括女权主义学者唐娜·哈拉维和凯瑟琳·海勒斯（Katherine N. Hayles）。所谓赛博格，也叫生控体系统（Cybernetic Organism），来自科幻小说，被用来描述人类的身体与日益信息化的环境之间的互动和交融。对这些学者来说，人类的身体已延展进入我们所使用的空间，并且与网络和客体联系在一起。因此，身体敞开了自己的边界，至少这一边界已经模糊。米切尔透过赛博格概念来思考身体如何进入日渐技术化和媒介化的城市空间。他认为，皮肤不再是身体的边界，我们正在进入"一个电气化拓展身体的时代"（米切尔，1995 年，第 167 页）。

值得注意的是，米切尔笔下的赛博格不仅局限于对身体的理解，他用这一隐喻来理解变动中的城市空间。从他的研究中可以发现，米切尔用生物和科技的隐喻来强调有机体和无机体之间的融合，这也启发了读者用新的方式观察和想象城市空间。他的赛博格研究让我们思考为何技术不仅将身体变成了机器，而且将城市变成了智慧生物。他经常用有机体的概念和术语来描述无机和物质的空间，比如"具备神经系统的建筑"（米切尔，1999 年，第 59 页）。类似的术语在他的著作中随处可见，但这种方法很难做到精确。笔者在这里引用一段《ME＋＋：赛博格自我和网络化城市》中的重要文字，使读者体会他的写作风格：

> 如今，城市/身体隐喻已为人广泛接受。通过卷入一套嵌入式边界和网状结构，我的肌肉、骨骼、生理和神经系统已被认为的扩大和延展。我

可以触及无限广阔的范围,也能与其他人类似的拓展空间展开互动,由此也形成了一个全球性的交换、驱动、感触和控制系统。我的生物意义上的身体与城市融为一体;城市不仅变成了我的网络化的认知系统,同时也成为上述系统的空间和物质载体(2003年,第19页)。

从这段话中可以发现,有机体和无机体都在扩展并且相互交融。身体正在成为无机体,而城市却变成了有机体。城市具有了认知能力——它不仅能思考,而且城市人口的神经系统和感触系统与城市基础设施的神经系统和感触系统融合起来。这听起来科幻味道十足,但这一观点启发读者思考身体与空间之关系的属性,并从属性的变化中发现问题。

尽管如此,米切尔的上述观点并没有形成完善的体系,不过处处闪现新思想。他的研究促使我们思考物质空间与想象空间。他给予我们新思考,但没有划定轨道,而是任由读者肆意想象;他不关心理论,而是致力于描述。实际上在笔者看来,米切尔的写作和传播模式本身也是他的核心理念之一。他的写作风格极具吸引力和启发性,读来令人为之一振。但有时读者不免疑惑,米切尔的观点是否过于夸张,他的观点是否简化成了某种技术决定论(即技术变迁只被视作社会和文化变迁的动力)。但实际上,他有着揭开社会迷雾的斗志和兴趣,因此我们应该想到他的观点有出人意料之处,或者他对未来的预言最终实现。想象未来的城市和生活不是件容易的事,而米切尔的目标就在于启发。读者能够看到他尝试新观念。在这里笔者希望大家注意,米切尔的写作和传播技巧是我们在阅读他的作品时首先需要注意的,并且也是可以学习的优点。米切尔的首要目标是将读者拉入他正在观察和想象的世界。

169

对城市研究的贡献

如上文所言,米切尔的研究在城市空间的技术转型方面影响最为深远。在这一领域,他是最先将赛博格概念运用到城市空间的学者之一。他的研究将身体和技术转型与物质环境结合起来,因此直到今天仍不失其影响力。理解了智慧城市对人的影响,也将启发我们从新的角度理解城市。城市不再仅仅是日常生活的回应,而是充满活力的思考空间。建筑和城市是否有神经系统？他将此类问题抛给了读者。米切尔毫不怀疑城市空间和经验不可避免地被网络化设施和因特网所改变。他说服读者相信了这一观点，这也是他对城市研究的主要贡献之一。

从 20 世纪 90 年代末开始，米切尔就开始研究"扩大的现实"，关于普世计算机、媒体地理和不同类型移动设备的研究都以这一主题为核心。在他 2005年出版的《未完的话》中，他将"扩大的现实"升级为新的概念，即"城市信息膜"（Urban Information Overlay）。此时，米切尔认为所有空间都是由信息所定义和设置的。信息膜决定了空间如何被感知以及人们在空间中的生活。从这里，我们可以想见谷歌地图如何塑造了我们对于场所的认识，以及不同的应用程序如何引导我们经过不同空间或是推荐我们参与某些活动；还有 GPS 系统在我们听音乐、玩游戏或是打电话的时候为我们导航。透过这些经验，我们可以发现米切尔的信息膜正在成为现实，而我们自己也已成为网络化城市中的赛博格。

参考文献

Beer，D.（2007）"Thoughtful territories：Imaging the thinking power of things and spaces"，*City*，11(2)：229 - 238.

Gane，N.（2006）"When we have never been human，what is to be done? An interview with Donna Haraway"，*Theory，Culture and Society*，23(7 - 8)：135 - 158.

Grimes，W.（2010）"William J. Mitchell，Architect and Urban Visonary，Dies at 65"，*The New York Times*，16 June. Avaiable at：http://www. nytimes. com/2010/06/16/us/16mitchell. html?_r=0.

Haraway，D.（1991）*Simians，Cyborgs，and Women：The Reinvention of Nature*. London：Free Association Books.

Hayles，N. K.（1999）*How We Became Posthuam：Virtual Bodies in Cybernetics，Literature and Informatics*. Chicago：University of Chicago Press.

Hayles，N. K.（2006）"Unfinished work：From cyborg to cognisphere"，*Theory，Culture and Society*，23(7 - 8)：159 - 166.

Hayles，N. K.（2009）"RFID：Human agency and meaning information-intensive environments"，*Theory，Culture and Society*，26(2 - 3)：47 - 72.

Mitchell，W. J.（1977）*Computer-Aided Architectural Design*. New York：Mason Charter.

170

Mitchell，W. J. （1987） *The Art of Computer Graphics Programming*：*A Structured Introduction for Architects and Designers*. New York：Van Nostrand Reinhold Company.

Mitchell，W. J. （1990） *The Logic of Architecure*：*Design*，*Computation and Cognition*. Cambridge，MA：MIT Press.

Mitchell，W. J. （1992） *The Reconfigured Eye*：*Visual Truth in the Post-Photographic Era*. Cambridge，MA：MIT Press.

Mitchell，W. J. and Alsina，P. （2005） "Interview：William J. Mitchell"，*ArtNodes*，January. Available at：www. uoc. edu/artmodes/espai/eng/art/mitchell1204. html

Moore，C. W. , Mitchell，W. J. and Turnbull，W. （1988） *The Poetics of Gardens*. Cambridge，MA：MIT Press.

哈维·莫洛特克[①]

HARVEY MOLOTCH

尤金·麦卡恩　西蒙·弗雷泽大学

（Eugene McCann，Simon Fraser University）

171 **代表作**

Molotch，H.（1976）"The city as a growth machine：Toward a political economy of place"，*American Journal of Sociology*，82（2）：309 – 332.

Logan，J. R. and Molotch，H. L.（1987；20th anniversary edn 2007）*Urban Fortunes：The Political Economy of Place*. Berkeley and Los Angeles：University of California Press.

Molotch，H.（1993）"The political economy of growth machines"，*Journal of Urban Affairs*，15（1）：29 – 53.

Molotch，H.（2005）*Where Stuff Comes From：How Toasters，Toilets，Cars，Computers and Many Other Things Come to Be as They Are*. New York：Routledge.

Molotch，H.（2012）*Against Security：How We Go Wrong at Airports，Subways，and Other Sites of Ambiguous Danger*. Princeton，NJ：Princeton University Press.

---

① 本文的写作得到了哈维·莫洛特克、汤姆·贝克、里甘·科克和艾伦·莱瑟姆的帮助，作者在此表示感谢。

导言

在城市研究领域，提起哈维·莫洛特克就等于提起增长机器（Growth Machine）这一产生广泛影响的概念。增长机器的概念首先由莫洛特克在1976 年提出，发表在《美国社会学学刊》（*American Journal of Sociology*）上；1987 年，在他与约翰·洛根（John Logan）合著的《城市财富：场所的政治经济学》（*Urban Fortunes：The Political Economy of Place*）中进一步完善；指的是由本地政商精英组成的联盟，旨在促进城市经济发展和人口增长，而且他们也可以从中获益。在莫洛特克看来，在美国的语境中，增长几乎是所有地方的必然要求（莫洛特克，1976 年，第 310 页）。这篇论文是城市发展批评研究中的经典之作，引起了广泛争论，甚至在其基础上形成的《城市财富》在出版二十年后的 2007 年得以再版——这些已足以说明增长机器这一概念的强大影响力。

不过，莫洛特克的研究领域和影响并没有局限在城市研究之内，他的研究焦点在于权力、政治派别和场所。通过定性方法，包括话语分析、访谈和民族志观察，他将社会建构方法应用到对许多核心社会问题的分析上。他的作品敏锐而又睿智，善于借鉴广泛的社会科学理论，并运用大量的实证案例。

如今，莫洛特克是纽约大学社会学、大都市研究和社会与文化分析教授，曾担任加利福尼亚大学圣芭芭拉分校社会学教授和社会学系主任。

172

学术经历与研究重点

莫洛特克在巴尔的摩长大，父母经营汽车配件和家居用品。本科时期，他在密歇根大学攻读哲学，后获得硕士学位，并于 1968 年在芝加哥大学获得社会学博士学位。1972 年，莫洛特克出版《力求融合：在城市做善事的困境》（*Managed Integration：Dilemmas of Doing Good in the City*），这是他的博士论文，研究了城市人口结构变迁时期芝加哥的南岸社区（South Shore）。随着白人居民离开这里而非洲裔美国人涌入南岸社区，这里的居民采取了各种措施试图将其变成一个稳定的、种族融合的社区，为此他们尝试让南岸变得对黑人和白人都有吸引力，以此来促进融合。莫洛特克认为，南岸社区最终的失败说明，尽管芝加哥城市社会学派主张人们彼此竞争以获取最好的城市空间，但实际上城市空间也在相互竞争以获得最佳的人口和土地利用模式。还在撰写博士论文期间的 1967 年，莫洛特克已发表作品，将城市视作一系列以土地为基础的利益集团的集合。所以说，增长机器理论在他的早期研究中就已扎下了根。

莫洛特克在战后的巴尔的摩长大，并在芝加哥接受教育，这使他有机会亲身体察城市变迁带来的活力和伤害；1967 年他前往加州大学圣芭芭拉分校，原是想寻求平静的城市生活。当时的加州虽然面临严峻的文化冲突，但圣芭芭拉却不像加州其他地区那般"先锋"，用莫洛特克自己的话说，圣芭芭拉有着"理想的气候，那里的文化温柔且精巧"（莫洛特克，1970 年，第 131 页）。然而好景不长，1969 年 1 月油田井喷使得 8 万—10 万桶原油倾泻到圣芭芭拉海滩。莫洛特克则以学术的视角解读了这次井喷，"钻井平台上喷射出来的不是原油，而是权力的真相"（莫洛特克，1970 年，第 131 页）。他试图解析井喷背后的真相，认为这次井喷因为对城市精英造成影响，因此后续的处理也不一样。美国政治和经济精英的参与也影响了对该事件的反应，同时媒体也构造了事件的传播方式（亦可参见莫洛特克和莱斯特，1974 年）。对他而言，这一事件提供了观察权力精英如何塑造和再现场所的机会，了解地方精英的局限性，这也是他后来的增长机器理论的一部分。

173　　如果说芝加哥和圣芭芭拉是莫洛特克学术道路的重要站点，1976 年他与约翰·洛根相遇可谓另一重要事件。这段婚姻堪称天作之合。巧合的是，就在莫洛特克发表其关于增长机器论文的 1976 年，洛根也在同一份刊物上发表了关于郊区开发的论文，而主编让两人互评对方的论文。随后两人的争论使得增长机器理论日益深化，也由此产生了 11 年后两人合作完成的《城市财富》。

核心理念

莫洛特克的研究集中于权力、派系和场所间的关系，尤其体现在增长机器这一理论上。所谓增长机器，是本地商业、政治及相关领域的精英组成的松散联盟，增加收入、获取政治权力和推动土地开发是他们的利益所在。在洛根和莫洛特克看来，增长机器是"场所企业家"，他们的目的在于创造增长的条件并吸引投资。增长机器的核心要素包括开发商、建筑公司、房产金融公司和房地产业——他们都与自己所在地区息息相关。例如，小规模地产所有者无法在其他城市购买或租赁土地，本地开发商则在与本地土地市场的联系中获益匪浅，但他们也很难在外地开拓类似的联系。因此他们的目标是促进本地发展，这样才能产生更多对土地的需求，也能提高地价和地租。

两位作者认为，在上述利益集团外还有很多也是增长机器的组成部分，包括本地政客、媒体、电力企业、艺术和娱乐企业、体育组织、劳工组织和大学，等等，由于它们的利益几乎完全依赖于所在地，因此也支持本地市场的扩大。这些本地政治精英的集合被《城市财富》一书称作"场所的政治经济学"（Political Economy of Place），其核心是增长机器与机器之外的非精英之间的紧张关系。洛根和莫洛特克认为，一般城市居民的利益并不都与土地捆绑在一起，但关于城市发展的决策强烈影响了他们。因此，增长机器的重要任务就是说服大多数城市居民，使他们相信增长不仅仅服务于精英阶层的利益，同样有益于所有人，即便有证据表明他们的观点有误，或是有政治反对活动。双方的博弈决定了城市的发展方向。

莫洛特克在 1976 年的论文中利用精英、意识形态、资源再分配和地方性等概念来表达他颇具颠覆性甚至堪称极端的观点，即对增长的成果进行分配是"地方政府作为政治机构的必要作为"（第 313 页）。不过，1987 年出版的《城市财富》对增长机器的定义有了扩展，其核心概念包括——场所及其社会生产的背后，是不同群体间的冲突，这种冲突塑造了城市；以使用价值和交换价值为框架，对有关增长各方的利益进行分析；在相关各方中，资本和食利者，无论他们来自哪些机构，他们对场所的依赖度较低，而另一方主要依赖土地；城市中有三种不同类型的场所企业家，即偶发的、有活力的和结构性的，其中结构性企业家对于公共政策最具影响力；增长的支持者往往用"价值中立"来掩盖意识形态争议，认为增长的利益惠及全民；系统化的权力揭示了当代城市政商精英的利益密切相关。两位作者以许多美国城市作为案例进行分析后发现，大多数案例中的增长实际上是"财富和人生机遇从一般大众转到了食利者阶层及其盟友手中……对于任何地方增长的质疑，都将威胁获利者的利益"（1987 年，第 98 页）。不过该书最后几章却在探索对增长机器进行批评的适当方式，这可能是受到莫洛特克的圣芭芭拉经验的影响。

在该书出版后的 15 年中，莫洛特克仍在探讨关于权力、派系和场所等重要概念，这与他对城市物质性的关注紧密相连（例如兰迪西[Rantisi]和莱斯利[Leslie]，2010 年）。在这方面，莫洛特克的研究主要集中在两个主题。首先，他对建筑和日常生活的琐事进行了社会学和地理学的研究（莫洛特克，2005年，第 2 页）。这一研究形成了他在 2005 年出版的著作《物从何处来》（*Where Stuff Comes From*），在拉图尔的行动者网络理论影响下，莫洛特克指出，无论是汽车、家用电器、家具、医疗设备、发电机、建筑还是厕所在很大程度上反映了当代社会如何运转以及如何被感知（参见本书关于马里亚纳·瓦尔夫德的介绍）。莫洛特克曾对设计这一主要是城市活动的专业进行了民族志式的调查，认为"对'物'有更好的理解，包括其背后的变革与稳定的机制，有助于改善生态和社会，也能更全面地理解产生这些'物'的社会"（参见本书关于娜塔莉·杰罗米年科的介绍）。

他最近的研究深受 2001 年 9·11 事件影响——他在纽约自己的公寓里目睹了双子塔的倒塌，由此他打开了新的领域，即灾难、恐惧、焦虑、威胁和城市的安保（圣芭芭拉再次成为他的案例）。在 2012 年出版的《反对安保》（*Against Security*）中，他认为城市安保的"常态"将城市中的物、基础设施和日常生活束缚在一起。他记录了在安保的名义下，地铁、机场、街道和天际线等城市基础设施被设计、管理和被建造的过程。当然，透过这些设施的设计、管理和建造也可以了解其背后的社会，也可以通过其地点、场所和体验了解这些影响深远的社会—物质和社会—空间系统如何被城市化。这再一次说明，莫洛特克善于根据时代形势进行学术研究，他对城市安保的研究正逢居民和学者共同关注城市的军事化之时（如斯蒂芬·格拉汉姆，2012 年）。

对城市研究的贡献

莫洛特克在其研究生涯的不同阶段，对城市研究做出了不同但都不乏深刻的贡献，其中最典型的当属增长机器理论，而且该理论可谓生逢其时。20世纪七八十年代是城市研究蔚然成风之时，芝加哥学派及其后继者所提出的城市生态研究、自由主义、新古典主义和实证主义研究视角正在受到新观点的挑战，包括马克思主义、韦伯主义和新兴的后现代主义。在不同的方法中，这些批判而激进的视角关注的是权力的在地化和运作，揭示并一定程度上改变了当代社会中的不平等。增长机器理论否定了主流的多元主义理论，主张城市精英才是权力的核心,由此也引出了许多新的理论。

　　毫无疑问,莫洛特克与洛根的研究对当代城市研究者思考城市政治产生了深远影响(例如博德奥[Bedore],2014 年;琼纳斯[Jonas]和威尔逊[Wilson],1999 年)。但他们的研究同样也引起持续多年之久的争议。《城市财富》出版后,当时的评论者批评该书将个人活动过度概念化了,或是过度强调了增长机器的作用,实际上很多时候,导致不同群体在资本和土地问题上形成对立的不是增长机器而是历史性的结构因素。而对于很多学者尤其是地理学家,该书没有将场所和规模上升到足够高的理论高度;同时也有学者质疑,主要以美国城市为案例得出的理论在世界其他国家是否依然有效。此外,增长机器理论也被指责容纳了过多的群体,并且没能整合国家权力;还有就是该理论有太多的双元对立群体的分别,比如使用价值与交换价值、当地食利者与资本家。

　　但这些质疑反而使得增长机器作为一种理论更有价值——该理论关注分析城市重要结构和不平等的方法,而且——包括其引起争议在内——强化了当代批评的城市研究。洛根和莫洛特克对其中的许多质疑进行了回应,而且莫洛特克本人专门回应了该理论在世界国家的适应性的问题。例如,他研究了其他国家的案例,并坚持以媒介为中心的方法在城市开发研究中的有效性(莫洛特克,1993 年)。当然,城市以及城市的政治经济始终在变化。对于环境的关注尽管与政治的关系更为密切(沃纳[Warner]和莫洛特克,2000 年),但随着可持续发展等概念的推广,也成为城市开发研究的内容之一,即便大学、体育队等原本利益局限于本地的机构正在扩展其利益的来源范围。这些变化需要进一步的研究,也促进了学术界对增长机器理论的进一步批评。

　　当然,莫洛特克对城市研究的贡献并非只有增长机器理论。他近期对消费产品、基础设施和城市安保对日常生活之影响的研究,与学界对物质性、行动者网络和安保/军事化的研究桴鼓相应。就像在此前的研究中所取得的成就那样,莫洛特克反对关于城市如何运作的权威观点并试图将其颠覆——他提出了城市运作、生活和改善的更好的理论,这也许说明,在未来的日子里,我们仍将感受到莫洛特克的影响。

参考文献

Bedore,M.(2014)"The convening power of food as growth machine politics:A study of

food policymaking and partnership formation in Baltimore", *Urban Studies*, 51(14):
2979 - 2995.

Graham, S. (2012) "When life itself is war: On the urbanization of military and security
doctrine", *International Journal of Urban and Regional Research*, 36(1): 136 - 155.

176   Jonas, A. E. and Wilson, D. (eds) (1999) *The Urban Growth Machine: Critical
Perspectives, Two Decades Later*. Albany: State University of New York Press.

Latour, B. (1987) *Science in Action: How to Follow Scientists and Engineers through
Society*. Cambridge, MA: Harvard University Press.

Molotch, H. (1967) "Toward a more human Human Ecology: An urban research
strategy", *Land Economics*, 43(3): 336 - 341.

Molotch, H. (1970) "Oil in Santa Barbara and power in America", *Sociological Inquiry*,
40(Winter): 131 - 144.

Molotch, H. (1972) *Managed Integration: Dilemmas of Doing Good in the City*.
Berkeley and Los Angeles: University of California Press.

Molotch, H. (1988) "The rest room and equal opportunity", *Sociological Forum*, 3(1):
128 - 132.

Molotch, H. and Lester, M. (1974) "News as purposive behavior: On the strategic use
of routine events, accidents, and scandals", *American Sociological Review*, 39(1):
101 - 112.

Molotch, H. and Noren, L. (eds) (2010) *Toilet: Public Restrooms and the Politics of
Sharing*. New York: New York University Press.

Rantisi, N. M. and Leslie, D. (2010) "Materiality and creative production: The case of
the Mile End neighborhood in Montreal", *Envrionment and Planning A*, 42(12): 2824 -
2841.

Warner, K. and Molotch, H. (2000) *Building Rules: How Local Controls Shape
Community Environments and Economies*. Boulder, CO: Westview Press.

恩里克·佩纳罗萨
ENRIQUE PENALOSA

胡安·巴勃罗·加维斯　纽约州立大学古西堡分校
(Juan Pablo Galvis, State University of New York at Old Westbury)

代表作

Penalosa, E. （2003） "Parks for livable cities: Lessons from a radical mayor", *Places*, 15(3): 30 - 33.

Penalosa, E. （2004a） "Social and envrionmental sustainability in cities", *Proceedings of the International Mayors Forum on Sustainable Urban Energy Development*, Kunming, China, pp. 19 - 31.

Penalosa, E. （2008） "Politics, power cities: Private interest and public good", in R. Burdett and D. Sudjic （eds） *The Endless City*. London: Phaidon Press, pp. 307 - 319.

导言

　　恩里克·佩纳罗萨是哥伦比亚政治家,也是世界闻名的城市规划与交通政策专家。1998—2001 年担任波哥大市长期间,佩纳罗萨不断在各种城市论坛和演讲中表达自己的观点。同时他也是交通与开发政策研究所(Institute for Transportation and Development Policy)理事会主席,为世界各国的城市开发尤其是交通政策提供决策咨询。演讲和咨询是佩纳罗萨发挥影响的主要途径,而非传统的学术研究。鉴于他曾担任波哥大这座全球南部大都市的市长,并且正逢发展中国家快速城市化之时,因此他的观点与城市研究密切相关;作为来自拉丁美洲的城市思考者,他的出现也符合当代城市研究领域呼吁重视非欧美经验的趋势。作为思考者,佩纳罗萨致力于解决城市中的普通问题,无论是全球南部的城市还是北部的城市;作为咨询者和实践者,对于全球南部与北部之间城市政策的借鉴,他无疑是最有影响力的人之一。因此毫无悬念,他在最近一次城市研究者和实践者的投票中,在最具影响力城市思考者的名单中排名第九。2015 年,佩纳罗萨再度当选波哥大市长。

178   重执权杖的佩纳罗萨致力于将平等融入城市设计,尤其是找到在全球南部城市中实现此一目标的方法。为了将平等置于城市政策的最优先地位,他构建了一个强力的、行动主义的城市政府,将集体利益置于个人利益之上,反对以放任的市场驱动城市开发的观点。佩纳罗萨最典型的政策,是将公共交通(尤其是快速公交系统即 BRT)与鼓励使用自行车的基础设施作为实现平等的手段,同样还有高质量的步行公共空间(包括公园、广场和滨水空间),这也是他打造波哥大城市特色风貌的手段。这些措施使他对全世界产生了影响,因此类似措施在世界各地不断被效仿。同时,他以此类措施作为实现城市平等的政治手段,也为他吸引了许多城市研究者的关注。

学术经历与研究重点

恩里克·佩纳罗萨 1953 年生于美国首都华盛顿特区,他的父亲老佩纳罗萨是哥伦比亚重要的政治家和外交官。佩纳罗萨成长的年代,正逢哥伦比亚经历快速城市化以及由此而产生的问题大量涌现之时,土地投机和精英阶层控制服务和基础设施,带来了严重的不平等。在父亲的自由主义政治理念影响下,佩纳罗萨坚信平等是基本政治原则,政府需要用强力手段才能实现平等。他在杜克大学学习经济和历史,并在巴黎第二大学公共管理国际研究所(Institute International d'Administration Publique)获得公共管理硕士学位。这段经历使他决心返回哥伦比亚,并追随父亲的脚步进入政坛。从 20 世纪 80 年代开始,佩纳罗萨开始在政府部门工作,为日后从政积累经验。同一时期,他出版了两部著作,即 1984 年的《民主与资本主义:下一个世纪的挑战》(*Democracy and Capitalism: Challenges for the Coming Century*)和 1989 年的《资本主义是最好的选择吗?》(*Capitalism: The Best Option?*)。这是他仅有的两部著作,在冷战即将结束的年代里呼吁"第三条道路"。1990 年,佩纳罗萨当选波哥大国会众议院,在两度竞选市长失败后,于 1997 年成功当选波哥大市长,并在 1998 年 1 月正式开始自己的任期。

在任期间的成功使佩纳罗萨从一个不知名的地方政客变为哥伦比亚政治明星和世界闻名的城市问题专家。他的成功来自于他对城市"宜居性"的关注,这也是他在市长任内强力推行的理念。这座哥伦比亚的首都被冲突和与毒品相关的恐怖活动所困扰,90 年代市民普遍认为波哥大不宜居住,国际观察家更是对这座城市嗤之以鼻。在他出任市长之前,波哥大已经开始了一系列管理和财政改革,旨在使这座城市摆脱政治上的失能状况。在此基础上,佩纳罗萨进一步拓展了公共工程,第一条快速公交线路在此时完成,这也是波哥大首次建成大众交通系统。他的政府也铺设了数英里长的自行车道,并整饬了全市的公园和步行道。更重要的是,佩纳罗萨在多个贫困地区开始了"社区去边缘化"计划,包括改善公共空间、学校、图书馆等公共设施。他主张用政府的公权力来实现公益,并限制私人汽车过多占用路权——波哥大的市民们还不习惯汽车的噪声。除了物质层面的变革,这些项目还给予波哥大市民自豪感,也使他们对城市的未来更加乐观。当 2001 年任期即将结束时,佩纳罗萨已是最受欢迎的政治家之一,但该国法律禁止在职市长竞选连任。

相比他在哥伦比亚国内的声望,佩纳罗萨的国际影响力更为持久。波哥大的成功转型堪称奇迹,而佩纳罗萨是这一不可能任务的主要推手,这为他赢得了国际声誉;同时,国际社会普遍相信他对城市不平等起源的认识,也认可他在担任市长期间所推行的以公共交通和绿色城市为主的城市开发政策。实际上对许多进步主义的城市研究者来说,佩纳罗萨代表着一股与众不同的新潮流,前者在 90 年代以来的私有化趋势中苦苦寻觅。如果说右翼纽约市长鲁道夫·朱利安尼(Rudolph Giuliani)在 21 世纪初构成了城市政策导向的一个方向,佩纳罗萨则是与其相对的另一个方向。

核心理念

尽管离开政府已逾十年,但佩纳罗萨仍被视作市长。他关于城市未来的理念和观点——从交通到可负担住房——往往与城市治理紧密相连,其核心目标在于如何通过城市规划推进城市社会的平等(参见本书关于贾森·科伯恩的介绍)。持此目标的城市思考者当然不止佩纳罗萨一人,但他的独特之处在于将关于平等的观点付诸实践。他的演讲以及为城市提供的建议往往致力于将复杂的城市规划与推进城市平等的观点联系起来，作为波哥大这座全球南部大都市市长的经历进一步增强了他的影响力。佩纳罗萨重新思考了全球南部城市之规划设计的目标和方法，这使他在全世界都产生了影响。他在为简·吉尔《建筑之间的生命》的西班牙语版的序言中写道："在发展中国家，城市正在建设之中……完全有机会应用吉尔的激进方案来重塑城市。"（佩纳罗萨，2004 年 b）[①]

关于"城市的激进方案"，佩纳罗萨受到城市研究者如简·雅各布斯和威廉·怀特等人的影响，他们从社会和政治角度探讨了公共空间。其中，简·吉尔对他的影响最大。在佩纳罗萨最为激进的方案中，在市长任内引发最大抗议的规划中，都体现了他对私人汽车在城市规划和管理中占据主导地位的不满。佩纳罗萨将公共空间平等的观念具体应用到交通的平等上，主张采取一切可能的措施限制私人汽车。他将停车场改为人行道，有意无视交通拥堵以将其作为限制私人汽车的机制，甚至明确禁止在高峰时段使用私家车。在汽车拥有率低于北部的全球南部，佩纳罗萨将汽车视作不平等的集中体现——富有居民影响公共政策，使其有利于私家车的使用。没有多少钱的城市将有限的资源用于建设有利于私家车的基础设施，也就忽视了公共交通系统和有利于步行和自行车的设施。

将政治考虑置于技术之前，将公共交通置于私人交通之上，这也是佩纳罗萨的主要贡献之一。他的公共交通方案有助于推进城市平等这一宏大目标，而不仅仅是从技术层面解决城市拥堵。换句话说，城市应当推进公共交通建设不是因为其最有效也不是因为其有利于环境保护，而是因为其能够缓解城市不平等。佩纳罗萨推动城市平等的另一个途径是建设自行车道。在他看来，自行车道不仅仅是波哥大的独有特征和环境友好型交通系统，也是人们可以平等相遇和互动的空间；假如没有汽车，自行车可以使所有人都享受到城市福利而无关其社会地位。公共交通和开放空间等城市设施不仅仅是实现流动或享受娱乐的工具，而且是缓解全球南部城市的不平等现象的路径，这是佩纳罗萨的核心观点之一。

这一观点也说明，社会平等只有在城市设施的使用中才能实现。同样，佩纳罗萨也主张城市建设大面积的公共空间，各色人等可以在这里相逢和互动，

---

① 作者自己的翻译。——译者注

社会差异也就被掩盖在空间之中。简而言之,在公共交通如自行车道和公园等空间里,人人都是中产阶级。尽管他推进城市平等的努力得到国际认可,却两次在波哥大市长竞选中败下阵来,输给了比自己更左的政客。之所以如此,部分原因在于他希望将波哥大打造成一座中产阶级城市,而没有考虑改善普通人的物质条件。比如街头小贩,他们被佩纳罗萨视作利用公共空间为自己服务的人,而这不利于社会平等的推进,所以虽然他们在街头谋生,却削弱了公共空间的平等属性。这并不是个小问题,因为类似的矛盾现象在全球南部的城市中随处可见。

对城市研究的贡献

　　作为城市思考者和咨询专家,对全球南部城市的关注是佩纳罗萨最重要的贡献之一。当然,这不是说他只关心全球南部的城市;相反,他的影响力正来自于他从全球南部城市中积累经验并尝试将其经验应用到世界其他地区(参见本书关于雷·库尔汉斯的介绍)。可以说,他的努力正符合时代的需求,因为在未来数十年间,世界城市人口的增长将主要集中在全球南部;也因为北部城市也在经历日益严峻的不平等。从这一角度出发,佩纳罗萨符合当代城市研究试图摆脱以北部城市为中心的趋势。安娜雅·罗伊和詹妮弗·罗宾逊等学者正试图将城市研究中南部—北部的分裂理论化,以便超越这一分裂。佩纳罗萨的观点和实践,启发了学术界思考将北部经验不加批判地用于南部城市中将会带来怎样的结果。此外,他不断推广自己做市长的经验,探讨如何将波哥大的经验应用到其他城市,无论其贫富。从某个角度看,佩纳罗萨本人就是比较南部和北部的媒介,也是城市政策在北部和南部流通的缩影。他的身上体现了不同城市之间的多重联系,并将研究与实践结合在一起。

　　要感受佩纳罗萨的影响,无过于城市交通领域了。他鼓励城市交通的研究者和实践者首先考虑城市平等原则,呼吁他们在多种交通形式和为更多的人提供更多使用城市设施的方法之间做出平衡。他反对不加思索地接受以汽车为中心的美国城市发展模式,认为这对正在发展中的全球南部城市同样产生了不利影响。由此,许多城市研究者和管理者在他的影响下提倡不同的城市模式,并修订了过往模式的错误。交通往往是阻挠城市贫困居民平等使用城市设施的主要原因之一。也正是在交通方面,佩纳罗萨的影响超越了学术

181

领域。作为市长，他不能不考虑城市的现实状况，因此他能够将自己的观点转化为公共政策。

　　如今 BRT 系统正在世界各地出现，数以百万计的乘客能够密切感受佩纳罗萨对城市交通的影响，这一建立在原本留给私家车的空间上的公共交通模式是他解决城市问题的典型案例。私家车曾经是城市中的王，将用于城市的空间留给公共交通的象征性意义表达了他对所有居民——无论贫富——的重视。这使得他不同于一般的交通专家，也不仅是成功的城市改革者。他坚持将平等作为指导城市的首要原则，并主张技术应服务于城市社会的需要，这是他成为影响广泛的城市思考者的重要原因。此外，他成功的市长经历以及敢于将原则变成实践的勇气使他的影响更为广泛。

参考文献

Beccassino，A. and Penalosa，E.（2000）*Penalosa y una ciudad 2600 metros mas cerca de las estrellas*. Bogota：Grijalbo.

Penalosa，E.（1984）*Democracy y capitalism：desafios del proximo siglo*. Bogota：Fundacion Hacia el Desarrollo.

182　Penalosa，E.（1989）*Capitalismo：La mejor opcion?* Bogota：Fundacion Hacia el Desarrollo.

Penalosa，E.（2000）*La Bogota del tercer milenio：Historia de una revolucion urbana*. Bogota：Alcaldia Mayor.

Penalosa（2004b）"Foreword"，in J. Gehl，*La humanizacion del espacio urbano. La vida social entre los edificios*. Barcelona：Reverte.

詹妮弗·罗宾逊
JENNIFER ROBINSON

拉亚什里 N. ·里迪　多伦多大学

（Rajyashree N. Reddy，University of Toronto）

代表作

Robinson，J. (1996) *The Power of Apartheid：State，Power，and Space in South Africa Cities*. London：Butterworth-Heinemann.

Robinson，J. (2002) "Global and world cities：A view from off the map"，*International Journal of Urban and Regional Research*，26(3)：531 -554.

Robinson，J. (2005) "Urban geography：World cities，or a world of cities"，*Progress in Human Geography*，29(6)：757 - 765.

Robinson，J. （2006）*Ordinary Cities：Between Modernity and Development*. London：Routledge.

Robinson，J. (2011a) "Cities in a world of cities：The comparative gesture"，*International Journal of Urban and Regional Research*，35(1)：1 - 23.

导言

　　詹妮弗·罗宾逊是城市地理学家，在后殖民主义与比较城市研究领域贡献良多。她早期的研究聚焦于种族隔离时期及结束后南非隔离制度的空间性和政治，之后将研究视野拓宽至整个城市研究领域，尤其重视少数西方城市的经验如何主导了城市研究。2006 年出版的《一般城市：现代性与发展》（*Ordinary Cities：Between Modernity and Development*）是一部原创性作品，纠正了城市研究对西方经验和理论的偏好，通过采用后殖民主义的分析框架，提出了对全世界不同城市进行研究的方法。罗宾逊用后殖民主义路径批评了全球南部城市对发展的迷思，质疑了西方城市在现代性方面的优势，呼吁有必要将所有城市都视作"一般城市"，并致力于构建比较城市研究的方法论以促进城市理论走出西方经验。这些研究使詹妮弗·罗宾逊始终立于当代城市研究的前沿。

目前，罗宾逊是伦敦大学学院地理学教授。

学术经历与研究重点

184   罗宾逊在南非出生和长大，她的研究也主要来自南非城市的经验。在 1984 年和 1987 年于德班纳塔尔大学（University of Natal，现库阿祖鲁纳塔尔大学［University of KwaZulu-Natal］）分别获得学士和硕士学位后，她来到剑桥大学攻读地理学博士学位，学成后重返南非，并在母校获得教职。在这里，罗宾逊完成了她的首部专著，即 1996 年出版的《隔离的力量：南非城市中的国家、权力与空间》（*The Power of Apartheid：State，Power，and Space in South African Cities*），分析了南非这个种族隔离合法的国家中畛域分明、隔离化的居住空间是如何形成的，揭示了城市空间种族化对国家权力之构建与行使的意义，也深化了学术界对南非城市史的研究。

1995 年，罗宾逊离开纳塔尔大学再度前往英伦，先是在伦敦政治经济学院，后又前往英国公开大学，在这里，她出版了《一般城市》这部里程碑式的作品。她在序言中感慨，自己从德班来到伦敦，发现城市研究中充斥着关于现代性和发展的理论，这使得学术界总是以发展主义的视角来理解德班和其他南非城市。这种理论的偏好在现实中不仅制约了这些城市的活力和现代化发展步伐，同时也使其处于全球城市或曰世界城市体系的底层；在学理上故步自封，难以有所突破。可以说，《一般城市》及其后续研究致力于（1）批判关于城市建筑与知识的主流观点（罗宾逊，2006 年，第 11 页），即将德班等城市视作贫困和待开发地区的观点；（2）构建去等级化的城市体系，将所有城市一概视为"一般城市"。在这一尝试中，后殖民主义是罗宾逊的主要武器，正是在她的努力之下，该理论逐渐融入城市研究的主流。

后殖民主义是以跨学科视野探讨殖民者（如西方）与被殖民者（如东方和全球南部）之复杂历史关系以及殖民主义的当代文化遗产的理论和方法。围绕后殖民主义已形成丰富而多样的研究成果,其中知识生产是反复出现的主题,因为知识生产被视作殖民掠夺和控制的核心环节。在如今西方理论和学科门类被东方和全球南部广泛接受之时,后殖民主义从根本上颠覆了对西方关于其他地区知识的理解,因此批评西方中心主义和将知识去殖民化是后殖民主义最主要的任务。以后殖民主义为武器,罗宾逊抨击城市研究中的西方中心主义,尤其是那些被城市研究者广泛接受和认可的所谓经典文献。

　　2009 年在伦敦大学学院担任地理系教授后,罗宾逊的研究焦点转向将城市研究国际化。她不再批评城市理论的经典文献,而是尝试构建普世主义的城市比较和分析方法,通过梳理世界各地的城市,力图从那些被主流城市研究所忽视的城市中得出新的理论。

185

核心理念

　　罗宾逊是后殖民主义城市想象构建中的核心人物。她认为,城市知识的生产和再现应当从顶级城市走向一般城市,并推动了城市理论的国际化。她在理论上继承了后现代主义理论家迪佩什·查克里巴蒂(Dipesh Chakrabarty)的衣钵,强调现有城市研究经典文献含有等级化倾向,完全出自西方经验;揭示了将来自欧美城市经验的理论运用于全球南部城市研究所蕴含的危险。

　　在她的研究中,有三项理论最为突出。首先,她揭示出城市现代化理论实际上仅出自西方经验,忽视了全球南部城市的现代化。其次,由于所谓"全球城市"的标准仅仅来自少数典型性城市,因此这一概念的使用应注意其局限性,甚至学术界总是从发展的弊端的视角观察全球南部城市。最后,罗宾逊主张比较城市研究,通过将那些往往被城市理论忽视的城市纳入观察视野,形成一种普世主义的新理论。下面,笔者对这三项理论展开进一步的论述。

　　罗宾逊认为,城市现代性是"城市生活的文化经验",以及与此相关的"新颖和创新的表现"(罗宾逊,2006 年,第 4 页)。她告诉读者,在城市研究领域,柏林、巴黎、伦敦、纽约和芝加哥毫无疑义地被视作现代性城市,而非洲等全球南部城市则被认为需要复制西方经验才能实现现代化,因此其在时间上落后于前者;这种将原生现代化归于少数西方城市、认为只有这些城市才是现代化原型的观点是在西方理论影响之下形成的。例如以芝加哥为基础形成的芝加哥学派，认为传统和原始的生活（暗指非西方城市）与现代城市中的生活方式完全不可比较。与之相仿，20 世纪中期以赞比亚铜矿省（Copperbelt）为研究对象的人类学家们发现，传统与现代生活在这里的城市中共存。通过吸收人类学家对铜矿省的研究，以及本雅明关于辩证看待传统与现代的主张，罗宾逊反思了关于原生现代性的观念。

部分是来自于对原生现代性的思考，罗宾逊研究了那些堪称美国城市现代性之典型的案例，例如纽约摩天大楼的历史，这一高层建筑一直被纽约视作自己的独创。然而罗宾逊却发现，摩天大楼的出现的确有其来自本地的因素，但也融合了其他地区之建筑与风格的元素。这样一来，罗宾逊揭示出摩天大楼这一纽约地标性建筑不仅仅是原创同时也是模仿，无异于驱散了全球南部城市普遍对效仿他人、原创不足的焦虑。罗宾逊通过大量关于全球南部城市的例证发现，非洲城市中的工人不仅生活在苦痛之中，同时他们也对城市生活感到兴奋和彷徨，并将这种兴奋和彷徨融入绘画和歌曲之中。总之，通过质疑西方城市的原生现代性，以及同时代全球南部城市现代性所表现出的创新和创意活动，罗宾逊呼吁城市研究将被忽视城市的现代性纳入城市理论的框架之中。

由于当代城市研究仍将全球南部城市置于发展这一框架下，罗宾逊对于这些城市之现代性的肯定显得尤其重要。发展理论将全球南部城市视作处于落后阶段的地区，经济停滞并且饱受水资源匮乏、电力不足、交通设施破败等问题的困扰，因此这些城市需要借助发展实现现代化。结果，那些最糟糕的全球南部城市最受关注，似乎只有它们才是南部城市，使得城市研究者们相信，他们的经验与其他城市迥然有别。但在罗宾逊看来，这是典型的发展主义者的偏见，内含着"难以撼动的双重性"，即西方提出理论，全球南部城市提供实例（罗宾逊，2002 年，第 531 页）。她认为，全球城市/世界城市的研究路径进一步强化了理论/实证的双重性，也强化了关于全球南部城市的发展主义视角。

通过全球城市/世界城市路径理解城市化，实际上是在解释城市及其相互关系如何影响了全球化的新形态。萨斯基亚·萨森使学界开始关注"全球城市"，这一新类型的城市聚集了"先进生产者服务业"包括银行、金融、会计、保险和法务，同时也是全球经济的协调和管理中心。随着萨森的全球城市理论成为城市研究的范式之一，学术界越发将关注点聚焦于银行和金融等部门——类似产业为全球服务,并且使城市在一个靠金融和银行网络构成的权力体系中身居高位(参见本书关于迈克尔·斯托普的介绍)。

罗宾逊认为,全球南部城市与世界经济之间"保持各种各样的关系和联系",但全球城市理论几乎只重视经济因素,因此全球南部城市在全球城市体系中的地位被忽视了,其结果就是银行和金融网络几乎成为评判城市等级和地位的唯一标准,而其他因素则付之阙如。显然,以这样的标准衡量,基础设施不足或缺乏银行和金融以及其他生产者服务业的全球南部城市要么被排除在全球城市体系之外,要么居于体系的底层,被视作与全球经济存在"结构性断裂"。在她看来,所有的城市都具有"全球性",因此不是全球南部城市与全球城市的标准相去甚远,而是全球城市理论本身存在缺陷,不能有限评估城市世界内部的全球联系。

全球城市理论将全球城市视作世界经济体系中的指挥与控制节点(萨森,1991年),这一观点对城市规划师和决策者极具吸引力,其中不少已经冒险一搏,尝试在全球南部城市中发展全球城市那样的服务业,却付出了破坏城市经济多样性的代价,其结果就是失去了本可以使数百万人(包括最贫困人口)就业的岗位。罗宾逊意识到这些毁灭性的影响,认为全球城市/世界城市理论"与世界城市的关系,从最好的方面说是无关痛痒,从最坏的方面说是有害无益"。

由此,她创造了"一般城市"这一理论来纠正全球城市理论的偏颇,使城市规划师和建筑师们不再执迷于全球城市才有的设施和功能。所谓一般城市,指的是"多元、创新,充满现代性又不乏个性,能够走向属于自己的未来和属于自己的城市形态(在竞争形成的有限约束和不平等权力关系之内)"(罗宾逊,2002年,第546页)。罗宾逊认为,包括全球城市——无论是顶级城市纽约还是底层城市德班——在内的所有城市都是城市世界中的"一般城市",这一理论将避免追求成为全球城市的代价,保留不同的经济部门,使所有的城市都有机会创造、增长和生产就业岗位,因此所有城市都可以走向属于自己的未来。

城市理论只有国际化才能理解21世纪的城市,这是贯穿罗宾逊研究的核心理念之一,也是她当下的研究焦点。她相信,各种各样的普通城市,尤其是在现有城市理论中被忽视的城市,是进一步研究的重点,也是城市研究中有待开发的处女地。她认为,比较研究可以将多个城市放在一起,因此有助于城市研究理论的国际化(罗宾逊,2011年a,2011年b)。因此她尤其重视使用比较

187

方法,并且批评发展主义将世界划分成发达和发展中两个层面,而这种划分阻挠了比较方法的运用,结果导致学术界只对"最相似的城市"进行比较。她呼吁跨越全球南部与北部的边界,对"最不相似的城市"进行比较,例如对美国城市与尼日利亚城市进行比较,又如对城市抽象因素包括城市流动的比较。罗宾逊本人研究了新自由主义政策与理念在城市之间的流动和传播,认为对新自由主义空间的理解将引起对因果关系的新思考,从而使更多的城市的案例进入城市研究的理论构建(帕奈尔[Parnell]与罗宾逊,2012 年)。

对城市研究的贡献

詹妮弗·罗宾逊对城市研究最大的贡献在于将城市理论与西方世界和全球北部少数全球城市的经验相脱离,推动了新的城市研究思路,即从那些被传统城市研究所忽视的城市中重新思考现代性。随着城市化的重心从全球北部转向南部,她创造性地将后殖民主义用于城市研究和城市理论的国际化。在这样的时代背景中,罗宾逊所主张的国际化的城市理论——用辛迪·卡茨(Cindi Katz)的话说——是一种"小理论"(Minor Theory),即灵活可变但没有普遍性。安娜雅·罗伊等城市研究者的工作对罗宾逊的理论进行了补充,前者呼吁创造城市理论的"新地理"。由此,罗宾逊的突破性研究鼓励了越来越多的比较城市研究,并促使研究者思考全球南部城市对城市理论的贡献。

然而,随着学术界越发关注罗宾逊的研究,越来越多的学者开始批评她的理论缺少实证基础的支持,批评她过度强调比较研究的创新性,而实际上比较方法久已为城市研究者所运用(参见本书关于阿布-卢哈德的介绍)。然而,罗宾逊关于城市理论国际化的主张却有其紧迫性,特别是在城市研究者尚未意识到其意义的时刻——艾伦·斯科特和迈克尔·斯托普批评后殖民主义城市研究,认为该理论造成了"新的独特性";尼尔·布雷纳及其支持者则主张星球城市化应当成为城市研究的新范式。

参考文献

Brenner, N. and Schmid, C. (2015) "Towards a new epistemology of the urban?", *City*, 19(2-3): 151-152.

Chakrabarty, D. (2000) *Provincializing Europe: Postcolonial Thought and Historical*

Difference. Princeton，NJ：Princeton University Press.

Katz，C.（1996）"Towards minor theory"，*Environment and Planning D：Society and Space*，14(4)：487－499.

Parnell，S. and Robinson，J.（2012）"(Re)theorizing cities from the Global South：Looking beyond neoliberalism"，*Urban Geography*，33(4)：593－617.

Robinson，J.（2004）"In the tracks of comparative urbanism：Difference，urban modernity and the primitive"，*Urban Geography*，25(8)：709－723.

Robinson，J.（2011b）"Comparisons：Colonial or cosmopolitan?"，*Singapore Journal of Tropical Geography*，32(2)：125－140.

Roy，A.（2009）"The 21st century metropolis：New geographies of theory"，*Regional Studies*，43(6)：819－830.

Sassen，S.（1991）*The Global City：New York，London，Tokyo*. Princeton，NJ：Princeton University Press.

Soctt，A. J. and Storper，M.（2015）"The nature of cities：The scope and limits of urban theory"，*International Journal of Urban and Regional Research*，39(1)：1－15.

安娜雅·罗伊

ANANYA ROY

汉娜·西尔布兰特　公开大学

（Hanna Hilbrandt，The Open University）

189　**代表作**

Roy，A.（2003a）*City Requiem，Calcutta*：*Gender and the Politics of Poverty*. Minneapolis and London：University of Minnesota Press.

Roy，A.（2005）"Urban informality：Toward an epistemology of planning"，*Journal of the American Planning Association*，71(2)：147 – 158.

Roy，A.（2009a）"The 21st century metropolis：New geographies of theory"，*Regional Studies*，43(6)：819 – 830.

Roy，A.（2011a）"Slumdog cities：Rethinking subaltern urbanism"，*International Journal of Urban and Regional Research*，35(2)：223 –238.

Roy，A. and Ong，A.（eds）（2011）*Worlding Cities*：*Asian Experiments and the Art of Being Global*. Malden，MA：Blackwell.

导言

　　安娜雅·罗伊是城市研究和国际开发方面的专家,尤其关注规划与贫困政策。她的研究从地理上看以印度为主,不过更多的是面向全球,研究对象既有贝鲁特又有深圳和开罗;整合了城市之间的跨国关系,包括核心国家与边缘国家之间、全球目标与地方竞争之间,以及贫困群体的城市生活与资本全球流通带来的约束之间。在这一过程中,罗伊形成了多层次的研究路径,将关于日常生活的人类学视角与宏观权力结构联系起来。

如今,安娜雅·罗伊执教于加利福尼亚大学洛杉矶分校的拉斯金公共事务学院,是城市规划与社会福利学教授,是不平等与民主研究方向的梅耶和雷尼·拉斯金讲席教授,并主持不平等与民主研究院。

学术经历与研究重点

虽然在印度加尔各答长大,但罗伊是在美国大学接受的高等教育。在米尔斯学院获得比较城市研究学士学位后,她在加州大学伯克利分校城市与区域规划系获得硕士学位,并在 1999 年获得博士学位后留校任教,于 2006 年获得终身教职。2015 年,她在加州大学洛杉矶分校获得了现在的职务。

尽管罗伊本人跻身美国学术圈,但她的研究重点却放在遥远的印度。她的第一部著作,也就是 2003 年出版的《城市安魂曲之加尔各答: 性别与贫困的政治》(*City Requiem, Calcutta: Gender and the Politics of Poverty*),是以博士论文为基础的专著,探讨了"一座没有规划的城市的政治"(第 137 页),由于没有总体规划,土地分配和开发都是以非正式的方式管理和推进的。本书奠定了罗伊后来的研究方向,例如 2004 年与奈泽尔·阿萨德(Nezar AlSayyad)一同主编的《城市非正式性:跨国视野下的中东、拉美和南亚》(*Urban Informality: Transnational Perspectives from the Middle East, Latin America, and South Asia*)揭示了非正式性与国家干预间的关系,并质疑了城市发展的伦理。从这一角度来说,《城市安魂曲之加尔各答》为罗伊后来的一系列批判性研究奠定了基础,而通过这些研究,罗伊深刻影响了相关主题的讨论(罗伊,2005 年,2009 年 b,2011 年 a)。该书的第二个主题是性别与贫困的关系,她在对加尔各答的研究中提出了城市生活"双重性别化"(Double Gendering)的概念(罗伊,2003 年 a,第 86 页),用来说明女性不但要承担挣钱养家的责任,也要通过做家务承担起顾家的重担,而家务维持了性别等级和男性的优势地位。罗伊通过女权主义路径探讨了上述主题,解构了传统的分类方法和本质主义视角,她在后续的几部著作中继续了这一解构。例如 2010 年出版的《贫困资本》(*Poverty Capital*)研究了国际开发产业,探讨了小额贷款如何体现了性别和贫困的不平等关系(罗伊,2010 年,第 226 页)。该书也关注了《城市安魂曲之加尔各答》中的一个主题,即影响城市开发的权力关系的全球联系。该书发现,加尔各答边缘地带的贫困与家庭模式、政治资助和不确定的土地权有关。但这一视角的敏锐并不仅仅体现在对边缘地区的关注，罗伊对贫困的研究与更大的主题包括国家、居于霸权地位的经济形态以及国际捐助人和联合国等全球性非国家组织相连。这一对全球关系的理解最明显地体现在她与阿尔瓦·昂（Aihwa Ong）合编的新著中，即 2011 年出版的《城市的世界化：亚洲实验与走向全球的路径》（*Worlding Cities：Asian Experiments and the Art of Being Global*）。

对权力的批评贯穿罗伊的研究。尽管她的部分研究，尤其是关于贫困政治的研究，旨在为行动者和政治家提供资源，但更多的还是致力于推动学术的转向。她试图打破关于发展的目的论导向，解构城市研究对西方经验的依赖，反思主流规划机制内含的不公正。她不断地反思自己的学术立场，并尝试揭示学术界在城市开发过程中与其他利益集团的共谋行动（罗伊，2003 年 a，2003 年 b）。这一倾向尤其体现在《贫困资本》中，在书中她提出了"双重媒介"（Double Agent）的概念，用来描述研究者与实践者之间的密切联系，他们既是新自由主义开发方案的制定者，也是执行者。在 2010 年的一场大学的抗议活动中，罗伊亲身实践了这一点。由于深刻卷入大学的管理，罗伊反对学费上涨、调整公共教育结构，也反对教育私有化和紧缩财政。我们也许会批评她的立场，或是如她的同事迈克尔·瓦茨（Michael Watts）一样困惑，双重媒介是否"在霸权的实施中充当权力的麻醉剂"。但罗伊本人还是充满希望，对她来说，这一角色就是要复兴政治，并将新自由主义的共谋转化为虚构和竞争。

核心理念

罗伊将城市发展置于全球权力与其导致的不平等之间的关系中，她对相互依赖关系的关注为当代对非正式性、从属地位的形成以及全球治理之间的关联提供了新的解释。

首先，罗伊改变了对城市非正式性如何运转的主流认识。学者和决策者往往将非正式性等同于规则、规划和法律之外而存在的住房、基础设施和经济形态；但在罗伊看来，非正式性并非制度之外，而是违反国家规定的城市建设的状态。《城市非正式性》出版后，罗伊先后发表许多论著深化这一概念（2009 年 a，2009 年 b，2009 年 c，2011 年 a），她并没有强调非正式住房或规划的独特性，而是将非正式性与土地政治相关的权力关系联结起来，并在研究中涉及国家政治的不确定性和治理机器的可变性。罗伊告诉读者,治理并不是中立的,因此正式与非正式的划分实际上是一种控制手段和策略;国家利用规章制度产生策略空间,由此决定了非正式性是否产生;因此,制度和机构利用"法外"条款来使自己突破、忽略或是改变制度自身的框架。那些所谓非正式的规划实际上来自于对既有规定的非法修订(罗伊,2009 年 c)。在她看来,社会组织和政治机构通过去中心化的、私有化的和有策略的方法来管理非正式性;非正式性是"城市化的必然产物"(罗伊,2009 年 b,第 76 页),是"控制城市转型进程的一系列规则"(罗伊,2005 年,第 148 页)。

其次,罗伊讨论了城市发展中统治机构的形成,其核心观点在于,通过社会和政治机构对空间实施的日常管理复制了居民及其在城市中的位置。某些体系导致人们处于从属地位,比如她探讨的加尔各答边缘地区的家庭妇女,这类体系也影响着政策和规划(罗伊,2009 年 d;阿萨德和罗伊,2006 年)。简单说来,"阐述机制"就是"场所和权力的机制"(罗伊,2006 年,第 9 页)。为了理解这一观点,我们需要注意的是罗伊借鉴了后殖民主义理论,这是随着非殖民化浪潮而兴起的一种批评理论,旨在解构殖民统治带来的观念、权力关系和态度。借助后殖民主义理论,罗伊不仅关注霸权式的话语如何将城市中从属群体边缘化,也揭示了贫困群体的社会机制。同时,罗伊并未将从属群体的斗争视作一种颠覆现行体制的进程(罗伊,2009 年 b,第 84 页),而是认为治理机制致力于构建一种机制,这种机制下的从属群体既是反抗者又是顺从者,他们自己剥削自己并且自己规训自己(罗伊,2009 年 a,第 827 页;2009 年 d,第 168 页)。在研究中,罗伊不断强调这一点——在对加尔各答的研究中,"家务化"(Domestications)不仅针对性别,也就是一种针对女性特定角色的观念(罗伊,2003 年 a,第 222 页);同时也强化了贫困的政治,使贫困家庭被整合进治理的系统之中。罗伊关于从属地位的形成使治理成为可能的观点也体现在《贫困资本》对小额贷款的研究中,由此构建了千禧年资本主义伦理化(产业不仅尝试通过帮助穷人获得贷款来促进资本的民主化,而且通过强化伦理规则引导这一进程)与提供小额贷款的全球公民之间的联系。

最后,罗伊揭示了全球治理之间的相互依赖(罗伊,2010 年,2012 年 a,2012 年 b),通过发掘场所之间的联系分析城市化的全球进程(参见本书关于加西亚·坎克里尼的介绍)。这一方法的基础在于,背景(尽管城市发展路径有地方差异,有历史性差别,也存在多种多样的模式和模糊性)无法束缚地方

192

性,而需要与全球治理规则相联系。为此,她探讨了地方与更广泛的权力地理的联系,例如,《贫困资本》揭示了资本和专业技术的流动如何塑造了地方的贫困政治。与《城市安魂曲》不同,《贫困资本》关注的不是城市贫困群体或国际贷款的接受者,而是发展策略与金融业的管理者。罗伊在书中展现了所有与贫困的生产和传播相关的元素,包括技术专家、学者和第一世界的捐款人,揭示了在资本与权威性知识相互关联基础之上的全球治理模式。《城市的世界化》与之类似,展示了那些力争上游的亚洲大城市之间的联系。由此,罗伊探讨了城市知识、形象的流通以及全球意象之相互参照所塑造的联系性,这种联系性推动了全球秩序的生产。

对城市研究的贡献

安娜雅·罗伊的理论和方法大力推动了后现代主义与全球城市研究的结合。与詹妮弗·罗宾逊和阿卜杜马利克·西蒙尼类似,她的研究旨在改变现行城市理论主要来自欧美发达国家的少数城市经验的现状,形成超越地理局限的新理论,也就是从那些长期被忽视的城市中得出理论。不过罗伊的关注焦点并非主流城市理论的偏见,即以现代化为透镜,将全球南部城市视作"贫民窟星球"(参见本书关于迈克·戴维斯的介绍),其结论则是后者应当奋力追赶西方。罗伊从方法上进行创新,她提供了使城市研究者放弃上述观点并促使城市理论去中心化的一系列分析工具。这些工具推动了城市研究的跨国转向,或者用她自己的话来说,"参考那里发生了什么,来研究这里发生了什么"(罗伊,2003 年 b,第 465 页)。例如在《城市的世界化》中,罗伊和阿尔瓦·昂用"世界化"一词来打破核心-边缘的二分法,构建新的观察视角;通过借鉴后殖民主义理论,该书关注的是"殖民创伤"导致的从属地位和发展路径,"世界化"指的是全球大都市之间的关联性。不过就后殖民主义而言,"世界化"则旨在凸显那些后殖民主义发展模式尚未涉及的发展、构建和抵抗(2011 年,第 308 页)。

城市研究中的概念工具不足以研究当代城市化的地理分布,也不足以分析当代城市化背后的权力关系,罗伊的这一判断已经启发了许多研究者进行深入思考。罗伊关于城市研究跨国视角的呼吁,不仅启发研究者们描绘出新的地理想象,而且改变了知识的现行分类。随着学术界将她的理论运用到更多实证研究中,研究者也借鉴她的关联性和联结性理论来生产新的概念,并重绘了知识的地理,尤其是动摇了全球南部与全球北部的二分法。

罗伊的研究无疑将把城市研究推向更美好的未来。与罗伊所说的"全球都被改变了的世界"相比(罗伊,2003 年 b,第 466 页),城市研究还有很长一段路要走。她的研究启发研究者们更好地应对空间的全球生产——面对日益严峻的不平等和支配,这一关注显得尤为必要。

参考文献

AlSayyad, N. and Roy, A. (2006) "Medieval modernity: On citizenship and urbanism in a global era", *Space and Polity*, 10(1): 1 - 20.

Roy, A. (2001) "A 'public' muse: On planning convictions and feminist contentions", *Journal of Planning Education and Research*, 21(2): 109 - 126.

Roy, A. (2003b) "Paradigms of propertied citizenship: Transnational techniques of analysis", *Urban Affiars Review*, 38(4): 463 - 491.

Roy, A. (2006) "Praxis in the time of empire", *Planning Theory*, 5(1): 7 - 29.

Roy, A. (2009b) "Why India cannot plan its cities: Informality, insurgence and the idiom of urbanization", *Planning Theory*, 8(1): 76 - 87.

Roy, A. (2009c) "Strangely familiar: Planning and the worlds of insurgence and informality", *Planning Theory*, 8(1): 7 - 11.

Roy, A. (2009d) "Civic governmentality: The politics of inclusion in Beirut and Mumbai", *Antipode*, 41(1): 159 - 179.

Roy, A. (2010) *Poverty Capital: Microfinance and the Making of Development*. New York: Routledge.

Roy, A. (2011b) "Urbanisms, worlding practices and the theory of planning", *Planning Theory*, 10(1): 6 - 15.

Roy, A. (2012a) "Ethical subjects: Market rule in an age of poverty", *Public Culture*, 24(1): 105 - 108.

Roy, A. (2012b) "Subjects of risk: Technologies of gender in the making of millennial modernity", *Public Culture*, 24(166): 131 - 155.

Roy, A. and AlSayyad, N. (eds) (2004) *Urban Informality: Transnational Perspectives from the Middle East, Latin America, and South Asia*. Lanham, MD: Lexington Books.

Watts, M. (2012) "Modular developement, diminutive capitalists and the financialization of capitalism", *Antipode*, 44(2): 535 - 541.

194

萨斯基亚·萨森
SASKIA SASSEN

米歇尔·阿库托　伦敦大学学院

（Michele Acuto，University College London）

195　**代表作**

Sassen，S.（1991；2nd edn 2001）*The Global City：New York，London，Tokyo*. Princeton，NJ：Princeton University Press.

Sassen，S.（1994；4th edn 2012）*Cities in a World Economy*. Thousand Oaks，CA：Pine Forge Press and Sage.

Sassen，S.（1996）"Whose city is it? Globalization and the formation of new claims"，*Public Culture*，9(2)：205 - 223.

Sassen，S.（2011）"The global street：Making the political"，*Globalizations*，8(5)：573 - 579.

导言

　　在城市研究领域,萨斯基亚·萨森因为将城市与全球化相联系而广为人知,尤其是提出了"全球城市"这一概念(萨森,1991 年),但她的研究领域实际上广泛得多。当然,萨森致力于探讨城市(尤其是经济和社会领域)与全球化这一当代特征之间的关系,不过她对于城市研究乃至整个社会科学领域的核心贡献,在于提出新的观点并将其理论化。从移民到主权和全球化的政治经济学,萨森几十年来致力于在"这个意义不稳定的时代里"整合和重构社会科学的关键理论,用她的话说,自己就是一个"无知的木匠"(昂和萨森,2014 年,第 19 页)。萨森在学术界之外同样广受认可,她的全球城市理论在 20 世纪 90

年代和 21 世纪初迅速被世界各地的城市实践者所接受。如今,萨森的论著数以百计,并被翻译成为超过 15 种语言,对全球化的活力、跨国流动和城市转型进行了深入研讨。但萨森的研究还需要"接地气"的实证研究来进一步完善和验证,这是当代城市研究者而不仅仅是全球城市研究者需要引以为鉴之处。

萨森目前是哥伦比亚大学林德社会学讲座教授兼全球思想委员会 196
(Committee on Global Thought)双主席之一,同时也是伦敦政治经济学院百年纪念访问学者。

学术经历与研究重点

萨森的研究远远超出城市研究的范畴,她应该被视作"社会理论家"。也许得益于她本人所接受的全球化的教育,萨森长期关注全球化、国际流动和城市。这个荷兰人通晓多门语言,成长阶段的大部分时间都在阿根廷布宜诺斯艾利斯度过;她在 20 世纪 60 年代进入大学学习政治和哲学,先后在布宜诺斯艾利斯大学、意大利罗马大学和法国普瓦蒂埃大学求学;1974 年她在美国印第安纳州的圣母大学获得博士学位,论文探讨了非洲裔美国人和奇卡诺人(Chicano)①等少数族裔如何被(或者没有被)整合进入美国的政治经济。

随后,萨森又在哈佛大学和纽约大学从事博士后研究,在此期间发表了数量众多、主题广泛的论著,涉及移民和劳工等问题,由此奠定了她的学术地位;2007年,萨森在研究基础之上出版《全球化的社会学》(Sociology of Globalization)一书,探讨的话题包括公民权问题、全球金融市场和去领土化。这一时期的萨森,关注的是发达市场经济体的增长问题,尤其是劳资关系的边缘化。

在哈佛期间,萨森与国际知名的理论家包括约瑟夫·奈(Joseph Nye)、雷蒙德·沃农(Raymond Vernon)和塞缪尔·亨廷顿(Samuel Huntington)一同研究跨国主义;也是在哈佛期间,萨森越来越关注城市研究(萨森,1988 年),其核心观点在于,城市已崛起为全球流动和再调整的战略节点。因此毫不奇怪,在赴加州大学洛杉矶分校担任短期访问教授后,纽约成为萨森城市研究的主要场所(萨森和库伯[Koob],1986 年)。在大苹果以及随后的工作地东京和伦敦,萨森为她代表性的全球化与城市研究奠定了基础。在此期间,她前往芝

---

① 奇卡诺人(Chicano),美国城市中的墨西哥裔移民。——译者注

加哥大学担任社会学拉尔夫·刘易斯讲座教授（Ralph Lewis Professor of Sociology），并在 1991 年出版里程碑式的著作《全球城市》（*The Global City*）。

如果说《全球城市》是萨森在城市研究领域最引人注目的成就，那么，她在 21 世纪初发表的一系列论著虽然被遮盖在全球城市理论的阴影之下，但其重要性却毫不逊色。例如萨森在 1994 年首次出版的《世界经济中的城市》（*Cities in a World Economy*，目前已更新至第 4 版），从全球经济的视角探讨了全球城市，进一步论述了全球城市如何成为资本、信息和人口流动的新社会形态。

在世纪之交的 2001 年，修订版《全球城市》问世，此时的萨森已重返纽约，担任哥伦比亚大学社会学林德讲座教授和全球思想委员会双主席之一；同时，萨森前往伦敦政治经济学院担任访问教授。在此期间，萨森将研究领域进一步集中在全球化的政治社会学方面，尤其是全球化与主权和国家的关系；这是她致力于解构和重构的另一个重要领域，并在 2006 年出版《领土、权威和权利》（*Territory，Authority，Rights*），该书的主要观点今天已广为接受。她重视"去国家化"这一新的组织模式，在 2014 年出版的《排斥》（*Expulsions*）中既关注了这一点，又注意到全球经济的结构调整，考察了当代核心社会经济秩序对人口、企业甚至场所的排斥。但她并没有忽视城市，而是参与了一系列与城市有关的研究和项目，因此城市是萨森对跨国进程进行理论化的中心内容，也是她探讨新全球秩序形成中的重要元素。

核心理念

她的丈夫理查德·桑内特也是城市研究者，如果有人批评他的"城市研究来自于单一的理论基础"，那么这一批评并不适用于萨斯基亚·萨森——她的研究来自于对一系列变化中的社会—政治—经济因素的观察。萨森自称是理论界的"游牧民族"，在地理学、城市研究、国际理论和社会学等领域构建新的理论框架。城市介于她对社会经济、政治和技术的考虑之中，有时也会涉及冲突理论和性别研究。但仔细梳理她的观点后不得不承认，我们无法把萨森归类于某一种城市研究，全球城市只是萨森对更广泛的政治经济进行研究的平台。

萨森在 90 年代开始涉及全球城市这一主题，她认为全球城市生产出构建当代社会的全球控制能力,并且是"全球资本,以及劳动力跨国流动以及跨地区社区与认同"的代言人(萨森,2005 年,28 页)。与将权力的去场所化和去中心化的理解不同,她解释了应当如何对全球中心地区的指挥与控制功能所导致的集中进行控制,以及这种集中对于当代全球大都市之社会政治的冲击。她的研究引起了一系列围绕何为"全球"和城市的社会经济与空间定义的争论。

　　萨森认为,由于经济结构正在走向以金融、商业和生产者服务业为主并且对于低技术岗位的需求日益旺盛,那些正在成为全球城市的城市最容易出现阶级分化和社会极化的现象。《全球城市》既是一部关于跨国流动快速发展地区的著作,也是一部关于世界经济核心地区之劳资关系边缘化的著作。可以说,继莫伦科夫和卡斯特的"双重城市"以及格拉汉姆和马文的"分裂的城市生活"之后,这是又一部关注当代全球城市中的不平等的专著。但萨森的全球城市理论往往被简化,部分地变成了排名和经济国际化的代名词;而实际上,萨森真正关注的是在全球化渗透进特殊地区的过程中,通过其制度安排以及社会空间碎片化来识别全球化的能力(萨森,2006 年,第 10 页)。她的全球城市理论并非要探讨国际金融中心,而是探讨了独特的城市空间如何成为"新政治经济联系的核心"(萨森,2007 年,第 122 页)。

　　集聚(Assembalge)是全球城市理论的核心概念之一(昂和萨森,2014 年),在实证研究中被用来思考城市、国家和主权,探讨现代世界秩序形成的动力机制。在 2006 年以后的著作中,萨森使用这一概念来分析那些构成现代世界秩序的基本要素如何在全球范围内进行调整和再集聚,而这一调整和再集聚已经突破了民族国家的疆界(萨森,2006 年),由此也重新定义了当代的政治经济秩序(萨森,2014 年 a)。因此,全球城市或"领土性"(Territoriality)是萨森梳理当代秩序的工具,而非一种系统阐述的理论或可以复制的对象。用萨森自己的话来说,她的城市研究"并非将城市作为城市,而是将城市作为分析单元,以城市为出发点探讨全球"(萨森,2014 年 b,第 468 页),城市是她跨国研究的中介。萨森致力于构建一种概念框架,帮助我们理解何为全球化的反地理(Countergeographies of Globalization),帮助我们在关注地方的同时理解何为跨国进程(阿库托,2013 年;萨森,2014 年 a)。

　　如今,全球城市理论带来了巨大影响,在种种关于新政治经济秩序冲击主权国家的研究中都可以看到该理论的影子,萨森本人的研究也在重回城市。

198

随着中东和北非地区狼烟四起,萨森进一步深化了全球城市,进入其内部并将关注焦点放到了更底层的"全球街道"(Global Street,萨森,2011 年)或曰全球城市的街道,在她看来这些全球街道塑造了新的社会和政治秩序,也是跨国骚乱的空间;在街道的地缘政治中,无权力成为一种复杂的城市状况。目前萨森的研究重点在于她所说的"系统边缘"(Systemic Edge),也就是那些具备极端化政治经济状况的地区,这些地区不能被简单地纳入政府和专家制定的标准之中,被人忽视也难以触及,从属于支配性秩序之下,这也是对城市参与的成熟思考。

　　这一新的研究领域对任何尝试将本地与全球联系起来的城市研究者而言都有重要意义。正如萨森所言,《全球城市》的核心方法论在于开创全球政治经济进程研究而非关注城市,她自问道:"这些流动和市场是否冲击了本地?如果有,它们冲击了哪里呢?"(萨森,2014 年 b,第 468 页)相比之下,尽管全球街道和系统边缘理论还不如二十年前提出的全球城市理论那般完善,但却堪称其接班人——这两项理论使社会理论家们依旧关注全球化和跨国秩序带来的混乱,同时也没有忽视这些进程在城市日常物质性生活中的影响。这样看来在萨森的研究中,城市依然是新政治形态的战略性节点;也是我们这个主权和公民权依然存在的时代里,政治经济基础被建构、质疑和跨国化的空间,也是政治经济基础通过高墙和水泥被奠定和表达的空间。

对城市研究的贡献

　　毋庸置疑,萨森使得城市研究在学术界之外也广受关注。她在该领域的流行已逾十年,作为客座演讲嘉宾和媒体评论员频频亮相。她的流行以及为国际热点问题作出评论的倾向与她的理论关怀并非全无联系。对新一代城市理论者而言,萨森最重要的贡献在于两项理论:对概念分类的谨慎,以及全球城市复杂的跨国性。

　　受赖特·米尔斯(C. Wright Mills)影响,萨森始终对国家、城市等固有概念保持警惕。因此她的观点并不完善,很难全面把握一系列复杂的全球性问题;但不乏启发性,而且随着局势的变化在不断修订。她的著作包括《全球城市》和《世界经济中的城市》都多次修订,同时还发表了大量文章和评论表达观点,并与其他学者一道合编著作。在她不断变化的研究重点中,萨森试图激发新的问题已揭示那些被主流研究所忽视的主题。

　　萨森始终致力于将城市进程融入世界经济中的城市治理。在这一宏大的研究视野中，萨森强调地点尤其是城市地区的核心意义。从这个角度上，萨森可以算得上是所谓第二代全球城市研究者的先驱，在第一代研究者如彼得·霍尔(Peter Hall)和彼得·泰勒(Peter Taylor)之后，将城市政治经济视作全球化的核心。政治经济当然是全球化研究的重要内容，也启发了詹妮弗·罗宾逊的"一般城市"和尼尔·布雷纳的"星球城市化"等问题。可以说，萨森超越了以个案研究为基础的传统城市研究，同时也没有忽视个案；当代城市研究既不能被全球转型的复杂性所遮蔽，也不能沉浸在个案研究中而忽略全球整体(参见本书关于加内特·阿布-卢哈德的介绍)。她的研究方法将城市地区尤其是建制城市置于全球化的背景之中。从她的研究看，城市研究的背景可以像布雷纳那样置于星球的高度或是等级框架，也可以像泰勒那样置于世界体系之中，同时也应注意到作为城市核心的微观社会互动，比如马里亚纳·瓦尔夫德和阿卜杜马利克·西蒙尼的研究。

　　萨森对城市研究最深刻的贡献在于提醒我们注意全球城市内部的社会极化有被忽视的倾向。在她看来，城市研究应关注全球化、去国家化的趋势和领土化、以场所为中心的现实之间的关系。正是这一关注启发了对城市内外"在地化"现象的研究，也启发了城市研究关注城市与更大范围内的社会经济。

参考文献

Acuto, M. (2013) *Global Cities, Governance and Diplomacy: The Urban Link*. Abingdon: Routledge.　200

Brenner, N. and Keil, R. (eds) (2006) *The Global Cities Reader*. Abingdon: Routledge.

Graham, S. and Marvin, S. (2001) *Splintering Urbanism*. Abingdon: Routledge.

Hall, P. G. (1996) *The World Cities*. London: Weidenfeld and Nicolson.

Mollenkopf, J. H. and Castells, M. (eds) (1991) *Dual City: Restructuring New York*. New York: Russell Sage Foundation.

Ong, A. and Sassen, S. (2014) "The carpenter and the bricoleur", in M. Acuto and S. Curtis (eds) *Reassembling International Theory: Assemblage Thinking and International Relations*. Basingstoke: Palgrave Macmillan.

Sassen, S. (1988) *The Mobility of Capital and Labor*. New York: Oxford University

Press.

Sassen, S. (2005) "The global city: Introducing a concept", *Brown Journal of World Affairs*, 11(2): 27 - 43.

Sassen, S. (2006) *Territory*, *Authority*, *Rights*: *From Medieval to Global Assembalges*. Princeton, NJ: Princeton University Press.

Sassen, S. (2007) *A Sociology of Globalization*. New York: W. W. Norton.

Sassen, S. (2008) "Unsettling master categories: Notes on studying the global in C. W. Mills' footsteps", *International Journal of Politics*, *Culture*, *and Society*, 20(1): 69 -83.

Sassen, S. (2014a) *Expulsions*: *Brutality and Complexity in the Global Economy*. Cambridge, MA: Harvard University Press.

Sassen, S. (2014b) "Saskia Sassen interview with M. Steger and P. James", *Globalizations*, 11(4): 461 - 472.

Sassen Koob, S. (1986) "New York City economic restructuring and immigration", *Development and Change*, 17(1): 85 - 119.

Taylor, P. J. (1982) "A materialist framework for political geography", *Transactions of the Institute of British Geographers*, 7(1): 15 - 34.

理查德·桑内特

RICHARD SENNETT

艾伦·莱瑟姆　伦敦大学学院

（Alan Latham，University College London）

代表作　　　　　　　　　　　　　　　　　　　　　　　　　201

Sennett，R.（1970a）*The Uses of Disorder：Personal Identity and City Life*. New York：Alfred A. Knopf.

Sennett，R.（1977）*The Fall of Public Man*. New York：Alfred A. Knopf.

Sennett，R.（1990）*The Conscience of the Eye：The Design and Social Life of Cities*. London：Faber and Faber.

Sennett，R.（1994）*Flesh and Store：The Body and the City in Western Civilization*. London：Faber and Faber.

Sennett，R.（2008）*The Craftsman*. New Haven，CT：Yale University Press.

导言

　　理查德·桑内特是美国历史学家和社会学家，同时也是小说家，他的研究围绕两个主题展开，即城市中公共身份与私人身份的关系，以及当代欧美经济体中的工作与身份，前者更是构成了他城市研究的核心。在他看来，城市的设计与建筑以及与之相关的仪式在一个社会的社会和政治文化形成中扮演着关键角色。四十年间，桑内特出版了多部著作，主题都是当代城市并未生成可以让不同人群以平等的公民身份交往互动的空间；当代城市并没有促进联系和复杂性，而是致力于创造简单、同质化和一致的场所——他的研究旨解释这一倾向的历史渊源。在这一过程中，他反思了城市研究的传统方式和城市中的传统居住模式，用当代城市研究新思路重新研究了这些老问题。他的研究既有个案式的历史研究和哲学思考，也有细节丰富的民族志和关于自己不可复制和独特经历的自传。

202　　　　目前，桑内特是纽约大学历史和社会学教授，是伦敦政治经济学院社会学教授，社会学家萨斯基亚·萨森是他的妻子。

学术经历与研究重点

　　桑内特生于 1943 年，父母是左翼政治活动家；他在芝加哥臭名昭著的卡布里尼·格林公共住房区（Cabrini Green Public Housing）长大，该社区后来成为美国城市中贫困与衰败的代名词。桑内特在大提琴方面颇有天赋，本打算成为一名职业音乐工作者，但 20 岁出头时的一次手腕受伤彻底终结了他的音乐梦，也促使他转而投身知识界。1969 年，桑内特获得芝加哥大学学士学位，后又在社会学家戴维·雷斯曼（David Riesman）指导下获得哈佛大学博士学位。这两所大学的众多杰出学者影响了他，比如哲学家汉娜·阿伦特（Hannah Arendt）启发他思考工作、政治与自我身份之间的关系，心理学家埃里克·埃里克森（Erik Erikson）的理论则为桑尼特思考自我如何进化提供了分析框架。

　　桑内特的第一部专著是 1970 年出版的《反抗城市的家庭：工业时代芝加哥的中产阶级家庭，1872—1890 年》（*Families against the City：Middle Class Homes of Industrial Chicago，1872‑1890*），探讨了芝加哥中产阶级居民对 19 世纪这座城市之社会剧变的态度。① 该书认为，中产阶级逐步退出城市公共领域，转而享受温暖而充满私密性的家庭生活。这一历史研究探讨了桑内特随后两部著作的核心主题，即 1970 年出版的《无序的价值：个体认同与城市生活》（*The Uses of Disorder：Personal Identity and City Life*）和 1977 年出版的《公共人的衰落》（*The Fall of Public Man*），这两部著作富有启发性，有时甚至是令人震撼地揭示了在社会和政治生活中过度关注自我的

① 桑内特也曾与同仁合编过两部论文集，即 1969 年出版的《19 世纪的城市》（*The Nineteenth Century City*）和同年出版的《城市文化经典文献》（*Classic Essays on the Culture of Cities*）。

危险,也使他成为知名的公共知识分子。这两部著作,再加上 1972 年出版、与乔纳森·科布(Jonathan Cobb)合写的《阶级的潜在伤害》(*The Hidden Injuries of Class*),都是在 20 世纪 60 年代来自新左派的批判横扫美国社会学界的情况下推出的。新左派的思想具有反权威、质疑学科和学术传统、关注社区行动主义并鼓励对自我的发现,桑内特的研究则突出了仪式、诡计、规训和正当权威对于进步主义政治的重要性。这一批评在 1980 年出版的《权威》(*Authority*)一书中到达顶峰,该书探讨了社会和政治生活中合法性权威的重要性。

《权威》可以算得上桑内特"现代社会情感联系四部曲"的第一部(桑内特,1980 年,第 3 页),其他三部涉及孤独、互助和仪式。但桑内特刚一宣布写作计划便放弃了,转而完成了一系列小说,包括 1982 年的《呱呱叫的青蛙》(*The Frog Who Croaked*)、1984 年的《布拉姆斯之夜》(*An Evening of Brahms*)和 1986 年的《罗亚尔宫殿》(*Palais Royale*)。在 20 世纪 70 年代中期,桑内特与小说家艾德蒙·怀特(Edmund White)一同创办了纽约人文研究院(The New York Institute for the Humanities),这里聚集了艺术家、小说家、诗人、历史学家和哲学家,大胆尝试将活力、多元和面向未来等特色融入人文学科,使其与城市公共生活展开有活力的对话。因此,桑内特转向小说创作并非放弃他的学术事业,而是试图以新的路径解决《无序的价值》《公共人的衰落》和《权威》提出的问题。尽管他没有完成在《权威》一书序言中提到的现代社会情感联系四部曲,但随后出版的两部非虚构类图书也算得上实现了他的诺言。1990 年出版的《眼睛的良心》(*The Conscience of the Eye*)重拾《公共人的衰落》的主题,并且更进一步聚焦于当代建筑和城市设计对于城市环境之肉体脱离和精神孤独感的影响。1994 年的《肉体与石头》则再度回归历史,关注了古代雅典的不同仪式、信念和建筑,西方文明正是通过它们构建起了城市生活中身体感觉的经验。

近二十年来,桑内特的关注焦点逐渐转向当代北美和欧洲经济体中的工作经验和身份。《阶级的潜在伤害》中的主题在三部曲中得到了深化,即 1998 年的《特征的消逝》(*The Corrosion of Character*)、2003 年的《不平等世界中的尊重》(*Respect in a World of Inequality*)和 2005 年的《新资本主义文化》(*The Culture of the New Capitalism*),桑内特探讨了在工作日益不稳定的经济中,找到(或没找到)工作意味着什么。近来,桑内特启动了新的三部曲计

203

划，这一次关注的是作为工匠（*Homo Faber*）的人。其中 2008 年出版的《匠人》（*The Craftsman*）探讨了技术和手艺的属性，2012 年的《集合：仪式、希望与合作的政治》（*Together：The Rituals，Pleasures and Poltics of Cooperation*）则探讨了合作这一理念。计划中的第三部暂定名《打开城市》（*Open City*），聚焦于城市建设。在写作匠人三部曲期间，桑内特还抽时间出版了关于城市外乡人的短篇论著，即 2011 年的《外乡人》（*The Foreigner*）。

核心理念

桑内特的城市研究遵循着一条主线，即城市是社会不同要素相遇的中心场所。因此，对于不同观念、能力、财富和经历各自不同的人而言，城市是他们交往互动的主要空间。在桑内特看来，这种相遇引起了政治和道德问题：在政治上，社会以怎样的方式发现并承认存在的差异？在道德上，我们应该如何应对这种差异？面对他者的经验、遭遇和成功，我们应该作何反应？

桑内特认为，在日常生活和政治生活中处理好公共身份与私人身份之间的关系是解决上述问题的关键，这在部分上将个人平衡公共生活的距离和匿名性与私人生活之私密性的能力置于中心地位。这又引出了新的问题，即"在公共领域"和"在公共领域行动"分别是什么意思？与公共与私人有怎样的关系？借鉴埃里克·埃里克森的自我形成理论（Self-Formation），《无序的价值》对自我的自主行动能力从心理上进行了分析，将公共性等同于自我行动，认为美国城市中经过高度规划的景观阻挠了公共性的发展；《公共人的衰落》则从历史角度追溯了上述心理分析。该书从历史角度审视了自我的变迁，认为当代美国人的自我正在逐渐转向内在。

这一研究的核心是 18 世纪旧制度的公共文化的覆灭。在桑内特的故事里，伦敦和巴黎等城市中崛起的中产阶级通过创造有活力的公共领域应对前现代社会的匿名（Anonymity）、无序和混乱；此时的公共领域依赖于皇室和贵族的资助。《公共人的衰落》可以看作对于尔根·哈贝马斯（Jurgen Habermas）1962 年的《公共空间的结构转型》（*The Structural Transformation of the Public Sphere*）的回应，探讨了城市居民如何通过构建一系列仪式和行为与周边的陌生人展开互动，这些仪式、行为和机构包括剧院、咖啡馆和街道产生了"公共地

理"(Public Geography)并赋予城市公共性(桑内特,1977 年,第 19 页)。部分
是由于个体人格的崛起,私人生活和自我的概念逐渐兴起,这些公共互动的形
式在 19 世纪和 20 世纪走向衰落;但桑内特也将其衰落归咎于更为消极的市
民代替了旧制度下喧嚣的民众,他们不再欣赏暧昧的公共生活,而倾向于宁静
的家庭生活。这一过程与以市场为基础的工业消费社会的崛起紧密相连,到
20 世纪中期,极度倾向个人隐私、公共生活与私人生活边界不再被注意的自
我迷恋的社会崛起了。这就是公共人衰落的内涵,这也是城市生活的衰落,导
致了城市中充斥着"死亡的公共空间"(桑内特,1977 年,第 12 页),破坏了政
治生活的公共性。

公共生活离不开仪式化的非人格,公共生活的展开离不开必要的空间载
体,这是《公共人的衰落》的核心思想,这一思想也体现在桑内特后来的著作
中,该书已经告诉我们公共人衰落在政治上的影响,《眼睛的良心》《肉体与石
头》和《不平等世界中的尊重》则揭示了衰落在道德上的影响。《眼睛的良心》
和《肉体与石头》都关注了建筑形式和城市设计与身体——无论是个体还是群
体——互动的方式以及由此对身体产生的影响。这两部著作都延续了《公共
人的衰落》的观点,即公共空间在某种程度上已经死亡了,不再按照以前的方
式影响身体。因此,城市空间变得"触觉麻木"和"感觉剥夺"并由此产生了情
感的消失和冷漠感(桑内特,1994 年,第 15 页)。这两部著作追溯了冷漠感的
历史,接续了马克斯・韦伯开创、米歇尔・福柯继承的观点,即自上而下实施
的权力和权威的历史并不是直线发展的。但桑内特的独创之处在于,他揭示
了设计、叙事、连续性、社区和相遇以及他所认为的当代城市的特色的局限性。

桑内特提出的问题并没有简答的答案,这些问题发出了一系列警告并对
城市政治和社会生活的复杂性进行了深入思考,因此也无法用简单的政策来
解决。在他后来的作品中,桑内特更倾向于通过对当代城市进行民族志式的
调查来展开探讨。在《不平等世界的尊重》中,桑内特以自己幼年在芝加哥卡
布里尼・格林公共住房区的经历为切入口,思考了超越阶级与能力的亲密关
系如何得以形成。《特征的消逝》则以民族志式的方法研究了当代美国办公室
白领,这一方法又被他运用到《匠人》和《集合》中,两部著作探讨了手艺与合作
的当代意义,旨在用新的路径重新激发进步主义的政治。这两部著作也只是
提问而没有回答,它们为读者提供了分析的工具,思考手艺与合作如何进入当
代世界。

对城市研究的贡献

桑内特的研究不拘于特定主题，也并非致力于形成可识别的理论，而是反复思考一系列相互关联的问题，包括公共性、身份、身体、热忱与冷漠、意识和社区等等，但每一次都从不同的角度切入。他的研究并非要为问题找到答案，甚至也不是做出明确的界定；而是创造有启发性的思路，引导人们思考这些问题导致的困惑和迷惘。在桑内特看来，他的著作是"关于思考的报告"（本[Benn]，2001 年），这也是美国实用主义哲学传统的体现，即怀疑抽象的理论和观念，转而追求"普通的、多元的、建设性的人类活动"（桑内特，2008 年，第287 页）。这一方法使其成为批判的城市研究的一员。不过，他将城市视作公共互动场所的观点影响深远，促使欧洲和北美的许多城市规划师和设计师们致力于恢复城市中的公共生活。尽管阿什·阿明和阿卜杜马利克·西蒙尼等城市研究者致力于通过关注城市的多元物质性来重构城市公共性的观念，但他们的理念无法取代桑内特的观点，后者可以说是前者的补充和完善。

参考文献

Benn，M.（2001）"Inner-city scholar"，*The Guardian*，3 February.

Erikson，E.（1950）*Childhood and Society*. New York：W. W. Norton.

Habermas，J.（1989[1962]）*The Structural Transformation of the Public Sphere：An Inquiry into a Category of Bourgeois Society*. Cambridge，MA：MIT Press.

Sennett，R.（1969）*Classic Essays on the Culture of Cities*. New York：Prentice Hall.

Sennett，R.（1970b）*Families Against the City：Middle Class Homes of Industrial Chicago，1872–1890*. Cambridge，MA：University of Harvard Press.

Sennett，R.（1980）*Authority*. New York：Alfred A. Knopf.

Sennett，R.（1998）*The Corrosion of Character：The Personal Consequences of Work in the New Capitalism*. New York：Alfred A. Knopf.

Sennett，R.（2003）*Respect in a World of Inequality*. New York：Alfred A. Knopf.

Sennett，R.（2005）*The Culture of the New Capitalism*. New Haven，CT：Yale University Press.

Sennett，R.（2011）*The Foreigner：Two Essays on Exile*. London：Notting Hill Editions.

Sennett, R. (2012) *Together: The Rituals, Pleasures and Politics of Cooperation*. New Haven, CT: Yale University Press.

Sennett, R. and Cobb, J. (1972) *The Hidden Injuries of Class*. New York: Alfred A. Knopf.

Thernstrom, S. and Sennett, R. (1969) *Nineteenth-century Cities: Essays in the New Urban History*. Princeton, NJ: Yale University Press.

Turner, J. (2012) "Superficially pally", *London Review of Books*, 34(6): 29 - 31.

凯伦·塞托

KAREN C. SETO

麦琪尔·弗兰基亚斯　博伊西州立大学

(Michail Fragkias，Boise State University)

207　**代表作**

Seto，K. C. and Kaufmann，R. K. (2003) "Modeling the drivers of urban land use change in the Pearl River Delta，China：Integrating remote sensing with socioeconomic data"，*Land Economics*，79(1)：106 – 112.

Seto，K. C. and Fragkias，M. (2005) "Quantifying spatiotemporal patterns of urban land-use change in four cities of China with time series landscape metrics"，*Landscape Ecology*，20(7)：871 – 888.

Seto，K. C.，Sanchez-Rodriguez，R. and Fragkias，M. (2010) "The new geography of contemporary urbanization and the environment"，*Annual Review of Environment and Resources*，35：167 – 194.

Seto，K. C.，Guneralp，B. and Hutyra，L. (2012a) "Global forecasts of urban expansion to 2030 and direct impacts on biodiversity and carbon pools"，*Proceeding of the National Academy of Sciences of the United States of America*，109(40)：16083 – 16088.

Seto，K. C.，Reenberg，A.，Boone，C. G.，Fragkias，M.，Haase，D.，Langanke，T.，Marcotullio，P.，Munroe，D. K.，Olah，B. and Simon，D. (2012b) "Urban land teleconnections and sustainability"，*Proceedings of the National Academy of Sciences of the United States of America*，109(20)：7687 – 7692.

导言

　　凯伦·塞托的研究致力于理解城市化如何影响全球环境变迁,她利用地球观测数据与遥感技术来理解和记录城市化,尤其是城市土地利用模式及其空间结构,包括测量和监测城市土地利用与变迁,分析城市扩张的动力机制,以及预测城市增长模式。通过综合运用自然科学与社会科学,塞托提出了城市有线联系的概念(Teleconnections)——城市外围的影响区——来考察城市化的环境影响,并通过新的遥感技术来重新思考城市化。

　　目前,塞托是耶鲁大学耶鲁林业与环境研究学院(Yale School of Forestry and Environmental Studies)的地理学与城市化科学教授,是《气候变迁政府间专业小组评估报告第五版》(*Fifth Assessment Report of the Intergovernmental Panel on Climate Change*)城市章节的两位首席专家之一,是联合国生物多样性大会(United Nations Convention on Biological Diversity)的《城市与生物多样性展望》(*Cities and Biodiversity Outlook*)编委会成员,也是首席专家之一。

学术经历与研究重点

　　凯伦·塞托生于香港,5岁时举家迁往美国。在加利福尼亚大学圣芭芭拉分校获得学士学位后,她用一年的时间乘巴士和徒步在中美洲旅行。这段经历使她终生难忘,使她形成了对人及其环境之关系的兴趣,她幼年的移民经历也是其中之一。塞托在波士顿大学获得硕士和博士学位,在这里她接受了两位著名学者的指导,即遥感科学家、美国国家航空航天局陆地卫星科学团队(NASA Landsat Science Team)资深成员柯蒂斯·伍德科克(Curtis Woodcock)和生态经济学家和能源专家罗伯特·考夫曼(Robert Kaufmann)。她的博士论文整合了遥感数据、田野调查和计量经济学的时间序列模型来分析城市土地利用的变迁,这也成为研究中国城市扩张之动力机制的突破之作。她认为,城市土地利用模式的变迁导致了农业用地的消失,这反映了中国城市扩张的巨大吸附力和速度(参见本书关于吴缚龙的介绍)。在塞托看来,中国政府关于农业用地缩减的官方数据与遥感得到的数据并不相符(塞托等,2000年)。她的论文开辟了将遥感数据与社会经济数据相结合来研究土地利用和城市化的新路径。

随后，塞托逐渐将越南、印度和整个中国纳入研究视野。通过在不同地区开展在地化研究，她已能够发现世界不同地区城市扩张的共性和差异。塞托发现，尽管不同国家之间在制度、治理方式和历史上有所差异，但城市土地利用模式的变迁却存在明显的相似之处。

她的研究主要围绕三个主题而展开。第一个主题是用精确的技术手段测量和监控城市化如何改变了地表环境。陆地卫星科学团队过去四十多年里开展的"地球想象"工程（Imaging of Earth）改变了研究城市变迁模式的方法，塞托的研究则提出了在地方和全球两个层面量化城市扩张的新算法。她的合作伙伴和学生也采取了不同方法展开研究，包括计量经济学的时间序列模型（考夫曼和塞托，2001 年）、地理信息系统（博切尔[Boucher]等，2006 年）、人工神经网络（塞托和刘，2003 年；刘等，2004 年）以及分对数模型（塞托和考夫曼，2003 年）。

第二个主题是总结不同土地利用模式变迁路径的特点，这一方面她受到了时间序列和空间数据分析的影响。在生态研究中，栖息地破碎化、景观差异和景观干扰的分配是理解生态进程的重要议题，对景观镶嵌体和模式的描述是长期以来的研究传统。在这一方面，塞托尝试将景观生态学研究与以卫星数据为基础的对城市形态和结构的分析整合在一起（施耐德[Schneider]等，2005 年；塞托和弗兰基亚斯，2005 年）。

第三个主题是全球城市扩张的研究，并将其与全球环境变迁相结合。该项研究发现，世界各地的城市区域的密度都在下降，城市向外扩张的速度超过了人口增长的速度；中国城市土地扩张的最主要推动力是经济发展，但印度城市土地扩张的主要因素则是人口增长（塞托等，2011 年）。在此基础上，塞托进一步预测了城市土地利用模式的变迁及其对生物多样性和陆地碳储量的预测（塞托等，2012 年 a）。该研究的重要性在于其涉及的地理范围和规模，以及所采用模型的复杂性。联合国也进行了对全球城市人口变迁的研究，但没有涉及不同国家间城市人口分布的差异、城市区域的位置和城市土地的变化，而塞托的研究则弥补了上述不足。她的研究大大推进了对城市化将如何影响地球基本机制的理解，近年来，塞托逐渐关注城市化与食物体系之间的关系。

核心理念

　　塞托对城市研究最重要的贡献之一在于引入了遥感技术。城市的出现可谓人类对这个星球最有力、最明显和影响最深远的改造之一,影响及于生物、大气、海洋和人类自身。尽管城市区域只占地表的 1%—3%,地方和区域层面上的城市形态决定了城市能量使用和碳排放。城市区域的扩张也破坏了物种的栖息地,导致其栖息地的零碎化,同时也影响了生物多样性和城市气候。对于城市土地利用的传统研究依靠的是地图、统计数据和纳税信息、场所调查或航拍图等数据。遥感技术彻底改变了监控和测量城市土地利用及其空间结构和变迁的方式,地球观测数据可以使研究者超越空间规模和政治体制来展开个案研究,以对城市开发模式进行比较。

　　城市扩张往往被理解为城市空间的绝对变迁,或是被视作非城市用地转换为城市用地的速率,但仅仅是总体增长率很难解释城市化的空间模式,也无法理解塑造城市区域的种种进程。塞托将遥感数据按照时间进行排列,并将其与景观生态学相结合以量化和描述城市土地利用模式,弥补了以往只关注增长率和扩张程度的缺陷。她的方法旨在量化城市区域的空间结构和形态,包括密度和碎片化程度、聚落的规模和城市模式、不同的城市形态、土地利用及其混杂模式的空间体现以及城市扩张的线性增长程度。这些特征使得城市研究不仅可以用描述的方法,而且需要实证研究和比较研究。塞托的时间序列方法进一步深化了对城市形态变迁的理解,其创新之处在于使用了原始而未经处理的遥感数据。凭借着独特的遥感数据处理方法,塞托可以凭借同一组数据得出不同类型的城市信息。

210

　　海洋、陆地、大气和生态系统等变化导致全球环境变迁或曰全球变迁。从 20 世纪 80 年代开始,学术界关于全球变迁的研究以关于气候系统的生物物理学为主,而城市化在全球变迁中的作用并未得到足够重视,这部分是因为城市区域只是地表土地的一小部分,也由于城市对环境的影响往往被视作地方而非全球议题。对于城市空气和水污染、固体废弃物管理、空气质量和环境卫生的研究总是关注城市内部或其周边的环境危害。但城市化影响了全球环境,这是塞托研究的中心思想。城市化发生在世界各地,从整体上改变了地表覆盖物、生物地理化学和生物多样性,从而影响了地球系统发挥功能。塞托将城市化视作全球变迁的中心环节,而非地方或区域性的环境议题(可参见本书关于马修·甘迪和娜塔莉·杰罗米年科的介绍)。

塞托对全球城市变迁的关注不仅局限在学术界。她致力于将城市化纳入国际社会关于科学与政策的争论之中。2004 年,她作为发起人之一成立了城市化与全球环境变迁项目(Urbanization and Global Environmental Change Project,UGEC)这一国际化的科学工程并随后担任主席,该项目整合了来自世界各地的学者和活动分子,致力于引起国际社会对城市区域对于气候变迁之脆弱性与适应力的关注。同时,她在《气候变迁政府间专业小组评估报告第五版》(IPCC)的编纂中发挥了重要作用。该书是第一部以一章的篇幅论述城市如何通过空间规划和布局缓解气候变迁的报告,在此之前,学术界对于城市这一缓解作用的研究只停留在对建筑、交通和能源的探讨上。

对于城市研究来说,将城市化视作全球环境问题的组成部分需要全新的分析框架和方法,塞托提出的核心思想是城市土地的有线联系,即将城市化与远程的进程与场所联系起来(塞托等,2012 年 b),对城市化的思考离不开对其远距离的社会和环境交换的关注;因此,城市有线联系注意到以往被忽视的要素,也就是远离城市化地区的那些城市化导致的结果。近来,这一概念推动产生了关于城市可持续发展的新解释。

此外,塞托呼吁构建"城市化科学"(Urbanization Science,索利克奇[Solecki]等,2013 年;参见本书关于迈克尔·巴蒂、爱德华·格莱泽的介绍),这一科学关注城市化进程的关键特征,包括"与其他社会和生物物理进程相关的起源、发展、组织、突出特征和联系"(第 13—14 页);将城市化置于自然—人类系统研究的中心,而非研究单独的城市场所或城市体系;同时这一科学也离不开实证研究作为基础。塞托的"城市化科学"是对迈克尔·巴蒂和路易斯·

211　贝特科特(Louis Bettencourt)等学者的"城市科学"的补充,但也在多处有所不同。首先,"城市化科学"探讨了城市如何发展,并通过将城市与更广阔的地球发展进程相联系探讨了城市化的特征,因此,该理论抓住了全球城市进程的本质。其次,"城市化科学"致力于理解城市系统不同组成部分之间的相互关系,包括自然生态系统、人类活动和建成环境;换句话说,城市区域内部的生物和非生物系统之间如何沟通互动。第三,"城市化科学"试图理解并预测城市化的发展趋向,包括城市系统如何以及为何从地方发展到全球。

对城市研究的贡献

通过运用新的地理数据和分析工具来理解城市进程的全球影响,塞托推动了城市化研究的现代化,她原创性的城市遥感研究揭示了"大数据"和"百万像素"在理解城市进程中的重要意义,她将城市研究引入全球变迁的研究之中。

塞托自称城市科学家,并利用系统化、比较性和实证方法从不同角度研究城市化。她在研究中反复强调,自己的研究对象是城市化进程,在这里,"进程"是动词。传统城市研究关注城市及其周边环境,以及城市内部的种种活动,塞托则关注城市化与生物圈、土地和大气等系统之间的联系。她使人们意识到自然科学及其范式在城市化研究中的重要性,为可持续研究提供了新的以城市为中心的框架。由此,城市化成了生物多样性缩减和气候变迁等一系列领域的中心议题。

同时,塞托也是研究中国和印度城市化的专家,并对两国城市化展开了久已为城市研究界所忽视的平行研究。作为一个接受过跨学科训练的科学家,塞托对在世界不同地区开展可复制性观察和可验证性假说深感兴趣。在其学术生涯中,塞托在地方和国家层面上比较和揭示了中印两国城市化的进程和趋势,推动了比较个案研究的进一步展开。

参考文献[①]

Batty, M. (2008) "The size, scale, and shape of cities", *Science*, 319: 769 – 771.

Bettencourt, L. M. A. (2013) "The origins of scaling in cities", *Science*, 340(6139): 1438 – 1441.

Boucher, A., Seto, K. C. and Journel, A. G. (2006) "A novel method for mapping land cover changes: Incorporating time and space with geostatistics", *IEEE Transactions on Geoscience and Remote Sensing*, 44(11): 3427 – 3435.

Kaufmann, R. K. and Seto, K. C. (2001) "Change detection, accuracy, and bias in a sequential analysis of Landsat imagery in the Pearl River Delta, China: econometric

---

[①] 塞托论著的署名方式是自然科学的主流方式,即主要作者不是排名第一作者,而是排名最后的作者。

techniques", *Agriculture*, *Ecosystems & Environment*, 85(1): 95 – 105.

212   Liu, W. G. , Seto, K. C. , Wu, E. Y. , Gopal, S. and Woodcock, C. E. (2004) "ART-MMAP: A neural network approach to sub-pixel classification", *IEEE Transactions on Geoscience and Remote Sensing*, 42(9): 1976 – 1983.

Schneider, A. , Seto, K. C. and Webster, D. (2005) "Urban growth in Chengdu, western China: Application of remote sensing to assess planning and policy outcomes", *Environment and Planning B*, 32(3): 323 – 345.

Seto, K. and Liu, W. (2003) "Comparing ARTMAP neural network with Maximum-Likelihood classifier for detecting urban change", *Photogrammetric Engineering and Remote Sensing*, 69(9): 981 – 990.

Seto, K. C. , Fragkias, M. , Guneralp, B. and Reilly, M. K. (2011) "A meta-analysis of global urban land expansion", *PLOS ONE*, 6(8): e23777.

Seto, K. C. , Kaufmann, R. K. and Woodcock, C. E. (2000) "Landsat reveals China's farmland reserves, but they're vanishing fast", *Nature*, 406(6792): 121.

Solecki, W. D. , Seto, K. C. and Marcotullio, P. (2013) "It's time for an urbanization science", *Environment*, 55(1): 12 – 17.

Zhang, Q. and Seto, K. C. (2011) "Mapping urbanization dynamics at regional and global scales using multi-tmeporal DMSP/OLS nighttime light data", *Remote Sensing of Environment*, 115(9): 2320 – 2329.

Zhang, Q. and Seto, K. C. (2013) "Can night-time light data identify typologies of urbanization? A global assessment of successes and failures", *Remote Sensing*, 5(7): 3476 – 3494.

阿卜杜马利克·西蒙尼
ABDOUMALIQ SIMONE

科林·麦克法兰　杜伦大学

(Colin McFarlane，Durham University)

代表作　　　　　　　　　　　　　　　　　　　　　　　　213

Simone，A.（2004a）*For the City Yet to Come：Changing African Life in Four Cities*. Durham，NC：Duke University Press.

Abouhani，A. and Simone，A.（eds）（2005）*Urban Africa：Changing Contours of Survival in the City*. Dakar：Council for the Development of Social Science Research in Africa/London：Zed Books.

Simone，A.（2010a）*City Life from Jakarta to Dakar：Movements at the Crossroad*. London：Routledge.

Simone，A.（2014a）*Jakarta，Drawing the City Near*. Minneapolis：University of Minnesota Press.

导言

　　阿卜杜马利克·西蒙尼关注城市生活的形成,这使他的研究在城市研究领域扮演着引领作用,其著作探讨了全球南部城市中,多样化的社会和经济网络与实践如何塑造了日常生活中的种种经验和机遇。大多数关于全球南部城市生活的论述都聚焦于非正式的规划进程和市民社会组织,而西蒙尼的关注对象则是与之相关但又不限于上述范围的网络和实践,包括市民获得、采纳和追求机遇的多种合作、冲突、网络构建和实践活动。通过对非洲和亚洲多个城市进行民族志式的研究,西蒙尼详细考察了构筑日常生活空间的一系列关系,如市场、非正式组织、邻里网络和移民的政治影响。在这一过程中，西蒙尼发展出了新的概念框架，将城市生活的形成置于日常生活的不同层面而非先定的机构中。

214　　　如今，西蒙尼是德国马克斯·普朗克宗教与族裔多样性研究院（Max Planck Institute for the Study of Religious and Ethnic Diversity）的研究教授，是伦敦大学金匠学院和开普敦大学非洲城市研究中心的访问教授，也是雅加达鲁亚克城市研究中心（Rujak Centre for Urban Studies）合伙人。

学术经历与研究重点

西蒙尼的研究直指城市的基本问题，并天才般地形成了独特的方法和答案。这些问题包括我们应该如何理解大部分城市居民的生活是如何形成的？城市居民为何形成以及形成了怎样的实践、网络和想象？将城市和都市生活概念化的不同方式意味着什么？从表面上看，西蒙尼回答这些问题的方法并无多少不同之处，依然立足于对日常生活的分析；但实际上，他将近地的民族志式分析、对城市复杂性的厚描以及令人印象深刻地对概念的总结和验证整合起来，对我们如何研究、构思和写作城市提出了巨大的挑战。

失能和衰败是学界关于全球南部城市的主流认知，而西蒙尼关于全球南部城市生活之形成的研究则颇具启发性，融入了民族志的研究方法，揭示了反思和重构关于生活与政治之概念的必要性。

例如，2004 年的《尚未来临的城市》（*For the City Yet to Come*）是一部内容广泛的专著，针对非洲城市"丧失机能"的观点，该书揭示了种种提供服务、货物、社区设施和经济机会的权宜之计。在次年与他人合编的《城市非洲》（*Urban Africa*）一书中，这一主题得到了深化。该书发现，在不稳定的环境里，普通人能够通过与他人建立非正式关系和正式机构维持生活。2010 年的《城市生活：从雅加达到达喀尔》（*City Life from Jakarta to Dakar*）是一部主要面向本科生的著作，但同样从田野调查中获得资料，展示了普通市民的不同互动和交往如何塑造了城市生活与政治。从这本书开始，西蒙尼的关注焦点离开非洲，2014 年又出版了与非洲城市无关的《近观雅加达》（*Jakarta, Drawing the City Near*），探讨了城市大多数人——既非最贫困居民亦非标准的中产阶级——如何应对雅加达这座政治经济排斥性日益强烈城市的变迁。在这座城市里,市民们通过市场、清真寺和社区机构联系起来但同时又保持一定距离,他们利用某些社会和经济网络但又避开另外一些,并且以不同的方式适应雅加达城市生活的不确定性和多元性。

西蒙尼的著作以独特的路径揭示了普通人如何通过自己的劳动并借助各种社会网络、借助无力控制的变化中的外部环境(例如城市不断变化的政治经济,以及影响市场运作的新政策)来创造各种可能性,他总是关注居民所生活于其中的城市——往往有着挑战性和不确定的状况——以及他们如何尝试改造。他的研究有助于理解我们如何感受城市,也挑战了那些理解城市生活的传统理论框架。

215

西蒙尼的研究自然也受到学界相关研究的影响,包括但不限于关于非洲发展与基础设施,以及关于城市生活与政治、后殖民主义城市文化与政治、德勒兹主义和"新物质主义"(New Materialism)等更广泛的议题,这些理论与西蒙尼的民族志调查相结合共同构成了他的研究,并且被他运用到决策咨询和实践之中。例如在雅加达和金边,西蒙尼帮助训练了新一代城市研究者,他们关注城市再开发对低收入群体的生活、场所和生活方式的影响。此外,他还与印度尼西亚的非政府组织城市贫民联合会(Urban Poor Consortium)开展合作(西蒙尼,2010 年 b)。

核心理念

关于全球南部城市的研究倾向于从政策、治理和正式的机构与进程等角度理解社会、经济和政治等城市生活的方方面面,但西蒙尼发现,这些类别和进程在大多数人所追求的生活中只扮演次要角色。因此,他的研究可谓代表了一种重要的转型:城市研究者倾向于从城市生活的关键要素被预先获知之处(例如国家、正式的经济要素和市民社会组织等)开始自己的研究,但在西蒙尼的研究中,城市生活的核心组织方式往往是那些松散的网络和使居民区分开来的生活方式。西蒙尼往往将这些网络称作城市生活的"平台"(Platforms),它们往往随时间变化而分解或发生变化,不同的人利用和参与这些平台的方式也有所不同。它们充当了不同人、不同思考和行为方式以及城市不同要素之间的纽带(西蒙尼,2010 年 a,第 157 页)。这些纽带的形成来自很多方面,包括不同的、变化中的偏好,交往,对现在和未来的推测,以及不同要素间的紧张与合作。

城市治理和公民权状况是西蒙尼城市分析的两大主题,他尝试理解异质繁忙场所中的"异质性公共交往的密度",在这一过程中使"构建城市生活成为可能"(西蒙尼和弗赞[Fauzan],2012 年,第 146 页)。笔者用"引导"(Channelling)一词意指对一系列不断变化环境的应对,包括关于商品的传言、新规定的出台、拆迁的威胁、赚外快的机会、改善住房和基础设施以及构架新网络等。

西蒙尼的城市往往处于变动之中,甚至有不符合逻辑之处,并且生产着不同的资源以为居民日常生活所用。例如西蒙尼认为,"非洲破碎的基础设施产生了种种不确定性,塑造了居民的感觉,影响了他们的活动和在城市中的打拼,形成了一系列集体活动"(西蒙尼,2008 年,第 13 页),最终构成了城市。这里的城市来自于日常生活、扰动、崩溃以及应对不确定性的种种权宜之计等"持续不断的变化",这些活动不是起源于城市不平等,而是通过社会和物质基础设施形成的种种构建城市生活的活动(西蒙尼,2008 年)。

不确定性与城市居民、商人和活动者引起的调整和对未来的期待相关,考虑到这一不确定性,投机在城市中往往扮演重要角色,是城市居民了解城市状况变迁的关键。正是西蒙尼的研究,相对于全球南部城市中的普通社区和不同地区的市场,投机是日常生活之基础设施构建中的关键活动和方式(这里的基础设施既包括社会层面也包括物质层面)。他揭示了与全球资本——投资性资本、全球产品和生产机制等——相关的基础设施如何受城市要素影响来替代生产空间和机遇的活动(西蒙尼,2014 年 a)。

从西蒙尼的研究中可以发现关于城市与城市生活的独特理论,也能发现民族志研究的潜在学术价值。在他的研究中,城市是社会和经济基础设施的主要载体,是新实践活动、习惯和事务的主要平台,也是应对新状况的主要空间。城市居民在日常生活中与知识和物质的互动产生了应对变化的权宜之计,这被西蒙尼称作"城市盗版"(Urban Piracy),是应对城市状况的方法(西蒙尼,2006 年)。时间与可能性的关系贯穿西蒙尼对城市空间的研究,例如他所谓的"期待的物质化"(Materialization of Anticipation),也就是了解将期待与野心变成现实之时机与路径的能力(西蒙尼,2014 年 b)。他将异质性和亲密性引入城市生活的研究之中,使得城市生活不仅仅被视作一种扩张的过程,而且是一种多层面的互动,由此生成或破坏、强化城市生活,或是将某种城市生活处于边缘和被剥削的地位。

此外,西蒙尼提出了一系列理解变动中的城市生活之异质性的概念,尤其是"持续性""投机""权宜之计""亲密性""渐进主义"以及准南部城市中城市主体的"基础设施合作"。城市研究往往致力于解决复杂性并对城市生活做出简单化的处理,西蒙尼却用异质性和多层次等概念作为分析工具,旨在揭示而非简化建构和解构城市生活的多样化空间与时间轨迹,同时也没有忽视构筑城市结构与变迁的关键进程。

对城市研究的贡献

西蒙尼对城市研究的贡献,不仅体现在他对非洲和全球南部城市的研究中,也体现在他从整体上改变了理解城市的方式。他对城市生活之非正式组织方式的关注使其研究成为城市理论和研究不可或缺的参考。西蒙尼致力于构建超越全球南部与北部二元分立的全球性城市研究路径,并通过借鉴城市理论和研究的不同方法——例如民族志研究——构建了充满活力的启发。

并非所有学者都认同西蒙尼将城市生活和政治置于日常生活和经济活动的网络和实践之中的方法。例如,辛迪·卡茨在评论《城市地理》时指出,西蒙尼低估了宗教组织、市民组织、工会和社区同盟等中介机构所发挥的作用,这些机构与日常生活网络的关系其实更为紧密,有支持也有冲突。卡茨也质疑西蒙尼关于居民对未来的认识所产生的政治影响的看法,认为这类活动与城市复苏以及詹姆斯·斯科特所言的"弱者的武器"关系更为紧密(卡茨,2010 年)。

西蒙尼为我们提供了新的可能,即可以通过对居民日常生活的细节性理解来重新想象和重构城市普通人的生活,而在日常生活中,人们从日复一日地社会和经济活动中寻求最大利益。尽管此类许多活动,如建设基础设施、改进服务、提高生活水平或找到工作,往往不见成效或只有政治上的成效,但它们代表了"对城市的信任",或至少是代表了城市的概念,通过这些活动可以展望更好的城市生活(西蒙尼,2014 年 a, n. p)。用西蒙尼的话说,"如果我们无法从这些居民自己的生活中发现他们的生活方式,无论多么恶劣、暴力和平庸,我们都将削弱那些使城市更宜居因素的基础"(西蒙尼,2010 年 a,第333 页)。

参考文献

Katz, C. (2010) "Making change in the space of injury time", *Urban Geography*, 31(3): 315 – 320.

Scott, J. (1985) *Weapons of the Weak: Everyday Forms of Peasant Resistance.* New Haven, CT: Yale University Press.

Simone, A. (2004b) "People as infrasturcture: Intersecting fragments in Johannesburg", *Public Culture*, 16(3): 407 – 429.

Simone, A. (2006) "Pirate towns: Reworking social and symbolic infrastructures in Johannesburg and Douala", *Urban Studies*, 43(2): 357 – 370.

Simone, A. (2008) "Emergency democracy and the 'governing composite'", *Social Text*, 26(295): 13 – 33.

Simone, A. (2010b) "2009 *Urban Geography* plenary-On intersections, anticipations, and provisional publics: Remaking district life in Jakarta", *Urban Geography*, 31(3): 285 – 308.

Simone, A. (2011) "The surfacing of urban life", *City*, 15(3 – 4): 355 – 364.

Simone, A. (2013) "Cities of uncertainty: Jakarta, the urban majority, and inventive political technologies", *Theory, Culture and Society*, 30(7 – 8): 243 – 263.

Simone, A. (2014b) "Cities, neoliberalism and the urban commons", *Theory, Culture and Society*, website commentary, June 2014. Available at: http:// theoryculturesociety. org/abdoumaliq-simone-on-cities-neoliberalism-and-the-commons/ (accessed 1 July 2015).

Simone, A. and Fauzan, A. U. (2012) "Making security work for the majority: Reflections on two districts in Jakarta", *City and Society*, 24(2): 129 – 149.

尼尔·史密斯
NEIL SMITH

汤姆·斯莱特　爱丁堡大学
（Tom Slater，University of Edinburgh）

代表作 219

Smith，N.（1979a）"Toward a theory of gentrification：A back to the city movement by capital，not people"，*Journal of American Planning Association*，45(4)：538 – 548.

Smith，N.（1982）"Gentrification and uneven development"，*Economic Geography*，58(2)：139 – 155.

Smith，N. and Williams，P.（eds）（1986）*Gentrification of the City*. London：Routledge.

Smith，N.（1996）*The New Urban Frontier：Gentrification and the Revanchist City*. New York：Routledge.

Smith，N.（2002）"New globalism，new urbanism：Gentrification as global urban strategy"，*Antipode*，34(3)：427 – 450.

导言

　　尼尔·史密斯(1945—2012)是苏格兰地理学家,也是活跃的知识分子,他的丰富著述充满热情,保持着对政治的关注,对于当代城市研究、人文地理学乃至整个社会科学都产生了深远影响。他的研究聚焦于不均衡发展,关注这一问题的城市研究者大多关注其对空间生产的影响,但史密斯则更重视不均衡发展背后政治与经济的断裂,其最具代表性的城市研究课题非绅士化莫属;

此外，他也关注地理学的历史和哲理。通过对马克思主义者和社会主义者的思想进行审慎分析和批评，史密斯终生致力于追求社会正义，积极投身社会运动，尤其是在他工作多年的纽约市，史密斯热切投入到与住房相关的运动中去。

　　史密斯在哥伦比亚大学得到了他的第一个终身教职，随后于 1986 年前往拉特格斯大学(Rutgers University)，2000 年受任为纽约市立大学研究生院杰出教授，并在这里成立和主持场所、文化与政治研究中心(Center for Place, Culture and Politics)，这个机构至今仍是激进思想和与活动分子开展批判性对话的温床。2012 年 9 月，史密斯在 58 岁时撒手人寰。

学术经历与研究重点

　　尼尔·史密斯 1945 年生于苏格兰利兹(Leith)，但其童年的大部分时间在爱丁堡东南部的劳工阶层小镇达尔基斯(Dalkeith)度过。年少的史密斯被洛西安地区(Lothian)[①]的冰川和火山地貌深深震撼。他对数学感兴趣，便根据自己的这一兴趣进入圣安德鲁斯大学，希望成为一名冰川地形学家。不过在作为交换生在费城学习期间，史密斯注意到费城内部的冲突和社会分化，这一分化对于社会的影响并不亚于自己年幼时所观察到的自然对城市景观的影响。政治、阶级冲突和资本流动在建筑物和街道上留下了自己的印记，对于史密斯而言，这比自然所留下的冰川景观更加值得研究。

　　回到圣安德鲁斯后，尤其是在本科的最后一年，史密斯被乔·多尔蒂的课程所吸引，启发了他关于城市地理的激进思考，他并且于 1977 年在多尔蒂的指导下完成了学士论文，该论文通过对费城社会山(Society Hill，费城东南部的老街区——译者注)绅士化的调查研究了政治、阶级和资本等因素对城市景观的影响。史密斯在 1972 年首次注意到绅士化，当时在爱丁堡玫瑰大街上有家叫作"奋勇争先"的新潮酒吧，该酒吧与附近的小酒馆不同，提供"带着沙拉的可口午餐"(史密斯，1996 年，第 18 页)；此后，他终身关注绅士化，围绕这一主题发表了两部专著和超过 45 篇原创性文章。

　　从圣安德鲁斯大学毕业后，史密斯于 1978 年来到巴尔的摩的约翰·霍普金斯大学，在大卫·哈维指导下攻读博士。哈维在 1973 年出版《社会正义与

---

① 洛西安地区(Lothian)，苏格兰行政区。——译者注

城市》一书,以其对马克思主义的借鉴激励了一代学者,引导城市研究从实证主义的空间研究转向思考"真正人道的城市生活"而非追逐利润将会对社会产生怎样的影响(哈维,1973 年,第 314 页)。只有在这一学术转向中才能深刻理解史密斯的研究。1982 年,他的博士论文完成,两年后正式出版,即《不均衡发展:自然、资本和空间生产》(*Uneven Development: Nature, Capital and the Production of Space*)。该书的影响远超城市研究领域;史密斯认为,资本积累不仅影响自然,同时也在生产自然——这一洞见可以说深刻影响了整个政治生态学。他的另外两部作品也需要城市研究者的注意,一部是 1996 年的《新城市边疆:绅士化与收复失地者的城市》(*The New Urban Frontier: Gentrification and the Revanchist City*),该书深入探讨了资本主义国家权力及其对城市的影响;另一部是 2005 年的《全球化的尾声》(*The Endgame of Globalization*),本书的出版正逢 2008 年金融危机前夕,严厉批判了美国领导的资本主义全球化对全球的冲击和危害。

核心理念

史密斯最早踏入城市研究领域,是以马克思主义批判芝加哥学派以新自由主义为基础的土地利用模式。他质疑这些以消费者主权论(Consumer Sovereignty)为根基的模式。该理论认为,消费者个人关于土地和住房的理性选择决定了城市的形态。郊区化的原因是中产阶级对空间的需求,郊区化本身则被许多新自由主义学者视作所有城市的未来趋势,但社会山的变化即绅士化却对这一论断打上了问号。在史密斯看来,消费者不可能突然集体性地放弃郊区而选择将中心城市绅士化。在对社会山的研究中他发现,由于国家支持的私人开发满足了他们的需求,大量中产阶级家庭从未离开城市前往郊区。1979 年,他的学士论文经修改后在《对立面》(*Antipode*)杂志发表,同年该文在进一步拓宽深化后发表在《美国规划协会会刊》(*Journal of the American Planning Association*)上,这也是地租差额理论(Rent Gap Theory)的首次发表。

史密斯地租差额理论的起点在于,某一地区撤资现象加剧的同时也为开发商、投资商、购房者和地方政府提供了利润空间。这篇文章主张,要理解 20 世纪 70 年代美国的城市复兴,重点应在于资本的流动而非人口的流动(对人

221

口流动的关注即当时学术界提出的"回归城市"）。霍默·霍伊特（Homer Hoyt）在对 20 世纪 20 年代的芝加哥的研究中指出，"卢普区（Loop）与外围居民区之间存在地租低谷，这里超过四十年的建筑和贫困居民聚居共同导致了这一低谷的存在"（霍伊特，1933 年，第 356—358 页）。在史密斯看来，"内城区的资本折旧"意味着资本化地租（Capitalized Ground Rent，地主根据土地现有利用开出的实际地租）与潜在地租（Potential Ground Rent，土地所可能获得的最大地租）之间的差距正在增大。可以说，史密斯彻底改造了霍伊特的地租低谷理论，在很大程度上将其变为地租差额（史密斯，1979 年 a，第 543 页）。

在史密斯看来，废弃的建筑物并非社区衰败的自然结果，其真正动因在于通过各种手段和法规清理居民，包括房东驱逐、租金大规模上涨、红线政策（Redling）、纵火、公共服务终止以及强制征地（Eminent Domain）。要想弥补地租差异，需要将获得现有土地利用方式之实际地租的人迁走，以便将土地改造为可以获得最大租金的模式。在这一过程中，国家并非自由放任政策的执行者，而是积极推动这一转变，例如提供抵押贷款或是成立公私合作的机构。地租差额理论凸显了特殊的利益集团如阶级将获得利润和经济增长置于提供住房之上。对地租差额理论的理解也离不开理解史密斯关于不均衡发展的研究，他在马克思所关注的资本投资与积累的激烈冲突之外，又加入了地理和空间的视角。史密斯认为，资本投资总会被地理上的紧张所激发，这种紧张来自两股需求，一方面是均质化外部条件和在新的场所寻求新市场，另一方面是差异化，尤其是与不同地区比较优势相关的劳动力的分化。其结果就是史密斯在 1982 年提出的投资和撤资的地区间跷跷板效应。绅士化的地租差额分析有助于我们审视动态中的跷跷板效应。

史密斯 1996 年的《新城市边疆》探讨了这一跷跷板效应的政治结果。所谓收复失地者（Revanchist，来自法语 Revanche，意思为复仇），原指反对法兰西第二共和国和巴黎公社的中产阶级民族主义者。复仇主义者高喊着恢复街头公共秩序的口号，试图利用武力和道德恢复中产阶级的社会秩序。对待敌人，他们既有仇恨又有怨怼，想要报复所有从他们这里"偷走"关于法国未来理念的人。在 20 世纪六七十年代，纽约市在自由主义城市政策影响下未得到开发的地区，到了 80 年代逐渐得到开发，这使史密斯感到困惑。他用"收复失地者的城市"的概念来解释这一颠覆性的转型：20 世纪 60 年代后的自由主义时代，其特征是再分配政策、肯定性行动和反贫困立法；而新自由主义的收复失地者时代,其特征则是向少数族裔、劳工阶层、女权主义者、环保主义者和新移民的复仇,他们是中产阶级政治精英及其支持者的"公共敌人"。在 90 年代鲁道夫·朱利安尼担任市长期间,纽约市成为反击肯定性行动和移民政策的战场,充斥着针对无家可归者的街头暴力,警察执法也更有攻击性。就像 19 世纪末的巴黎被复仇主义者视作丧失中产阶级秩序一样,一百年后的纽约市也正在上演以强力恢复排斥性"市民社会"的活剧,即将不属于市民社会者排斥在外。史密斯认为,绅士化正是国家复仇策略的前锋,致力于从劳工阶层手中夺回城市。

史密斯关于绅士化的后续研究致力于探讨绅士化如何从 20 世纪六七十年代的地方化的城市现象转变成世界性的城市策略,并在亨利·列斐伏尔《城市革命》影响下发表了多篇与其相关的文章(史密斯,2002 年)。此外,他也关注"收复失地者星球"的降临即"死而不僵"的新自由主义政策导致的新阶级冲突。在 2008 年金融危机及其引发的抵押贷款赎回和驱逐浪潮、紧缩政策的崛起及其对城市的累加效应,以及 2011 年的阿拉伯之春和占领华尔街运动的影响下,史密斯在去世前几年正在尝试撰写深入探讨城市革命的文章。

对城市研究的贡献

史密斯关于绅士化的研究全面塑造了关于绅士化和城市中流离失所现象的理论研究和经验探讨。他的地租差额理论启发了学术界开展经验研究以验证这一理论(如克拉克[Clark],1987 年;洛佩兹-莫拉里斯[Lopez-Morales],2011 年),同时也激发了城市研究者的争论,一方认为绅士化是后工业社会中产阶级专业人士回归中心城市生活的产物(哈姆内特[Hamnett],1991 年;利[Ley],1986 年),另一方则认为史密斯关于绅士化的自上而下的观察忽视了"地面"视角和人在其中的因素(罗斯[Rose],1984 年)。不过对史密斯而言,地租差额理论的关注对象是阶级冲突,是与劳工阶层有关的结构性暴力,而在许多研究中,这种结构性暴力往往被视作复仇或复兴。史密斯告诉读者,绅士化背后的阶级冲突并非报刊文章中描写的白人时髦客和少数族裔劳工之间的冲突,而是将要无家可归的人与产生和利用地租差额的资本代言人之间的冲突。因此,对于那些试图将住房与人权和社区控制土地相联系的社会运动而言,地租差额理论尤其有意义(拉莫[Rameau],2012 年)。史密斯主张,要理解资本主义的内在冲突，就要理解资本主义生产其自身存在所需之空间与规模的路径。积累所需的长周期要求资本不得不降低土地的价值来创造投资机会。建设与破坏以及创造与拆解的不同周期产生了暴力并对人本身产生了影响，使得地租差额理论无论从分析的角度还是从政治的角度，在很长时间内都能够解释地租的基本功能，即塑造投资和再投资的机会，这反过来又固化了资本主义下的不均衡发展。

尽管被批评为由于缺失第三部门等中介机构而不适用于福利体系更为完善国家里的无家可归者（克罗克[Cloke]等，2010 年），但收复失地者的城市理论在揭示和批判开发商、地主、资本代言人和政策经验为获得潜在地租而采取的"报复性"策略时依然不失其锋芒。对"复仇"的关注也使我们关注资本收益被合理化和被更广泛的大众所分享的路径，并关注那些在实现最高地租过程中被忽视的城市居民的命运。与此同时，该理论也启发读者重视那些以经济增长和创造就业机会的名义被掩盖的再投资的阴暗面，并提供了重新分析土地、街道、建筑和住房等城市社区构成要素之实际和潜在使用价值的工具。全新的后资本主义的世界并非海市蜃楼，政治动员将导致激进而革命性的变迁——这是尼尔·史密斯从未放弃过的希望。

参考文献

Clark, E. (1987) *The Rent Gap and Urban Change: Case Studies in Malmo 1860 - 1985*. Lund: Lund University Press.

Cloke, P., May, J. and Johnsen, S. (2010) *Swept Up Lives? Re-Envisioning the Homeless City*. Oxford: Wiley-Blackwell.

224   Hamnett, C. (1991) "The blind men and the elephant: The explanation of gentrification", *Transactions of the Institute of British Geographers*, 16(2): 173 - 189.

Harvey, D. (1973) *Social Justice and the City*. Baltimore: Johns Hopkins University Press.

Hoyt, H. (1933) *One Hundred Years of Land Values in Chicago*. Chicago: University of Chicago Press.

Lefebvre, H. (2003[1970]) *The Urban Revolution*. Trans. R. Bonnonno. Minneapolis: University of Minnesota Press.

Ley, D. (1986) "Alternative explanations for inner-city gentrification: A Canadian assessment", *Annals of the Association of American Geographers*, 76(4): 521 - 535.

Lopez-Morales, E. (2011) "Gentrification by ground rent dispossession: The shadows cast by large scale urban renewal in Santiago de Chile", *International Journal of Urban and Regional Research*, 35(2): 330–357.

Rameau, M. (2012) "Neil Smith: A critical geopraphyer", *Environment and Planning D: Society and Space*, 30(6): 947–962.

Rose, D. (1984) "Rethinking gentrification: Beyond the uneven development of Marxist urban theory", *Environment and Planning D: Society and Space*, 2(1): 47–74.

Smith, N. (1979b) "Gentrification and capital: Practice and ideology in Society Hill", *Antipode*, 11(3): 24–35.

Smith, N. (1984) *Uneven Development: Nature, Capital and the Production of Space*. Athens, GA: University of Georgia Press.

Smith, N. (2005) *The Endgame of Globalization*. New York: Routledge.

Smith, N. (2009) "Revanchist planet", *Urban Reinventors*, 3: 1–17. Available at: www. urbanreinventors. net/3/smith1/smiht1-urbanreinventors, pdf.

迈克尔·斯托普

MICHAEL STORPER

艾伦·莱瑟姆　伦敦大学学院

（Alan Latham，University College London）

225 **代表作**

Storper，M. and Walker，R. （1989a） *The Capitalist Imperative：Territory，Technology and Industrial Growth*. Oxford：Blackwell.

Storper，M. （1997） *The Regional World：Territorial Development in a Global Economy*. New York：Guilford Press.

Storper，M. and Manville，M. （2006） "Behavior，preferences and cities：Urban theory and urban resurgence"，*Urban Studies*，43(8)：1247 - 1272.

Storper，M. （2013） *Keys to the City：How Economics，Institutions，Social Interactions and Politics Shape the Development of City-Regions*. Princeton，NJ：Princeton University.

Storper，M. ，Kemeny，T. ，Makarem，N. and Osman，T. （2015） *The Rise and Fall of Urban Economies：Lessons from San Francisco and Los Angeles*. Stanford，CA：Stanford University Press.

导言

迈克尔·斯托普是经济地理学家兼城市地理学家，他关注当代技术变迁、全球化和经济发展的影响，尤其是上述因素如何在城市地区展开。他的著作探讨了为何经济活动集中在城市地区，以及为何有些城市的发展速度和增长周期快于和长于其他城市。斯托普强调一系列以场所为基础的集聚经济的重要性,并提出了关于城市经济发展的复杂理论,将城市视作经济生产中心和技术创新中心。他为读者绘制了当代经济全球化的空间图景,探讨了为何有些经济活动可以在全球分布,有些经济活动却只能集聚在规模庞大、财富集中的大都会中。他重视面对面交流在许多高附加值类经济中的作用,凸显了技术创新与变迁的渐进特征和路径依赖。斯托普揭示了城市和区域在经济发展中的中心地位,与主流经济思想相比堪称异端,试图将相互关联的机构、文化传统和习俗纳入主流经济学视野,强调场所和历史语境对于经济增长的重要意义。

226

目前,斯托普在加州大学洛杉矶分校的拉斯金公共事务学院、巴黎政治学院(Institut d'Etudes Politiques de Paris)和伦敦经济学院执掌教席。

学术经历与研究重点

迈克尔·斯托普在 1975 年获得社会学和历史学学士学位,并于 1979 年和 1982 年在加州大学伯克利分校先后获得地理学硕士和博士学位。在理查德·沃克(Richard Walker,此时的沃克是大卫·哈维的信徒)指导下,斯托普在 20 世纪 70 年代末和 80 年代初关注新马克思主义地理和社会学研究。哈维、沃克和曼纽尔·卡斯特等社会学家不认同传统的马克思主义,他们认为城市化进程是当代资本主义形态形成的关键,也是周期性危机的根源。在这一观念影响下,斯托普的早期著述关注的是特定地区中资本主义的发展机制。1986 年与艾伦·斯科特合编的《生产、工作与区域:工业资本主义的地理学分析》(Production, Work and Territory: The Gepgraphical Anatomy of Industrial Capitalism)和 1989 年与沃克合著的《资本家的必需品:领土、技术和工业增长》(The Capitalist Imperative: Territory, Technology and Industrial Growth)是他最早的两部作品,尝试从理论上探讨经济增长的动力机制,该书并未将经济增长视作社会经济现象,而是将其视作区域事务。因此,斯托普的研究可被视作社会科学界将社会理论再空间化的一部分(例如索佳,1989 年)。

斯托普初入学界是在加州大学洛杉矶分校的城市规划系,在这里他遇到了艾伦·斯科特、爱德华·索佳、迈克尔·迪尔和约翰·弗里德曼等学者,他们与斯托普一样热衷于从空间角度研究当代城市经济的变迁。这些学者被称作洛杉矶学派——尽管斯托普更喜欢用加州学派（California School）这个词——他们将洛杉矶视作 20 世纪末城市的典型代表。更准确地说，他们认为当代洛杉矶经济活动的主导形态来自于一系列历史性的创新。总之，洛杉矶模式与纵向集中的工业大生产模式不同，强调灵活的定制化和分散化生产网络，拥有独特的空间集聚模式并与全球经济紧密相连。斯托普在 1986 年和 1987 年与苏珊·克里斯托弗森（Susan Christopherson）共同完成的关于洛杉矶电影工业的研究就是对这一变迁的回应。不过他并不是要强调洛杉矶和南加州大都市区发展模式的优越之处，而是为正在成为全球经济主导之工业组织模式提供有力的分析框架。

斯托普随后的几部著作进一步延伸了这一主题，包括 1990 年出版的《工业化、经济发展和第三世界的区域问题：从进口替代到柔性生产》（*Industrialization, Economic Development, and the Regional Question in the Third World：From Import Substitution to Flexible Production*）、1993 年出版的《世界生产模式》（*Les Mondes de production*，该书与罗伯特·萨拉里斯［Robert Salais］合著，1997 年推出英文修订版，即《生产的世界：经济学的行动框架》［*Worlds of Production：The Action Frameworks of the Economy*］），和 1997 年出版的《区域世界：全球经济中的领土开发》（*The Regional World：Territorial Development in a Global Economy*），更多地从企业和区域而非城市或城市区域的角度提出和分析问题。不过，城市和城市区域在斯托普的经济研究中始终占有重要地位。这些著作共同构建并完善了新的理论框架，揭示了企业等微观经济组织、企业之间的贸易和专门化网络、集聚的溢出效应和产业和领土集群的形成之间的关系，援引了洛杉矶、旧金山等美国城市的案例，以及斯托普正在巴西、法国和德国进行的研究。这些研究也展示了斯托普在理论上的灵活性。如果说《资本家的必需品》以新马克思主义为理论武器，而《生产的世界》和《区域世界》的理论基础则完全不同，整合了经济社会学、制度经济学和经济地理学，而非仅仅宣称资本主义导致不均衡的地理发展。

尽管斯托普的大部分著作都强调区域的重要性，在他近来的著作包括《城市要点》（*Keys to the City*）和与托马斯·凯米尼（Thomas Kemeny）、纳吉·马克里姆（Naji Makarem）和塔纳·奥斯曼（Taner Osman）合著的《城市经济的兴衰：旧金山与洛杉矶》（*The Rise and Fall of Urban Economies：Lessons*

from San Francisco and Los Angeles)都指出经济增长和开发与城市增长和
开发密不可分。

核心理念

斯托普的城市经济研究旨在构建有力的分析框架,以理解经济活动、产业
组织结构、技术创新和大都市区域开发,并通过个案研究构筑起宏观理论来描
述和解释具体的现象,重视经济发展的"神圣三要素",即组织、技术和领土(斯
托普,1995年,1997年)。斯托普的核心观点是,经济活动不仅创造出独特的
工业发展和增长的领土,而且领土(或者说地理)本身也深深卷入经济增长以
及技术和组织的创新中。

组织(Organization)是神圣三要素的第一环。传统经济学首重企业,将其
视作经济发展的稳定因素,并进行了明确定义。然而,对科斯和威廉姆斯等学
者所研究的企业和产业进行审慎观察后却可以发现,同一产业内部和产业之
间的企业在规模、范围和结构等方面存在很大差异。通过交互分析可以发现,
企业和产业的组织路径是多样化的。通过援引和深化艾伦·斯科特1998年
和2008年的研究,斯托普强调,企业和产业的组织在空间上也是多样化的。
产业组织的某些模式会鼓励企业集聚,而也有一些则会鼓励分散。技术是推
动组织形态调整的关键要素之一,也是斯托普神圣三要素的第二个。产业技
术的复杂性和成熟度直接决定了其地理范围。新型的技术创新性企业往往集
聚在一起,这是因为知识无法进行交易而且不能标准化和被法律明确下来,因
此企业之间只有相互靠近才能促进信息和专业技术的自由流动。随着产业走
向成熟,部分生产流程可以形成固定的标准,也就可以与企业分离并迁往别
处,于是部分企业形成了分散化的生产模式。典型如美国汽车工业和高端电
器产品,它们的供应链遍布全球。领土是神圣三要素中的最后一个。产业及
其生产体系的崛起总是与一系列以场所为基础的正式和非正式机构紧密相
连,包括法律体系、工作实践、教育机构等,都可以促成某一地区特定的行为方
式,该地区日常生活的关系网络则维持着行为方式的运转。

斯托普的经济研究将组织、技术与领土三要素联系在一起,有助于理解企
业如何在地化并且在长距离内拓展,换句话说也就是城市经济既有在地化的
一面,也有全球化的一面。单单这样看来,斯托普的观点似乎并无创新之处,

228

许多研究者从 20 世纪 70 年代以来即已关注劳动力的国际分工（见迪肯
[Dicken]，1986 年；哈维，1989 年）。但实际上，斯托普的研究并未局限在劳动
力国际分工的框架之内——也就是生产的高级部分分布在富裕的发达国家而
标准化的劳动力密集部分集中在贫穷的欠发达国家——他认为这样的分析过
于简单，区域经济开发具有路径依赖的特性。产业和生产流程可以通过多种
不同方式被组织起来，某项产业具体的组织、技术和领土路径与其形成的时间
地点密不可分。例如，慕尼黑和斯图加特大都市区的汽车产业的组织和区位，
与底特律汽车产业大不相同；高端金融服务则掌控在伦敦、纽约和香港等大都
会的少数全球性机构中。其他产业则表现出更为多样化的地理分布，比如时
装和设计。实际上，同一产业的不同部门有完全不同的区位需求——与高端
时尚品相比，成衣制造的供应链要更加全球化。

如果说斯托普的大部分城市地理研究关注区域中的生产体系和产业网
络，那么城市以及城市之间的互动则处于其研究的核心位置，它们是许多技术
和组织创新的空间载体。硅谷等创新性城市区域不仅仅是高密度技术型人才
的聚居区，同时这些人才共同工作并致力于解决类似的问题。城市环境有特
殊的氛围（斯托普和维纳布利斯[Venables]，2004 年），这种氛围是人与人之间
的面对面交流产生的。尽管现代通信技术改变了企业间的交流方式，但面对
面交往对于解决问题、启发新思想和分享学习仍然有不可替代的独特意
义——城市正是面对面交流发生的地方。因此，不同城市有不同的氛围、工作
方式和文化，城市的组织和制度结构以及溢出效应有助于上述因素的延续和
再生产。斯托普通过运用具体案例如餐饮业分析了上述观点——与北美城市
的餐馆相比，法国城市中的餐馆往往品质高、价格合理。他对洛杉矶电影工业
的研究则更为深入，分析了那些让好莱坞保持其全球电影制作中心地位的各
种非正式的组织网络。孟买的宝莱坞、拉各斯的诺莱坞和威灵顿也是电影业
的重要地区，但均有不同的氛围和特性。

对城市研究的贡献

斯托普为理解当代城市经济体系的复杂性提供了可持续和透彻有力的分
析框架。他从新马克思主义开始——城市和区域的经济发展存在多元路
径——随后又超越了这一理论框架，揭示了这一多元路径的微观经济层面和

制度基础,对技术创新和城市经济发展多样性之间的关系进行了仔细论述。与大卫·哈维和尼尔·布雷纳等关注资本主义城市化形态的研究者相比,斯托普关注城市经济形态的微观层面。他的研究不仅深入分析了为何有的经济体繁荣而有些却衰落,而且提出了如何通过干预来提高生产力、效率和促进平等的问题。

斯托普研究的独特之处还在于,他致力于将经济地理与传统的新古典主义经济学结合在一起,强调城市是生产的中心,这一观点批判了爱德华·格莱泽和理查德·佛罗里达的观点,后二者针对北美和欧洲多个大都市区提出的所谓回归城市现象根源于对城市生活方式的再发现和创造性再发明。斯托普认为,城市基础设施并非经济成功的原因而是其结果(斯托普,2013年);或者换句话说,城市的创新性来自其经济。这可以说是斯托普的核心观点,不同城市尽管其内部和相互之间存在多种差异,但可以通过一系列共同的原则进行观察。这与当代城市研究的方法不同,后者致力于通过城市的独特性理解城市,因此拒绝全面性的综合理论(参见本书关于安娜雅·罗伊和珍妮·M.雅各布斯的介绍)。在斯托普看来,理解城市化进程背后之集聚经济的范围和规模有助于我们理解独特的城市场所(斯科特和斯托普,2015年)。将城市作为差异性场所有助于推进理解,但如果没有恰当的综合性理论,我们也很难从这种差异性中深化认识。

参考文献

Christopherson, S. and Storper, M. (1986) "The city as studio; the world as back lot: The impact of vertical disintegration on the location of the motion picture industry", *Environment and Planning D: Society and Space*, 4(3): 305 – 320.

Coase, R. H. (1937) "The nature of the film", *Economica*, 4(16): 386 – 405.

Dicken, P. (1986) *Global Shift*. London: Sage.

Harvey, D. (1989) *The Urban Experience*. Oxford: Blackwell.

Kemeny, T. and Sotrper, M. (2012) "The sources of urban development: Wages, housing and amenity gaps across American cities", *Journal of Regional Science*, 52(1): 85 – 108.

Rabari, C. and Sotrper, M. (2015) "The digital skin of cities: Urban theory and research in the age of the sensored and metered city, ubiquitous computing and big data", *Cambridge Journal of Regions Economy and Society*, 8(1): 27 – 42.

Salais, R. and Sotrper, M. (1997) *Worlds of Production: The Action Frameworks of the Economy*. Cambridge, MA: Harvard University Press.

Scott, A. J. (1998) *Metropolis*. Berkeley: University of California Press.

Scott, A. J. (2008) *Social Economy of the Metropolis: Cognitive-Cultural Capitalism and the Global Resurgence of Cities*. Oxford: Oxford University Press.

Scott, A. J. and Sotrper, M. (2015) "The nature of cities: The scope and limits of urban theory", *International Journal of Urban and Regional Research*, 39(1): 1 - 15.

Soja, E. (1989) *Postmodern Geographies*. London: Verso.

Sotrper, M. (1988) "Big structures, small events, and large processes in economic geography", *Environment and Planning A*, 20(2): 165 - 185.

Sotrper, M. (1989b) "The tansition to flexible specialization: The division of labour, external economies, and the crossing of industrial divides", *Cambridge Journal of Economics*, 13(2): 273 - 305.

Sotrper, M. (1990) *Industrialization, Economic Development, and the Regional Question in the Third World: From Import Substitution to Flexible Production*. London: Pion Books.

Sotrper, M. (1992) "The limits to globalization: Technology districts and international trade", *Economic Geography*, 68(1): 60 - 93.

Sotrper, M. (1993) "Regional 'worlds' of production: Learning and innovation in the technology districts of France, Italy and the USA", *Regional Studies*, 27(5): 433 - 455.

Sotrper, M. (1995) "The resurgence of regional economies, ten years later: The region as a nexus of untraded interdependencies", *European Urban and Regional Studies*, 2(3): 191 - 221.

Sotrper, M. (2001) "The poverty of radical theory today: From the false promises of Marxism to the mirage of the cultural turn", *International Journal of Urban and Regional Research*, 25(1): 155 - 179.

Sotrper, M. (2010) "Why does a city grow? Specialization, human capital, or institutions?", *Urban Studies*, 47(10): 2027 - 2050.

Sotrper, M. (2011) "From retro to avant garde: A reply to Paul Krugman's 'New Economic Geography at Middle Age", *Regional Studies*, 45(1): 9 - 15.

Sotrper, M. and Christopherson, S. (1987) "Flexible specialization and regional industrial agglomerations", *Annals of the Association of American Geographers*, 77(1): 104 - 117.

Sotrper, M. and Scott, A. J. (2009) "Rethinking human capital, creativity and urban growth", *Journal of Economic Geography*, 9(2): 147 – 167.

Sotrper, M. and Venables, A. (2004) "Buzz: Face-to-face contact and the urban economy", *Journal of Economic Geography*, 4(4): 351 – 370.

Williamson, O. E. (1985) *The Economic Institutions of Capitalism*. New York: Basic Books.

马里亚纳·瓦尔夫德
MARIANA VALVERDE

里甘·科克　伦敦玛丽女王大学
(Regan Koch，Queen Mary University of London)

231　**代表作**

Valverde，M.（2003a）*Law's Dream of a Common Knowledge*. Princeton，NJ：University of Princeton Press.

Valverde，M.（2008）"The ethic of diversity：Local law and the negotiation of urban norms"，*Law and Social Inquiry*，33（4）：895 – 924.

Valverde，M.（2009）"Laws of the street"，*City and Society*，21（2）：163 –181.

Valverde，M.（2011）"Seeing like a city：The dialectic of modern and premodern ways of seeing in urban governance"，*Law and Society Review*，45（20）：277 – 312.

Valverde，M.（2012）*Everyday Law on the Street：City Governance and the Challenges of Diversity*. Chicago：University of Chicago Press.

导言

　　马里亚纳·瓦尔夫德是社会—法律研究的核心人物，她关注政府规程和法律进程中的治理和知识—权力的不同形式。在其职业生涯的早期，瓦尔夫德对社会主义女权主义和同性恋权力运动贡献颇多，并撰写多部关于道德改革和酒类管理的历史社会学著作；近来，其研究转向城市和城市生活。

　　在 2012 年的《街头的日常法规》(*Everyday Law on the Street*)中，瓦尔夫

德揭示了城市治理如何令人惊奇地塑造了多伦多"这座世界最多元化城市"的生活。她的其他著作也关注了历史和现实中的社会—法律手段如何被用来管理城市空间，并借鉴了米歇尔·福柯的研究和行动者网络理论。由此，瓦尔夫德揭示了城市政府种种工作中的灵活性、脆弱性和冲突性，及其维持秩序的尝试。与其他学者相比，她对塑造城市生活的诸多要素以及经验研究可以使用的材料进行了更为开放和系统性的探讨。

目前，瓦尔夫德是多伦多大学犯罪与社会—法律研究中心（Centre for Criminology and Sociolegal Studies）教授，此前曾担任该中心主任。 232

学术经历与研究重点

马里亚纳·瓦尔夫德生于罗马，在巴塞罗那长大，成年后来到多伦多。她的城市研究的突出特色很大程度上来自其独特的学术经历。瓦尔夫德在约克大学获得硕士和博士学位，研究社会与政治思想；但当她完成博士论文时却已卷入女权主义运动和同性恋解放运动。1985 年出版的《性、权力与愉悦》（*Sex，Power and Pleasure*）是她对 20 世纪 80 年代"性辩论"的关注。此时的她决定转向社会历史学研究，因而放弃了自己的第一个教职，直到 1988 年进入特伦特大学（Trent University）女性研究系。次年她加盟约克大学社会学系，1991 年出版《光、肥皂与水的时代：1885—1925 年间英属加拿大的道德改革》（*The Age of Light，Soap，and Water：Moral Reform in English Canada，1885‐1925*），该书有力地解答了性别、阶级和种族如何组织起来并改变了现代加拿大。

之后，瓦尔夫德来到多伦多大学，进入当时还被称作犯罪研究中心（Centre for Criminology）的机构。在这里，她的研究领域再一次转向，尽管她从未关注犯罪问题，但她将自己的关注焦点转向那些导致社会失序和恢复秩序的因素。通过借鉴尼采和福柯的研究，瓦尔夫德建构了谱系学方法来探讨为何政府会将社会生活的某些方面当作需要解决的问题。她探讨了政府为解决这些问题所采取的技术手段和理性行为（即福柯所谓的"治理术"[Governmentality]），揭示了权力具有分散性、异质性和非系统化的特点。例如 1998 年的《意志的疾病》（*Diseases of the Will*），探讨了政府机构、卫生官员和许多饮酒者如何将酗酒视作一项社会问题，但西方社会从未成功治愈这一问题或禁止酗酒。酒精既会造成危险也会带来愉悦，但对酒精的管理却只能通过教会的道德约束、经营执照、心理治疗和自我控制来实现。2003 年出版的《法律的常识之梦》(*Law's Dream of a Common Knowledge*)也探讨了对社会问题和空间的治理，但其关注的是城市政府管理非主流社群与性、毒品等有关的生活方式时所采取的基层法律手段和一般知识。2006 年瓦尔夫德连续出版两部专著，即对大众媒体中关于犯罪的社会符号学进行研究的《法律与秩序：符号、意义与神话》(*Law and Order：Signs, Meanings, Myths*)和探讨所谓文明法律体系中的暴力的《法律的力量》(*The Force of Law*)。次年，瓦尔夫德成为犯罪研究中心主任，并将其更名为犯罪与社会—法律研究中心。

近来，城市成为瓦尔夫德的研究中心，她希望在这一领域大展宏图。在多伦多进行了四年多的民族志式调查，关注了执法官员、颁发经营执照的法庭和关于城市规划的听证会，瓦尔夫德在 2012 年推出《街头的日常法规》，揭示了城市为应对日常琐事、土地利用、劳动条件和城市开发等一系列广泛议题所建构的基本治理结构。同样不容忽视的是，该书揭示出"执行中的法律"(Law in Action)与"书本上的法律"(Law in the Books)在目标和合理性等多个方面存在巨大差异。目前她正在进行中的研究包括两个不同的方向。第一个是对城市如何定义和区分"好""坏"街区进行历史和比较研究，关注 1870—1970 年间即所谓"郊区的世纪"中的北美和英国。第二个是对城市建筑与基础设施中"外包的城市规划"(Urban Planning by Contract)的研究，关注大学、体育场馆等非营利性机构，对这些机构的理解正被"公私合作"(Public-Private)这一术语所误导。2015 年的《法律的时空体性：司法权、规模和治理》(*Chronotopes of Law：Jurisdiction, Scale and Governance*)是瓦尔夫德的最新著作，关于对法律的细致关注如何改变了学术界对司法权和时空规模的理解这一传统问题，该书做出了新的解释。

核心理念

城市研究者无法从瓦尔夫德的著作中发现"城市"的精确属性，也无法看到塑造未来城市的乌托邦愿景和结构性力量。她对尼采—福柯理论的借鉴使她不关注理论而更关注在地调查(参见本书关于傅以斌的介绍)。瓦尔夫德不关注为什么和有何意义，而是关注如何实施治理。当然，这并不是说她不重视可以激发城市研究不同路径的方法和理论。

起初,瓦尔夫德列出了许多本来不应该用在城市研究领域的方法。我们也不应该从那些关于有效或无效的社会进程的线性范式变迁开始。新自由主义、现代化和全球化都或多或少出现在瓦尔夫德的著作中,但她提醒读者注意,这些进程都有内在的矛盾之处,也缺少自我认证。我们也应注意到政府治理模式并不是总符合其时代需求——例如在监控时代、规训时代、风险时代等——但这些模式都是将既有手段与新技术结合起来以应对城市紧急问题和慢性病的尝试。她与迈克·戴维斯和卢克·华康德等研究者不同,坚信学者在理解政府权力时应避免将"国家"和"官僚场域"具体化;她将上述因素视作治理的产物,并将关注点置于不同社会结构的特殊性上。

瓦尔夫德的社会—历史视角体现在她对多伦多一处街角社会的分析中(瓦尔夫德,2009 年,2012 年)。这里靠近多伦多大学,因此城市的执法行为并不多见。与简·雅各布斯关注街头有机生活不同,瓦尔夫德旨在揭示法律和规则无处不在。这里的街道、人行道和建筑由一家市政公司负责管理,这种形式的市政公司可以追溯到中世纪,通过瓦尔夫德的细致研究,读者可以发现其强制执行力与州法律不相上下。此外,这里也有超越司法权以及其他形式的治理方案,并以独特的方式相互交织。例如在街道上,多伦多市政府有法律规定哪些车辆可以上路,而州政府则有相关法案规定了成为驾驶员的条件。驾驶员即便在没有明显违法的情况下也可以被合法地截停并被要求出示证件。234 这一有违自由主义警察权的现象与公民国家对行人的保护相冲突,但为地方政府提供了检视公民的主要方式。瓦尔夫德指出,在街道上除了行走以外的其他活动都需要获得批准或具备执照,要放置永久性物品还需遵从一系列设计规则、符合技术要求并且不能破坏惯例。在她所研究的这个街角,地方政府为了改善公共领域的境况而通过公私合作等新自由主义机制提供了装饰性的大门和景观建筑,这些措施尽管使街头更加美观,却破坏了公共设施应平等地为所有人共享这一理念。最后,街角两侧的建筑需要遵从已有一百年左右历史的区划法则,建筑高度、风格和用途的变化都可以因为规划官员一句"特事特办"而发生巨大变化,这种现象如此普遍,以至于发生变化才是常态。虽然不是完全符合合理化的要求,但区划倘若没有上面这样的灵活性,恐怕将陷入持续不断的司法诉讼中。这种灵活性也使得地方官员总是有机会通过妥协沟通来获得政治资本。

上面是笔者对瓦尔夫德研究进行的片段式分析，由此可以理解她关于城市研究的部分核心理念。她的研究不是简单列出相关的法律规定，而是凸显了城市治理的某些侧面，这些侧面在对城市不平等的研究中往往被忽视。尽管城市治理的许多方式对那些已经处于不利地位的弱势群体产生了巨大影响，但瓦尔夫德提醒读者，那些影响特定个人或群体的规则往往没有被写入法律。此外，法律的书写往往要求保持客观性，而且被认为代表了更大的公共的利益。由于往往有悖于现行法律的规定，争取权利的社会运动很难在司法体系之内找到合理性（布鲁姆利［Blomley］，2011 年）。由于城市政府的权力主要来自于警察权，对现场执法做出回应必然需要审慎决定，这也是州法庭的判决所一再突出的。对于这一问题，瓦尔夫德展示了城市治理的辩证性，即，一方面城市治理是现代性的、以客观知识为基础并具有量化标准，另一方面也有其前现代的形式，是可变的、依赖于地方的。这种治理方面的可变性被瓦尔夫德称作"城市的视角"（Seeing like a City）——与詹姆斯·斯科特"国家的视角"（Seeing like a State）相对，也就是说，地方治理和执法实际上是一系列的权宜之计，必须考虑所在地方和情境的具体状况。这一观点挑战了城市理论家们（参见本书关于尼尔·布雷纳和尼尔·史密斯的介绍）在对不同空间范围进行研究时所确定的观念。《法律的时空体性》阐明了瓦尔夫德的具体观点，我们需要更为复杂而多样的路径来理解时空的差异。

瓦尔夫德认为，社会多元性的加强需要新的治理结构以便对冲突进行公平的处理，这是贯穿其研究始终的理念。通过她对多伦多的细致分析可以发现，现行治理结构往往与城市领导人和市民所自豪宣称的多样性背道而驰。城市的规章制度往往具有文化上的偏见，行政流程也有明显的种族倾向性，这使得多伦多的少数族裔出租车司机和街头小贩处于制度化的不利地位（瓦尔夫德，2008 年，2011 年）。区划法规使得某些住房远离噪音、恶臭和社会问题，但也使部分居民不得不忍受这些——这样的结果体现了区划法规对核心家庭的偏好（瓦尔夫德，2003 年 a，2005 年）。针对新建筑的规划本是用来安抚公众的担忧，却往往成为解决移民和恐怖主义等重大问题的手段，从而超过了其实际范畴（瓦尔夫德，2011 年）。在瓦尔夫德看来，由于很少遭到质疑以及缺少充分的渠道反馈公众的看法，古代的法规和不公平的治理模式直到今天仍然存在，多伦多尤为明显；她为读者展示了政府惯用的法律工具和治理机制，及其在时间和空间上的连续性。研究特定发展和引入注目的社会运动的城市学者们倾向于扩大城市之间的不同,这一做法遮盖了其背后的法律规范和治理框架。考虑到法律与治理对于构建民主和公平社会的重要性,瓦尔夫德研究的价值自不待言。

对城市研究的贡献

瓦尔夫德清晰地揭示了关注城市治理之社会—法律结构对于城市研究的重要性。她对不同法律进程和机制的当代形式及其历史变迁进行了深入细致的研究,从中可以得到有价值且不乏惊奇的洞见。同时,瓦尔夫德提供了一系列颇具想象力的概念和方法,帮助城市研究者们理解不同语境中的城市生活将如何生成。

她的研究框架(有时与尼古拉斯·罗斯[Nicholas Rose]和帕特·奥马丽[Pat O'Malley]合作完成)建基于福柯的理念并进一步深化,构建了研究城市治理技术与合理行为的新议程,有助于比较城市研究和个案研究,尤其是开发工程——它们往往涉及多种治理模式,并且与规模和法律息息相关(瓦尔夫德,2009 年)。除此之外,瓦尔夫德对社会符号学也颇有研究,为城市研究者提供了分析社会秩序和社会失序的框架,这些秩序和失序可以说是当代社会对于城市生活之恐惧的根源,也是强化安保和警务的合理理由。

瓦尔夫德的经验研究说明,行动者网络理论,尤其是布鲁诺·拉图尔的研究能够赋予城市研究新的路径。她将法律进程视作客体、行动和空间构成的网络,这一观点促使她关注许多迥然有别因素之间的互动,并解释这种互动如何引发冲突或恢复秩序(参见本书关于珍妮·M. 雅各布斯的介绍)。上述种种方法能够揭示,不同的客体——从法庭到《圣经》、从热狗到社区草地上的除草互动——如何在复杂的法律体系中充当主角(瓦尔夫德,2005 年,2008 年,2015 年)。她也告诉读者,那些从这些活动、空间和客体中谋生且被视作对公共秩序存在威胁的人,为何常常成为国家执法的借口。当某人的工作需要执照或授权,国家可以借机延伸其主权和监管权,用一些很少受到仔细检查的行动影响人们的行为。通过类似观点,瓦尔夫德启发其他研究者思考一系列常见法律机制和规训技术的运作,包括法令、章程、执照、授权、土地利用要求和区划法规,这些因素往往只受到规划者和政策研究者的关注。揭示城市治理的不良后果和预期外结果是调整治理的第一步,也显示出瓦尔夫德的社会—

236

法律研究理念和方法对城市研究的重要性。

参考文献

Blomley，N. (2011) *Rights of Passage：Sidewalks and the Regulations of Public Flow*. New York：Routledge.

Scott，J. (1998) *Seeing Like a State：How Certain Regimes to Improve the Human Conditions Have Failed*. New Haven，CT：Yale University Press.

Valverde，M. (1985) *Sex，Power and Pleasure*. Toronto：The Women's Press.

Valverde，M. (1991) *The Age of Light，Soap，and Water：Moral Reform in English Canada，1885 - 1925*. Toronto：University of Toronto Press.

Valverde，M. (1998) *Diseases of the Will：Alcohol and the Dilemmas of Freedom*. Cambridge：Cambridge University Press.

Valverde，M. (2003b) "Police science，British style：Pub licensing and knowledge of urban disorder"，*Economy and Society*，43(2)：234 - 253.

Valverde，M. (2005) "Authorizing the production of urban moral order：Appellate courts and their knowledge games"，*Law and Society Review*，39(2)：415 - 455.

Valverde，M. (2006a) *Law and Order：Signs，Meanings，Myths*. New Brunswick，NJ：Rutgers University Press.

Valverde，M. (2006b) *The Force of Law*. Toronto：Groundwood Books.

Valverde，M. (2015) *Chronotopes of Law：Jurisdiction，Scale and Governance*. London：Routledge.

卢克·华康德
LOIC WACQUANT

汤姆·斯莱特　爱丁堡大学

（Tom Slater，University of Edinburgh）

代表作

237

Wacquant，L.（2002）"Scrutinizing the street：Poverty，morality and the pitfalls of urban ethnography"，*American Journal of Sociology*，107（6）：1468–1532.

Wacquant，L.（2004）*Body and Soul：Notebooks of an Apprentice Boxer*. New York and Oxford：Oxford University Press.

Wacquant，L.（2008）*Urban Outcasts：A Comparative Sociology of Advanced Marginality*. Cambridge：Polity Press.

Wacquant，L.（2009a）*Punishing the Poor：The Neoliberal Government of Social Insecurity*. Durhamm，NC and London：Duke University Press.

Wacquant，L.（2016a）*The Two Faces of the Ghetto*. New York：Oxford University Press.

导言

　　从事跨学科研究的社会学家卢克·华康德师从两位社会科学巨擘皮埃尔·布尔迪厄和威廉·朱利叶斯·威尔逊，他的大量而原创性的作品对城市研究产生了深远影响，而且其影响力远及城市研究之外。他关于亲身社会学（Carnal Sociology）、刑罚国家（Penal State）、种族支配（Ethnoracial Domination）和社会理论的著述被译成超过20种语言，并引起了多个学科的关注，尤其以对发达边缘性（Advanced Marginality）和地域污名化（Territorial Stigmatization）的研究和比较分析而为城市研究者所熟知。他所提出的贫困惩罚概念和对难以清除的隔都区的反思同样影响深远。华康德坚持，新的观点和理论建构必须植根于田野调查之中；他强调国家在边缘性中的重要性，强调象征性结构在城市驱逐现象中的重要性，并主张将理论、田野调查和比较方法融合起来。

目前，华康德是加州大学伯克利分校社会教授，同时也是巴黎欧洲社会科学研究中心（Centre Europeen de Sociologie et de Science Politique）研究员。

学术经历与研究重点

238 卢克·华康德生于法国南部，1979 年来到巴黎，就读于法国顶尖的管理学院巴黎高等商科学校（Ecole des Hautes Etudes Commerciales）。1981 年 1 月，布尔迪厄的一次公开演讲彻底改变了他的学术轨迹——华康德随后放弃经济学并来到巴黎第十大学专攻社会学，导师正是布尔迪厄；此后又前往北卡罗来纳大学教堂山分校深造，并在 1985 年进入芝加哥大学攻读社会学博士学位，师从社会学大师威廉·朱利叶斯·威尔逊，后者 1987 年推出的《真正的穷人》（*The Truly Disadvantaged*）堪称美国城市中种族隔离的经典名作（华康德和威尔逊，1989 年）。华康德深感学术界在对隔都区的研究中缺乏自反性，总是远远地进行观察而缺乏在地化的深入研究，并且不假思索地认为隔都区等同于社会失序，这被他称作城市底层阶级（Underclass）研究的迷思。他采取了与威尔逊不同的方法，将布尔迪厄关于理论和社会研究的路径引入对美国隔都区的研究中。他参加了一家搏击俱乐部，并开始深入隔都区进行民族志式的调查，研究了德雷克和凯顿的"黑人大都会"（Black Metropolis）在 20 世纪 60 年代以后的转型（德雷克[Drake]和凯顿[Cayton]，1993 年，1945 年）。随着法国和西欧大多数国家的城市在 90 年代受去工业化冲击而在边缘地区出现所谓"隔都化"现象，华康德又将研究视野转向跨大西洋世界城市边缘性的比较研究。

他对芝加哥和巴黎的比较研究采用了田野调查、统计数据和制度比较等多种方法和资料，并形成了两部城市研究的专著：一部是关于隔都区中搏击研究的《肉体与灵魂》（*Body and Soul*），该书是以自下而上和深入隔都区内部视角的民族志，出版于 2004 年；另一部是自上而下对隔都区进行宏观分析的《城市无家可归者》(*Urban Outcasts*)，出版于 2008 年。此外，华康德也发表了大量论文，完善了对城市中象征空间、社会空间和物理空间的研究，并对隔都区、地域污名化、朝不保夕族(Precariat)、民族志方法论、城市社会与刑罚政策的复杂联系和新自由主义国家等概念进行了探讨和深化(华康德，2002 年，2009 年 b，2012 年，2014 年)。

核心理念

卢克·华康德往往被视作布尔迪厄式的社会学家，他从多个方面影响了城市研究领域。布尔迪厄的指导的确奠定了他的认识论基础和分析框架，但在对城市"朝不保夕族"(后工业社会工人阶级中最不稳定的一部分，工资劳动的碎片化和对场所的不满导致其窘境)的研究中，华康德也广泛借鉴了包括恩格斯、涂尔干、韦伯、莫斯、维特根斯坦、埃利阿斯和戈夫曼等人的观点。他不满足于芝加哥学派在贫困和场所研究中忽视政治的做法，也不满足于马克思式或韦伯式的政治经济学中的经济决定论倾向，华康德的研究集中在如下三个方面：首先，他坚信国家结构和政策在城市边缘性的形态形成、分配和强化中扮演了重要角色；其次，城市在符号系统的生产和扩散中发挥重要作用，这一系统并非简单地反映社会关系，而且帮助构造了社会关系；最后，他致力于揭示不同层面的象征空间、社会空间和物理空间之间的相互转化和定型，并突出空间在社会控制中的角色。在这三个方面的研究中，华康德将抽象的理论与坚实的民族志调查相结合，并形成了关于边缘性、族裔和惩罚的新概念(华康德，2014 年)。其中，两项核心理念已超越国界和学科边界，启发着更深一步的研究。

第一，华康德通过比较调查重新定义了何为隔都区，即隔都区是一种人种—种族隔离机制，将特定区域与某一被歧视的群体结合起来(华康德，2016 年 a)。他对三个群体进行了分析，包括文艺复兴时期欧洲犹太人的社会—空间隔离、工业化时代美国大都市中的非洲裔美国人和日本德川幕府时代的部落民(Burakumin)，认为隔都区是一种制度化的形态，是使空间满足经济剥削与社会排斥这一对矛盾的社会组织工具。华康德发现，城市统治者们创造出隔都区是为了从被歧视的群体中获得最大的物质收益，同时最大可能地避免与该群体成员建立亲密关系。因此，隔都区堪称社会学研究的宝库，尤其是其中的一系列平行机构如祭祀场所、媒介、学校、医疗机构、商业和市民组织，它们是城市中类似机构的复制品，而隔都区居民无法正常接触城市中的此类机构。这些平行机构既是剑又是盾——对于城市主导群体是剑，帮助他们获得利益；对于被主导者则是盾，将他们保护起来，使其获得利益和尊重，因此华康德笔下的隔都区犹如古罗马神雅努斯(Janus)一般具有两张面孔。相比之下，媒体、城市研究和政治学研究的主流都将隔都区描绘为一个物质匮乏和社会解体的空间，但华康德却发现，隔都化也有推动经济发展、强化社会纽带和在象征意义上将目标人群整合起来的功能。隔都区的这一面被他用于"对角线社会学"(Diagonal Sociology)的概念构造，他认为这一新概念能够捕捉城市生活与广义制度中的纵向(如剥削和不平等)与横向(如互惠和平等)的融合。通过追溯隔都区的历史变迁与社会学内容，华康德分析了美国公共隔都区的瓦解及其向超隔都区(Hyperghetto，由于宏观经济转型和国家干预的缩减而失去了经济功能)的转型，批评了学术界将隔都区一词随意并且投机式地用来描述欧洲城市边缘之工人阶级和移民聚居区的做法——实际上，这些地区存在高度的族裔多元化，无法建构一种共享的身份，并受到国家的深刻干预，由于这些特征与上述隔都区的特征完全不同，华康德更愿意将这里称作"反隔都区"(Anti-Ghettos)。

第二，通过分析"场所缺陷"(Blemish of Place，华康德，2007 年，第 67 页)即大西洋两岸城市社区的衰败，华康德提出了地域污名化的概念。在听了法国城市官员对社会低层社区明显不屑的评论后，在听了巴黎郊外的拉古尔库纳(La Courneuve)和芝加哥市内的伍德罗(Woodlawn)的居民对邻居的贬低言论后，华康德通过借鉴戈夫曼和布尔迪厄的理论来探讨附着在空间上的歧视和耻辱。戈夫曼从关系的观点探讨了微观层面上的污名，即"个人被赋予与常规不同的劣质的特性"(戈夫曼，1963 年，第 18 页)；布尔迪厄(1991 年)则从宏观层面探讨象征性的力量，即塑造真实的表述性能力(通过塑造真实的表征并实现)。布尔迪厄最感兴趣的是不同阶级之间的符号战争，尤其是权威机构及其代言人如何定义社会世界以满足自己的利益(参见本书关于特雷莎·卡德丽亚的介绍)。华康德在布尔迪厄的基础上进行了拓展，将空间中的斗争以及围绕空间的斗争视作身份的标记。戈夫曼和布尔迪厄理论的融合使华康德意识到，地域污名"可能是那些生活在这些噩梦般地区的人的现实经验之最为突出的特征"(华康德,2008 年,第 169 页)。21 世纪由其他方面导致的空间破坏导致了发达边缘性,地域污名化恐怕是发达边缘性最突出的特征。华康德揭示了发达社会某些地区如何被不同阶级都认定为恶名昭彰之地,这里少数族裔占据主体,并且被视作社会解体的典型,这与工业化时代大都会那些臭名昭著的地方不同,后者被视作有组织的反社会场所。他勾画了空间污名如何在不同层面上影响了社会战略和身份,如何固化了边缘性(华康德,2014 年);他提醒读者注意,那些用"隔都区"来进行比喻以促使政府采取干预措施的研究者们,实际上进一步加强了这些衰败地区的污名,与其目标南辕北辙。

在华康德的城市社会学透镜之下,国家不是官僚主义式的、以实现普遍的善为目标的铁板一块,也不是应对市场失灵的拯救手段,而且是一种"潜在的分层和分类机制"(华康德,2014 年,第 1699 页),持续不断地塑造着社会和物理空间,对社会底层地区的形态、就业、结构和社会生活影响尤大。国家的物质性权力和象征性权利不断透过阶级和空间结构向下渗透,由此塑造了大都市的边缘地区。华康德在 2008 年提出了发达边缘性的概念,将其视作后工业城市中的支配性贫困机制,其特征包括工资工作的碎片化和社会地位的倒退,另外还包括福特主义—凯恩斯主义时代工人阶级社区以亲属关系—场所为基础的互惠性社会经济的膨胀。

对城市研究的贡献

华康德常常在世界各地发表演说,他的观点不仅局限在学术圈内,也对公共领域产生了影响,特别是在欧洲和拉丁美洲。他的研究对于关注新自由主义对城市底层之影响的学者尤其具有参考价值,他对新自由主义的概括——即"市场屈从国家规划"(通过经济去管制、有限的工资福利和刑罚功能的强化)影响了从社会学、人类学、犯罪学和规划到地理学、法学和社会工作的许多与城市研究有关的学科。他强调民族志能够从常识中撕开口子并打破传统的政策分类,他的研究启发研究者通过田野调查自上而下地观察新自由主义城市中的裂痕。与芝加哥学派所主张的"从现场获得观点"相反(参见本书关于伊莱贾·安德森的介绍),华康德的民族志调查不乏理论关怀,由此也引起了巨大争议。在"凝视街道"(Scrutinizing the street)中,他对当代美国城市中的种族和贫困进行了典范式的剖析,将其视作"一种缺乏反思的认识论的典型,屈从于一般观点、日常教训和官方的简单认识,就像是那些华而不实的学术工程"(华康德,2009 年 b,第 122 页)。他认为,这种缺乏反思的观点产生了认识上的错误并误导了相关政策失误,使得学术研究屈从于鼓吹新自由主义的国家精英。毫不奇怪,华康德的上述批评并没有得到美国主流社会学界的认可。他的另一个批评来自于他对阶级概念的坚持,即阶级而非族裔或宗教才是城市空间分化的主要依据,并且在法国和欧洲大都会的社会底层地区,阶级决定了生活的方式和机遇。施耐德在 2014 年批评了华康德的这一观点,认为他忽视了这些地区中不断增多的非洲和阿拉伯青年,并质疑说,如果他们所生活的社会里没有种族歧视、种族定性和警察暴力,他们怎么会将别人的房子点燃呢? 对此华康德回应称,阶级的重要性在于它一种经验现实,一方面是数量虽小但具有空间移动性的后殖民主义小资产阶级的崛起,另一方面是各地在外来人口和本国人口之结构性方面的相似性。

华康德对城市研究最为重要的贡献在于他揭示了如下现象:由于忽视象征性结构在城市边缘性之生成过程中的作用,研究者们将社区视为贫困的原因,却没有意识到社区实际上是深层次问题的表现。大量关于社区功能的研究都基于地点决定生活的假设,忽视了场所污名化的机制及其结果。实际上,这些研究甚至因为本身对边缘社区的歧视反而强化了这一污名化。华康德通过研究发现,社会科学可以摆脱这一歧视,同时"传统那些荒唐甚至有时令人厌恶的研究,这些研究既表现了这些地区的苦难,同时又掩盖了它们"(布尔迪厄,1999 年,第 629 页)。

参考文献

Bourdieu, P. (1991) *Language and Symbolic Power*. Cambridge: Polity Press.

Bourdieu, P. (1999) *The Weight of the World: Social Suffering in Contemporary Society*. Cambridge: Polity Press.

Drake, S. and Cayton, H. (1993[1945]) *Black Metropolis: A Study of Negro in a Northern City*. Chicago: University of Chicago Press.

Goffman, E. (1963) *Stigma: Notes on the Management of Spoiled Identity*. London: Penguin.

Schneider, C. L. (2014) *Police Power and Race Riots: Urban Unrest in Paris and New York*. Philadelphia: University of Pennsylvania Press.

Wacquant, L. (2007) "Territorial stigmatization in the age at advanced marginality", *Thesis Eleven*, 9(1): 66 – 77.

Wacquant, L. (2009b) "The body, the ghetto and the penal state", *Qualitative Sociology*, 32(1): 101 – 129.

Wacquant, L. (2012) "Three steps to a historical anthropology of actually existing neoliberalism", *Social Anthropology*, 20(1): 66 – 79.

Wacquant, L. (2014) "Marginality, ethnicity and penality in the neoliberal city: An analytic cartography", *Ethnic and Racial Studies*, 37(10): 1687 – 1711.

Wacquant, L. (2016b) "Revisiting territories of relegation: Class, ethnicity and the state in the making of marginality", *Urban Studies*, 53(6): 1077 – 1088.

Wacquant, L. and Wilson, W. J. (1989) "The cost of racial and class exclusion in the inner city", *Annals of the American Academy of Political and Social Science*, 501: 8 – 25.

Wilson, W. J. (1987) *The Truly Disadvantaged : The Inner City, the Underclass, and Public Policy*. Chicago, IL: University of Chicago Press.

吴 缚 龙

FULONG WU

张一春　玛卡莱斯特学院

(1-Chun Catherine Chang，Macalester College)

243　**代表作**

Wu，F. and Yeh，A. G. （1999）"Urban spatial structure in a transitional economy：The case of Guangzhou，China"，*Journal of the American Planning Association*，65(4)：377 - 394.

Wu，F. （2002）"China's changing urban governance in the transition towards a more market-oriented economy"，*Urban Studies*，37 (9)：1071 -1093.

Wu，F. (2004) "Urban poverty and marginalization under market transition：The case of Chinese cities"，*International Journal of Urban and Regional Research*，28(2)：201 - 423.

Wu，F. (2007a) *China's Emerging Cities：The Making of New Urbanism*. London：Routledge.

Wu，F. (2015a) *Planning for Growth：Urban and Regional Planning in China*. London：Routledge.

导言

　　在 20 世纪末最剧烈的城市转型中，中国从市划经济向市场经济的过渡无疑名列其中。吴缚龙就是研究这一过程的学者之一，其领域在于城市规划和城市地理学，尤以对中国中央政府和地方政府城市治理模式转型的关注而闻名。吴缚龙的早期研究案例集中在中国的上海、广州和南京等地,揭示了改革开放以来全球化和外国投资如何促使中国政府出台有利于企业和地区营销的政策,这些政策使得中国城市从生产单位转型为资本积累场所,推动了中国城市化的快速进展。除了城市治理,吴缚龙广泛关注中国城市的其他问题,包括土地商品化、门禁社区、居住分化、拆迁、乡村移民和郊区化。对于中国从乡村社会向城市社会的转型,吴缚龙是最重要的研究者之一。

目前,吴缚龙是伦敦大学学院规划学巴特利特讲座教授,也是南京大学城 　244
市与区域规划学院的思源讲座教授。

学术经历与研究重点

吴缚龙生于上海,在中国内地和香港接受教育。他于 1986 年和 1989 年在南京大学先后获得地理学学士和硕士学位,随后留校担任讲师。1995 年,吴缚龙在香港大学城市规划和环境管理中心获得博士学位,指导教师为叶嘉安(Anthony Gar-On Yeh)教授。他的博士论文《经济改革中一座中国城市的空间结构变迁:广州的个案研究》(*Changes in the Urban Spatial Struture of a Chinese City in the Midst of Economic Reforms: A Case Study of Guangzhou*)是研究中国城市空间结构、土地利用和经济改革之关系的先驱性著作。在博士论文的基础上,吴缚龙与叶嘉安合作,于 1999 年在《美国规划协会会刊》上发表论文《转型经济体中的城市空间结构》(Urban Spatial Structure in Transitional Economy)。

在香港大学从事一年的博士后研究后,吴缚龙前往英国,并于 1998 年在南安普顿大学地理系获得教职,2004 年晋升教授(Reader)[①]。次年,吴缚龙加入卡迪夫大学(Cardiff University),在城市与区域规划学院担任东亚规划与开发教授,并兼任中国城市研究中心主任。2011 年,他又前往伦敦大学学院担任规划学巴特利特讲座教授。

吴缚龙最初的研究兴趣集中在土地利用和空间结构,他通过分析地理信息系统(GIS)数据和细胞自动机方法来理解广州的城乡变迁(参见本书关于凯伦·塞托的介绍)。他逐渐开创了多路径的研究策略,并关注起中国城市经

---

① Reader,或译为副教授、准教授,相当于美国和中国大学中的普通正教授。——译者注

济转型中出现的更多问题，其中尤其著名的是他对中国居住模式转变的研究。通过历史研究，吴缚龙探讨了从社会主义以工作为基础的居住模式向商品性门禁社区的转变，以及这一转型造成的影响。他的研究推进了对 20 世纪 90 年代末以来中国城市住房市场转型的理解，着重分析了导致边缘人群境况不断恶化的城市治理模式背后深层次的结构性要素。他对中国城市问题的广泛关注也体现在如下两部由他主编的著作中，一部是 2006 年出版的《全球化与中国城市》(*Globalization and the Chinese City*)，另一部是 2007 年出版的《崛起的中国城市：新城市主义的形成》(*China's Emerging Cities：The Making of New Urbanism*)。

尽管吴缚龙最著名的著作是从地方层面关注城市，但他同时也是中规中矩的政治经济学家，重视国家和更为广泛的新自由主义进程在当代中国城市生活中的角色。他认为，虽然市场经济改革加快了中国城市的地方主义，但国家仍然强化了对整个中国的控制（吴缚龙，2010 年）。在此基础上，他于 2015 年推出《规划为了增长：中国的城市和区域规划》(*Planning for Growth：Urban and Regional Planning in China*)，修正了以前的观点。该书揭示了中国的规划机制如何成为促进以持续发展为导向的城市化和经济发展的工具，以及成为地方政府和国家之间活跃关系的中介。

245

核心理念

在重视不同城市之间独特性的同时，吴缚龙也尝试用民族国家概念和常规性结构来理解中国的城市化模式，并构建关于当代发展的通用解释。他认为，中国城市的许多现象反映出了中国从计划经济转型为社会主义市场经济过程中的战略性和制度性变迁。在计划经济时期，城市是大多数国有企业的所在地，因此是社会主义中央计划经济的地理中心。为了保证生产，资本流动被严格控制，限制国内消费和地方建设。在社会主义市场经济阶段，中国多次调整国有企业，在中央和地方之间建立分税制，并将土地、住房和劳动力推向市场。这些改革使地方政府拥有了更多自治，也使得国内资本流入城市。吴缚龙的相当一部分研究关注了这些变革以及由此而引出的大规模变化如何使中国城市从生产中心变成资本积累的场所。

吴缚龙进一步探讨了从计划经济向社会主义市场经济的转型如何创造了

新的城市行政机构以及如何引发了城市之间的竞争。前者是市场经济的结果,市场经济打破了以工作单位为基础的传统治理结构,并促成了超越旧国家机器的新活动。国家机构中出现了新的科层,包括新成立的市级政府、城镇和乡村,还有街道办、居委会和村委会,以便管理市场经济带来的新活动。吴缚龙将这些新机构称作新的"地区性组织"(Territorial Organizations),将国家权力渗透进不同层面或社会领域(吴缚龙,2002 年)。同时,激烈的城市间竞争也促使地方政府采取越来越灵活的财政政策并调整自己在财政中的角色。在中国的制度框架中,大多数城市政府的财政收入渠道都受到严格限制,几乎只能依靠国家划定的疆界内的国有土地和乡村土地,因此一般城市通过以土地为基础、以发展为导向的策略来吸引投资(何[He]和吴缚龙,2005 年;吴缚龙,2000 年)。中国城市通过地方营销策略争夺投资,这些策略包括打造有利于企业发展的形象和叙事、设立特别开发区、对投资者采取激励措施、地租优惠、市政府与企业的密切合作以及对基础设施不断增大的投资(吴缚龙,2003年,第 66—69 页)。

　　随着越来越多的中国城市采取地方刺激策略,吴缚龙开始研究中国的城市规划体系如何为这些新策略服务。他认为,改革开放之前的城市规划旨在严格落实上级领导部门的要求并符合国家的规划标准。这一时期,城市规划师的工作主要是根据预先规定的、不可变的工业生产方案和工人基本生活标准来编制总体规划,并协调不同政府部门之间的矛盾。而在改革开放之后,城市规划师的角色更为活跃,他们可以帮助调整地方经济和发展目标以增强城市的竞争力和吸引更多的投资。他们的工作不再是满足国家五年发展计划的要求,而是朝着以项目为基础的规划方向演进。如今,中国城市规划师们不仅编制总体规划、撰写政策报告和决策咨询,而且要构思有吸引力的口号——人们以为规划师可以预见未来、调整经济结构和促进战略性基础设施的建设(吴缚龙,2007 年 b,第 382 页)。规划师角色的变化为中国城市规划引入了更多的活力,尤其是在编制总体规划和战略发展方案时引入了国际专业人员;对于此前僵化的规划,国际专业人员通过引入私有规划企业等利益集团促进了规划的多样性。但吴缚龙也指出了这一看上去更民主的规划方式的局限,国际专业人员只为其客户服务,也就是地方政府官员——他们的首要目标是帮助市长或党的官员实现自己的设想,因此也就无法满足本地居民的愿望(吴缚龙,2007 年 b, 2015 年 a)。

246

吴缚龙认为，中国城市规划功能的转变反映了国家在市场转型和社会主义资本主义(Socialist Capitalism)形成中的支配地位。如今，规划成为中国城市应对新挑战的手段，也是在国家制度变迁中保证自身不被裁撤的工具。因此，中国的城市规划与西方全然不同。在吴缚龙看来，尽管英国和美国的城市规划被视作阻挠经济增长的官僚主义局限，因此已经高度"流水线作业"（吴缚龙，2015 年 a，第 116 页、190 页）；但由于在中国被视作促进增长的必需手段，城市规划无论是作为政策工具还是作为一门专业，在中国都在快速发展。资本主义全球化导致西欧和北美国家的政府功能"空心化"，中国城市规划机制的变迁却反映出国家在调整发展目标中的影响。

但与西欧和北美类似，全球化和市场经济改革也加剧了中国的社会——地理分化。中国社会普遍相信经济发展最终将普惠全体国民，这使得服务于增长的规划具备了合理性。他近期的研究通过分析城市景观的不平等探讨了这一问题，包括城市贫困的空间集中（2004 年）、门禁社区（2005 年）、郊区化（冯[Feng]等，2008 年）、城中村（2009 年）、以市场为导向的新型城镇开发（沈[Shen]和吴缚龙，2012 年）和住房市场（2015 年 b）。在这些研究中，吴缚龙揭示了以增长为导向的城市开发如何强化了社会主义时期就已存在的社会和空间不平等现象。

对城市研究的贡献

对于市场经济改革以来中国城市转型的研究，吴缚龙无疑走在前列，他对中国城市发展和规划机制的变革进行了社会学式的深入研究。凭借自己在南京城市规划中的实际经验，吴缚龙与中国规划学界的许多重要人物建立了密切的学术关系，同时也是凭借自己的实际经验，吴缚龙既能对个案进行深入研究，也能够将不同城市置于中国政治经济转型的大背景中。他的研究揭示了城市化模式与规划机制间变化的关系。尤为重要的是，他以独特的视角关注了城市规划如何作为国家工具协调地方发展的目标与国家的地区间发展目标之间的平衡。这是他与其他学者相比，在当代中国城市研究中最主要的不同之处。

关于中国城市开发的不同面相，吴缚龙已发表了百余篇文章和专著。尽管他起先致力于理解中国城市治理的转型，吴缚龙近期的研究则重视社会和制度的公平正义。此外,吴缚龙如今越发重视城市研究的地方化,尝试进行比较研究,也就是詹妮弗·罗宾逊所主张的研究路径,以更好地理解全球南部城市的独特性,避免将其纳入来自全球北部城市的经验之中(吴缚龙,2015 年 a,第 207 页;参见本书关于安娜雅·罗伊的介绍)。这一方法也引领了对于中国城市的新研究。几十年来,对中国城市的研究可以归纳为中国例外论(Chinese Exceptionalism),即其发展演变与现有理论不符,也包括吴缚龙自己对中国的解释。这一例外论制约了进一步的研究和探讨,也阻碍了整体理论的形成。幸运的是,吴缚龙等学者如今的努力正在为中国城市构建新的分析框架,将其纳入对全球南部城市的研究之中。

参考文献

Feng, J., Zhou, Y. and Wu, F. (2008) "New trends of suburbanization in Beijing since 1990: From government-led to market-oriented", *Regional Studies*, 42(1): 83 - 99.

He, S. and Wu, F. (2005) "Property-led redevelopment in post-reform China: A case study of Xintiandi redevelopment project in Shanghai", *Journal of Urban Affairs*, 27 (1): 1 - 23.

Shen, J. and Wu, F. (2012) "The development of master-planned communities in Chinese suburbs: A case study of Shanghai's Thames town", *Urban Geography*, 32 (2): 183 - 203.

Wu, F. (2000) "Place promotion in Shanghai, PRC", *Cities*, 17(5): 349 - 361.

Wu, F. (2003) "Globalization, place promotion and urban development in Shanghai", *Journal of Urban Affairs*, 25(1): 55 - 78.

Wu, F. (2005) "Rediscovering the 'gate' under market transition: From work-unit compounds to commodity housing enclaves", *Housing Studies*, 20(2): 235 - 254.

Wu, F. (ed.) (2006) *Globalization and the Chinese City*. London: Routledge.

Wu, F. (2007b) "Re-orientation of the city plan: Strategic planning and design competition in China", *Geoforum*, 38(2): 379 - 392.

Wu, F. (2008) "China's great transformation: Neoliberalization as establishing a market society", *Geoforum*, 39(3): 1093 - 1096.

Wu, F. (2009) "Land development, inequality and urban villages in China", *International Journal of Urban and Regional Research*, 33(4): 885 - 889.

Wu, F. (2010) "How neoliberal is China's reform? The origins of charge during transition", *Eurasian Geography and Economics*, 51(5): 619 – 631.

Wu，F. （2015b） "Commodification and housing market cycles in Chinese cities", *International Journal of Housing Policy*, 15(1): 6 – 26.

莎伦·祖金
SHARON ZUKIN
马克·杰恩　卡迪夫大学
（Mark Jayne，Cardiff University）

代表作　　　　　　　　　　　　　　　　　　　　　　　　　249

Zukin，S.（1988）*Loft Living：Culture and Capital in Urban Change*. London：Radius.

Zukin，S.（1991）*Landscapes of Power：From Detroit to Disney World*. Berkeley：University of California Press.

Zukin，S.（1995）*The Culture of Cities*. Cambridge，MA：Blackwell.

Zukin，S.（2004）*Point of Purchase：How Shopping Changed American Culture*. London：Routledge.

Zukin，S.（2010）*Naked City：The Death and Life of Authentic Urban Places*. Oxford：Oxford University Press.

导言

　　在过去的二十年间,社会学家莎伦·祖金是最常被引用的学者之一,支配着对城市的理解。她的研究建立在对结构性政治经济变迁和日常生活之关系的仔细观察之上,促进了城市研究领域的多学科融合。简单说来,莎伦·祖金对资本与文化深感兴趣,她的研究揭示了日常生活实践与塑造城市建成环境与文化景观之政治经济力量的复杂关系。在这一领域中,她最重要的作品关注了美国,尤其是她熟知并且深爱的城市——纽约。

　　目前,莎伦·祖金是布鲁克林学院(Brooklyn College)和纽约市立大学研究生院的社会学教授，她住在曼哈顿的一栋统楼房里。

学术经历与研究重点

250　　莎伦·祖金在费城长大，1967 年毕业于伯德学院，1972 年获得哥伦比亚大学政治学博士学位。她独自出版了五本专著，与他人共同主编 4 部著作，此外还有论文、参与编写的专著章节以及报纸文章、访谈和媒体评论共 30 余篇。1996—2008 年，祖金担任布鲁克林学院的布鲁克卢丹讲席教授，获得了美国社会学学会的城市社会学林德终身成就奖，并凭借《权力景观》（*Landscape of Power*）一书获得 1991 年度的赖特·米尔斯图书奖（C. Wright Mills Book Award）。

在 1975 年第一部正式出版的论著中，祖金借助新马克思主义理论来理解南斯拉夫的政治变迁。在这部名为《超越马克思与铁托》（*Beyond Marx and Tito*）的著作中，祖金通过分析政治参与结构、决策进程和社会主义文化模式，探讨了革命激进主义的衰落与幻灭和犬儒主义的崛起，从中可以发现祖金对结构性政治经济变迁与日常生活中文化形式与实践的关注。但从该书出版到 1988 年她最具影响力也是最有代表性的作品《统楼房生活：城市变迁中的文化与资本》（*Loft Living：Culture and Capital in Urban Change*）问世，其间跨越了十三个年头；在这十三年中，祖金只在 1985 年主编了一部著作《产业政策：美国和法国的商业和政治》（*Industrial Policy：Business and Politics in the United States and France*）。

《统楼房生活》在学术界首次列出了绅士化的关键要素——绅士化如今已广为接受，并且在世界各地的城市中都可以发现。祖金的下一部代表作《权力景观》则探讨了 20 世纪 80 年代以来美国城市的转型，以及政治、经济和文化权力如何适应后工业生产和消费文化。1995 年的《城市文化》（*The Culture of Cities*）继续了上述主题，该书聚焦于城市文化如新潮咖啡馆、餐厅、流行精品店和酒吧的崛起，围绕绅士化和公共空间的博弈将城市政治的再造进行了理论升华。在 2004 年的《购物点：购物如何改变美国城市》（*Point of Purchase：How Shopping Changed American Culture*）中，祖金进一步深化了研究，以更加细致入微的方式思考消费如何改变了美国人的生活——购物激励了个人的奋斗精神，定义了社会和文化身份。2010 年的《裸城：原真性城市场所的生与死》(*Naked City: The Death and Life of Authentic Urban Places*)是她最新的著作,也是其核心观点的集大成者,探讨了城市符号经济(Symbolic Economy)、消费和原真性的概念。

除了这些广为人知的著作,祖金还有大量其他类型的作品或多或少与其核心理念相关。2002 年,她与索尔金编著了一部从纽约城市史视角反思9·11 事件的论文集,介绍了世贸中心双子塔的建立过程,揭示了这一过程中被拆除破坏的众多社区,探讨了双子塔作为"自由高塔"所要表达的民主的意图。2015 年,祖金又主编了一部关于"地方购物街"之消费实践的著作,涵盖了从阿姆斯特丹到上海的多个城市,这将她对纽约街道的研究延伸到全球不同城市。

核心理念

莎伦·祖金对城市研究的贡献主要体现在三个方面。首先,祖金的研究推进了我们对城市符号经济的理解。例如在《统楼房生活》的序言中,大卫·哈维指出祖金对城市资本与文化的研究具有里程碑式的意义,认为该书深刻理解了新型服务经济的崛起及其支持者,以及经济权力与日常生活实践相互联结的空间和场所。祖金关注的是统楼房——纽约苏荷区(Soho)废弃的工业地带中以设计为导向的居住区——的文化符号,重视被遗忘的城市空间(和房地产)如何被重新想象和利用,认为统楼房生活的背后是全球政治经济的结构性调整。祖金发现,艺术家有意无意地充当了房地产投资商和金融机构的先锋,后者着眼于 20 世纪 80 年代以后美国城市中衰败和恶劣的社区,试图从这里获取利润。城市"另一半人"的边缘生活中是低租金、小空间、灯光暗和原始的居住和工业风格的建筑,但中产阶级却受其吸引,来到这些以工人阶级为主、挤满寄居客和无家可归者、并且族裔多元的社区。这些社区受到 20 世纪30 年代华尔街金融危机以及随后几十年经济压力的影响,在城市危机——白人逃逸和郊区化、社会动荡和城市结构调整——中被废弃,艺术家们首先来到这里,这些雅皮士们(Yuppies[Young Upwardly Mobile Professionals],即年轻、向上流动的专业人士)代替了原来的居民,也引发了改变房地产市场的资本流动。这一研究中,祖金对资本和生活方式相冲突的"住房"和"娱乐场所"进行了理论关注和实证研究,这也是祖金研究的特色,展示了她的洞见和创造性。

关于资本和文化的新形态如何促成了城市符号经济的崛起，祖金在《权力景观》和《城市文化》中进行了探讨。《权力景观》揭示了 80 年代以来美国城市转型中的城市社区、公共责任和道德观念，标志着她的研究从纽约市扩展到底特律和迪士尼等更广阔的范围。通过追溯当代资本主义对美国曾经繁盛的制造业心脏地带的创造性破坏，祖金揭示了后工业生产与消费文化中的政治、经济和文化权力变迁。在随后的《城市文化》中，祖金从理论的高度探讨了两个问题——其一是城市政治的再造；其二是新崛起的城市符号经济，这一经济的基础在于金融、服务、旅游、媒体、零售和娱乐产业中的新中产阶级的身份、生活方式与社交活动，这一符号经济在街头、公园、商店、博物馆和餐馆等场所中表达、竞争和协调。

其次，祖金通过关注消费推进了我们对城市生活的理解（杰恩，2005 年）。在《购物点》中祖金指出，购物是一个"消退中"的美国梦，在购物活动中，廉价被视作"民主"，品牌等同于身份、家庭生活、性别、自我、社区和归属。她启发我们思考一系列消费空间，思考是该在高价餐厅吃饭还是享受街边小吃，是该在高价精品店购物还是在街头小店或是网上购物；她带领我们来到博物馆，让我们在"迪士尼化"的公共空间中休息，或是餐馆废弃城市空间里的社区花园。通过解析这些日常生活的实践，祖金尝试追溯财富、权力、资本、社会分化和融合是如何、在何时又在哪里被建构起来，以及在独特和一般的城市空间中有何表现（参见本书关于加西亚·坎克里尼的介绍）。例如，祖金在书中详细描绘了 19 世纪中期的伍尔沃斯连锁超市、街头的五分钱商店、百货商店和邮购商店，也通过易趣和亚马逊分析了早期的网络商城，以及香蕉共和国（Banana Republic）和 Super Stop&Shop 等主题式商店。她认为，隔都区的传统商店是丰富多彩而多样化的消费空间，应该像高端购物区一样得到应有的关注。因此，祖金批评郊区"零售盒子"（Retail Box）式购物中心以及沃尔玛这样的连锁超市巨头，并将美国家庭在商店中购买牛仔裤与中国和孟加拉国等地的工厂联系起来。

最后，祖金的近期研究对城市研究最主要的贡献在于她对原真性的探讨。在《裸城》一书中，她认为对原真性的快速而普遍性的需求推动了房价的持续上涨，导致了房地产市场过热，也推动了以消费为目标的绅士化，共同导致工人阶级、中产阶级艺术家和移民被逐出社区，实际上使得这些让美国城市社区变得"有趣"的人流离失所。在该书中,祖金仔细考察了纽约市的 6 个地区,包括威廉斯堡(Williamsburg)、哈莱姆、东村(The East Village)、联邦广场(Union Square)、红钩(Red Hook)和东纽约(East New York);研究了社区花园、跳蚤市场和少数族裔区(Ethnic Quarters)的大量出现,这些地区是当地居民对绅士化的回应。在很大程度上,该书尝试成为简·雅各布斯《美国大城市的死与生》的"发人深思的升级版",深化了《统楼房生活》等著作的观点;探讨了居民如何赋予自己的社区"场所感"(Sense of Place),在这一过程中,城市精英日益用"独特性"为工具来促进公共空间的私有化和商品化。

概括说来,通过在理论和实证研究中突出符号经济、消费和原真性的重要性——自 18 世纪现代城市出现以来便融合资本与文化与其中,如今已经是当代城市的主导因素,莎伦·祖金对城市研究产生了深刻影响。某种程度上,资本与文化的相互渗透关系现在已被视作了解全球城市变迁的核心工具,这进一步证明祖金对城市研究的贡献。她通过一系列人与场所来解释资本积累(尤其是在房地产领域)和流行文化的形态与实践(比如购物)如何揭示了精英的城市发展观与大众的日常生活经验之间的冲突和紧张。通过启发读者思考移民、艺术家、街头小贩、保安、雅皮士、艺术家—绅士化者、折扣店顾客和喜欢在美国城市中闲逛的人的生活,祖金揭示了是谁以什么样的方式定义、支配、抵抗和挑战城市公共文化的不同景象。

253

对城市研究的贡献

莎伦·祖金对城市研究最重要的贡献在于,她将文化视作与政治、经济一样重要且独立的主题,并以此为切入口推进了我们对城市的理解。由此,她的研究涉及许多方面,这些方面都已有研究者进行了为数众多的研究(包括阶级、房地产、规划、政策、日常生活、绅士化、身份、公共空间的过滤机制和消费)。

与同时代广受引用的学者如大卫·哈维、爱德华·索佳、迈克·戴维斯、萨斯基亚·萨森等类似,祖金的观点形成于对城市生活全球化的关注,并尤其受到那些探讨城市日常社会和文化生活之政治经济的学者的影响,包括本雅明、布尔迪厄、亨利·列斐伏尔、米歇尔·德塞托、简·雅各布斯和理查德·桑内特等。她近期的研究则批评了欧洲和北美少数大城市的政治、经济、社会和文化实践主导了城市研究的现象（贝尔［Bell］和杰恩，2006 年；埃登索尔［Edensor］和杰恩，2012 年；罗宾逊，2006 年）。她认为，这些粗线条的研究限制了我们对世界其他地区城市的理解和想象，在揭示一面的同时也遮蔽了另外一面。

除此之外，祖金通过关注资本与文化的关系，有力推动了我们对美国城市如何以及为何转型的理解，尤其是一系列案例详实的研究揭示了纽约的经历。她的研究探讨了去工业化、绅士化、移民和新中产阶级的崛起如何改造了城市，以及这些因素如何成为并且仍将继续成为学术界理解城市的基石。

参考文献

Bell, D. and Jayne, M. (2006) *Small Cities: Urban Experience Beyond the Metropolis*. London: Routledge.

Edensor, T. and Jayne, M. (2012) *Urban Theory Beyond the West: A World of Cities*. London: Routledge.

Jacobs, J. (1961) *The Death and Life of Great American Cities*. New York: Random House.

254   Jayne, M. (2005) *Cities and Consumption*. London: Routledge.

Robinson, J. (2006) *The Ordinary City: Between Modernity and Development*. London: Routledge.

Sorkin, M. Zukin, S. (2002) *After the World Trade Center: Rethinking New York City*. London: Routledge.

Zukin, S. (1975) *Beyond Marx and Tito: Theory and Practice in Yugoslav Socialism*. Cambridge: Cambridge University Press.

Zukin, S. (1985) *Industrial Policy: Business and Politics in the United States and France*. New York: Praeger.

Zukin, S. (1989) "Urban lifestyles: Diversity and standardization in spaces of consumption", *Urban Studies*, 35(5-6): 825-839.

Zukin, S. and DiMaggio, P. (1990) *Structures of Capital: The Social Organizations of the Economy*. Cambridge: Cambridge University Press.

Zukin, S., Kasinitz, P. and Xiangming, C. (eds) (2015) *Global Cities, Local Streets: Social Spaces and Everyday Diversity*. New York: Routledge.

Aalborg(奥尔堡),82 - 84

Aarhus University(奥尔胡斯大学),82

Abandoned cities(废弃的城市),102

Abu-Lughod, Ibrahim(易卜拉欣·阿布-卢哈德),16

Abu-Lughod, Janet(加内特·阿布-卢哈德),11,15 - 19

Activism(行动主义),9,81,121,129 - 130, 145 - 146, 154, 173, 178, 202, 220, 231 - 232

Actor-network theory(行动者网络理论), 138,174,231,235

Acuto, Michele, author of Chapter 31(第31章作者米歇尔·阿库托)

Adaptive learning systems(自适应学习体系),42 - 43

Adaptive urban health justice (Corburn)(适应性城市健康正义,科伯恩),73

Addams, Jane(简·亚当斯),91

Affect(影响),21,25

African Americans(非洲裔美国人),3

African cities(非洲城市),214 - 216

Agent-bases models(主体模型),35

Agglomeration economies(集聚经济),229

Alcohol consumption(酒类消费),232

Alexander, Christopher(克里斯托弗·亚历山大),161

AlSayyad, Nezar(奈泽尔·阿萨德), 255
190 - 191

Alsina, Pau(保·阿尔辛娜),166

Althusser, Louis(路易斯·阿尔都塞),64, 155,157

American Planning Association (APA)(美国规划协会),85

American preferences(美国人的偏好),43

Amin, Ash(阿什·阿明),7 - 11,21 - 25,205

Amderson, Elijah(伊莱贾·安德森),7, 11,27 - 32,96

Annales historians(年鉴学派历史学家),17

Anthropocene, the(人类世),5

Anticipatory evolution(预期的进化),43

Architecture(建筑),138

Architecture Media Organization (AMO)(建筑媒介组织),147,149

Arendt, Hannah(汉娜·阿伦特),202

Aristotle(亚里士多德),83 - 85

Arrow, Kenneth(肯尼斯·阿罗),106

"assemblage" concept("集聚"概念), 138,198

Associations(协会),3 - 4

Authenticity, demand for(对原真性的需求),252

Bacon, Francis(弗朗西斯·培根),83

Barnfield, Andrew, author of Chapter 10
（第 10 章作者安德鲁·巴菲尔德）

Batty, Michael(迈克尔·巴蒂),9,11,33 -
44,210 - 211

Becker, Gary(加里·贝克尔),106

Becker, Howard(霍华德·贝克尔),9,28

Beer, David, author of Chapter 26（第 26
章作者戴维·比尔）

Benjamin, Walter（本雅明）,48,78,
185,253

256　Berkeley, University of California at(加利
福尼亚大学伯克利分校),58,64,70,237

Berman, Marshall(马歇尔·伯曼),77

Berry, Brian(布赖恩·贝利),9,11,39 - 44

Bettencourt, Louis(路易斯·贝特科特),
210 - 211

"bigness" concept("宏大"概念),150

Bike lanes(自行车道),180

Bio-security(生物安全),143 - 145

Black Americans(非洲裔美国人),28 - 32,
60,107,172,239,241

Blumer, Herbert(赫伯特·布卢默),30

Bogata(波哥大),177 - 181

Bouman, Ole(奥利·博曼),149

Bourdieu, Pierre(皮埃尔·布尔迪厄),70,
237 - 241,253

Boyer, M. Christine(M. 克里斯蒂娜·博
耶),9,11,45 - 50

Brazil(巴西),57 - 61

Brenner, Neil(尼尔·布雷纳),8,11,19,
51 - 55,188,199,229

Breton, Andre(布勒东),153

British Empire(大英帝国),136

Brooklyn College（布鲁克林学院),
249 - 250

Buenos Aires(布宜诺斯艾利斯),3

Bureaucarcy(官僚机构),233

Bus rapid tansit (BRT) systems(快速公交
系统),178,181

Caceres, G(G. 卡萨勒斯),59

Cairns, Stephen（斯蒂芬·凯恩斯),
136,138

Calcutta see Kolkata(加尔各答)

Caldeira, Teresa(特蕾莎·卡德丽亚),11,
31,57 - 61

"calm technology"("镇静技术"),142

Cambridge University(剑桥大学),21 - 22,
64,88,166

Canada(加拿大),232

Cape Town University(开普敦大学),214

Capital investment(资本投资),222

Capitalism(资本主义),8,75 - 79,117,
120 -121,220,226,229

Cardiff University(卡迪夫大学),34,244

Cardoso, Fernando Henrique(费尔南多·
恩里克·卡多佐),58

Cardoso, Ruth(露丝·卡多佐),58

Case study research(个案研究),82,84,
199,208 - 209,227

Castells, Manuel(曼纽尔·卡斯特),11,
17,63 - 67,118,157,226

Catal Hoyuk(加泰土丘),132

Cayton, H. (凯顿),238

Cellular automata(细胞自动机),35

Centner, Ryan, author of Chapter 21(第
21 章作者瑞恩·森特纳)

Centrality(中心性),199,225

Centre Europeen de Sociologie et de
Science Politique(欧洲社会科学研究中
心),237

Centre for Advanced Spatial Analysis
(CASA) at UCL(伦敦大学学院高级空
间研究院),34,37

Centre-periphery model（中心—边缘模
型),59

Chadwick，Edwin(埃德温·查德威克)，91

Chadwick，George(乔治·查德威克)，34

Chakrabarty，Dipesh(迪佩什·查克里巴蒂)，185

Chang，I-Chun Catherine，author of Chapter 39(第39章作者张一春)

Chicago and the University of Chicago(芝加哥和芝加哥大学)，27 - 29，40，106，172，174，185，196，202，221，238，241

China(中国)，2，7，208 - 211，243 - 247

Christopherson，Susan(苏珊·克里斯托弗森)，226

Citations(引用)，44

Citizenship(公民身份)，57，60，196，199，215

"city tableaux"(Boyer)(博耶的"城市舞台")，48

City University of New York(CUNY)(纽约市立大学)，119，219 - 220，249

Civil society(市民社会)，222

Class divisions(阶级分化)，3，7，19，27 - 32，47，59 - 60，65 - 66，76 - 77，94 - 95，121 - 127，137，157，180，197，202，205，221 - 223，238 - 241，251 - 253

Climate change(气候变迁)，71，210

Clustering of firms(企业集聚)，227 - 228

Coase，R. H.(科斯)，227

Cobb，Jonathan(乔纳森·科布)，202

Cocola-Gant，Agustin，author of Chapter 6(第6章作者奥古斯丁·科科拉-甘特)

Cohender，Patrick(帕特里克·科恩德)，22

Collective memory(集体记忆)，46 - 49

Colombia(哥伦比亚)，178

Colonisation(殖民化)，41，184

Columbia University(哥伦比亚大学)，196

Commons(普通人)，23 - 24，77，217 - 218

Community(社区)，9，22，27 - 28，49，64，71 - 73，84，109，124，129 - 130，133，202，204，223，251 - 252

Comparative urbanism(比较城市研究)，55，183 - 188

Competition，local(地方竞争)，106

Complexity，problems of(复杂性问题)，5 - 6

Complexity theory(复杂性理论)，35

Computers，use of(利用计算机)，19，142

Concepts，nature of(概念的属性)，7 - 8

Congestion(拥堵)，150，175

Consultancy，international(国际专业人员)，246

Consumption(消费)，94 - 97，118，126，148，150，245，250 - 253

Collective(集体消费)，20，79，82

Corburn，Jason(贾森·科伯恩)，11，69 - 74

Couclelis，Helen，author of Chapter 4(第4章作者海伦·库克蕾丝)

Crang，Mike(迈克·克朗)，114

"creative destruction"("创造性破坏")，119 - 120，251

Critical urbanism(批评的城市研究)，55

Cronon，William(威廉·克罗农)，144

Crowds(人群)，204

"cultural property"(J. M. Jacobs)("文化资产")，135

Culture(文化)，95 - 96，201，251

Cyber-society(赛博社会)，63 - 64

Cyborg concept(赛博格概念)，90 - 91，167 - 169

Davis，Mike(迈克·戴维斯)，11，31，75 - 79，116，232，253

Dear，Michael(迈克尔·迪尔)，79，226

De Certeau，Michael(米歇尔·德塞托)，157，253

DeLand，Michael，author of Chapter 3(第3章作者迈克尔·德兰)

Deleuze, Gilles（吉尔·德勒兹），47，137，215

De-materialization(去物质化)，167

De-modernization(去现代化)，115

De-nationalization(去国家化)，197

Deng Xiao Ping(邓小平)，43

Denmark(丹麦)，9

Design thinking（设计思考），144－145，149，163

Detroit(底特律)，107

Developmentalism(发展主义)，183－187

Dewey, John(约翰·杜威)，70，73，160

Disciplinary boundaries(学科边界)，249

Discipline and human behaviour(规训与人类行为)，46－47

Discrimination(歧视)，27，29，58，70，75，127，241

"disjunctive democracy"（"断裂的民主"），60

257

Disneyland and "Disneyfication"（"迪士尼与迪士尼化"），251－252

Diversity(多样性)，5－6，10－11，23－24，36，41，55，59，99，106－107，129－131，187，203，209－211，234，239

Doherty, Joe(乔·多伊蒂)，220

Drake, S.（S. 德雷克），238

Dreyfus, H.（H. 德雷福斯），83－84

Driessen, Clemens, author of Chapter 22（第22章作者克莱门斯·德莱森）

Durban(德班)，184，187

Durham University(杜伦大学)，22

"ecological imaginaries"（Gandy）（"生态意象"），88－89

Ecological problems posed by cities（城市带来的生态问题），4－5

Economic problems posed by cities(城市带来的经济问题)，2

Edinburgh University(爱丁堡大学)，136

Editorials in academic journals(学术期刊编辑)，36

Eisenman, Peter(彼得·艾森曼)，148

Employment(就业)，69，118－121，125，187

Engels, Friedrich（弗雷德里克·恩格斯），155

Entrepreneurialism(企业主义)，118，120，173，243，245

Environmental change, global(全球环境变迁)，210

Environmental psychology(环境心理学)，161－162

Environmentalism(环境主义)，77

Erikson, Erik（埃里克·埃里克森），202－203

Erskine, Ralph（拉尔夫·厄斯金），100－101

Essletzbichler, Jurgen, author of Chapter 16(第16章作者于尔根·艾斯莱比克勒)

Ethnicity(族裔性)，21，239，241

ethnography(民族志)，7，27，57－58，204－205，213－216，232，238－241

Everyday activities(日常活动)

Necessary, optional and social(必要活动、可选活动和社交活动)，101－102

Theory of(日常生活的理论)，157

Evolutionary urbanism(渐进的城市主义)，41－43

Exclusion(排斥)，9，76－78，81，87，222

Experiential knowledge(经验知识)，102

Experimentation(实验)，149－150，157，214

Externalities(外部性)，106，109

Face-to-face interaction（面对面交流），225，228

"familiar strangers"（"熟悉的陌生人"），24

Fear(恐惧)，59，120，174，235

Feminism(女权主义),123-127,137,190,231-232

Feral Robots project(野蛮机器人项目),143

Film industry(电影工业),229

Financial markets(金融市场),120

Florence(佛罗伦萨),160

Florida, Richard(理查德·佛罗里达),133,229

Flyvbjerg, Bent(傅以斌),9,11,81-86

Foucauldian thinking(福柯式的思考),49-50,81,83

Foucault, Michel(米歇尔·福柯),46-47,82-85,155,204,231-235

Fox, Renee(勒尼·福克斯),28-29

Fractals(分形),134-135

Fragkias, Michail, author of Chapter 33(第33章作者麦琪尔·弗兰基亚斯)

Frank, Andre Gunder(安德烈·贡德·弗兰克),19

Freudenberg, Nick(尼克·弗罗伊登伯格),70

Friedman, John(约翰·弗里德曼),226

Friedman, Milton(米尔顿·弗里德曼),42

Galvis, Juan Pablo, author of Chapter 28(第28章作者胡安·巴勃罗·加维斯)

Gandy, Matthew(马修·甘迪),11,87-91

Garcia Canclini, Nestor(内斯特·加西亚·坎克里尼),11,93-97

Garden City movement(田园城市运动),130

Gated communities(门禁社区),59-61,244

Geddes, Patrick(帕特里克·盖迪斯),43,91

Geertz, Clifford(克利福德·格尔茨),27

Gehl, Ingrid(英格丽德·吉尔),100

Gehl, Jan(简·吉尔),8,11,99-103,161,179

Gemzoe, Lars(拉斯·格姆伊),102

Gender relations(性别关系),60,125,190

Genealogical approaches(谱系学路径),45,47,232

General systems theory(整体系统理论),41

"generic city" concept(广谱城市概念),150-151

Gentrification(绅士化),28-29,81,103,120,126,133,219-223,250-253

Geography(地理)
  "quantitative revolution" in(地理学的"量化革命"),118
  "without scale"("无范围"),55

Gertner, J.(简·吉尔),105

Ghetto and ghettoization(隔都区与隔都化),30-31,238-240,252

Gibson, William(威廉·吉布森),47

Giglia, Angela, author of Chapter 14(第14章作者安杰拉·吉利阿)

Gills, Barry(巴里·吉尔斯),19

Giuliani, Rudolph(鲁道夫·朱利安尼),179,222

Glaeser, Edward L.(爱德华·格莱泽),9,11,105-109,116,133,229

Global cities(全球城市),7,15,17,53,66-67,185-187,195-199

Global financial crisis(2007-2008)(2007—2008年全球金融危机),119-120,222

Global South(全球南部),177-181,183-188,193,213-216,247

"global street" concept("全球街道"概念),198

Globalization(全球化),21-22,53,67,120-121,195-198,243,246,253
  In relation to culture(与文化相关的全球化),95-96

Goffman, Erving(欧文·戈夫曼),28,240

Goldsmiths College, London(伦敦大学金匠学院),214

Goldstein, Andy(安迪·古德斯坦),97

Google Maps(谷歌地图),169

Gori, Paolo(保罗·格里),97

Gottdiener, Mark(马克·戈特迪纳),157

Governance(治理),52,59,69,71,82 - 86,91,112,179,181,191 - 192,199,215,231 - 236,243 - 247

Graham, S.(斯蒂芬·格拉汉姆),11,25,79,111 - 116

"grain", urban (Lynch)(林奇的城市"纹理"概念),161

Gregory, Derek(德雷克·格里高利),157

Grounded analysis(在地化分析),232

"growth first" stategy(发展优先战略),243

"growth machine" thesis("发展机器"理论),171 - 175

Guterman, Norbert(诺伯特·古特曼),154

Habermas, Jurgen(于尔根·哈贝马斯),204

Halbwachs, Maurice(莫里斯·哈布瓦赫),46

Hall, Peter(彼得·霍尔),199

Hamilton, Alice(爱丽丝·汉密尔顿),91

Haraway, Donna(唐娜·哈拉维),90,144,167

Harvard University(哈佛大学),40,51,105,107,148

Harvey, David(大卫·哈维),8 - 11,25,42,47,66,77,89,109,117 - 121,156 - 157,220,226,229,251,253

Hay, Richard Jr(小理查德·海耶),16

Hayden, Dolores(多洛伊斯·海登),7,11,48,123 - 127

Hayles, Katherine N.(凯瑟琳·N.海勒斯),167

Health equity(健康公平),71 - 73

Healthy Development Measurement Tool (HDMT)(健康发展量化工具),72

Heathcott, Joseph, author of Chapter 1(第 1 章作者约瑟夫·希斯考特)

Hecker, T.(T.赫克),151

Hegel, G. W. F.(黑格尔),154

Heidegger, Martin(马丁·海德格尔),154

Hepworth, Mark(马克·赫普沃斯),112

Heritage conservation(历史遗迹保护),9

Hilbrandt, Hanna, author of Chapter 30(第 30 章作者汉娜·西尔布兰特)

Historians, urban(城市史学家),7

Historical antecedents of cities(城市的前身),49,201

Holston, James(詹姆斯·霍尔斯顿),58 - 60

Housing(住房),3,7,59 - 63,69,78,97,107 - 109,124 - 127,130,138,179,191,202,205,219,221,223,244 - 247

Howard, Ebenezer(埃比尼泽·霍华德),91,130

Hoyt, Homer(霍默·霍伊特),221

Hubbard, Phil, author of Chapter 9(第 9 章作者菲尔·哈伯德)

Human capital(人力资本),107,109

Humanistic orientations(以宜居为导向),162 - 163

Huntington, Samuel(塞缪尔·亨廷顿),196

Hybridization(混杂),95 - 96

Identity(身份),23,25,29,118,126,150 - 151,161,201 - 205,239 - 240,252 - 253

"imageability"(Lynch)(林奇的"可想象性"),163

Imagery of cities(城市意象),48

258

Imperial legacies(帝国遗产),136 – 139

"implosion-explosion" processes("内爆—外爆"进程),54,156

Import replacement by cities(城市的进口替代),132

India(印度),189 – 190,209 – 211

Industry(产业),40,192,227 – 229

Informality, urban (Roy)(罗伊的城市非正式性),191

"information overlay"(Mitchell)(米切尔的"城市信息膜"),169

"informational society"("信息社会"),66 – 67

Infrastructural problems pose by cities(城市带来的基础设施问题),4

Infrastructure, study of(对基础设施的研究),112 – 114

Installations(设施),141 – 145

Institut d'Etudes Politiques de Paris(巴黎政治学院),226

Institutional problems posed by cities(城市带来的制度问题),3 – 4

Insurgence(叛乱),60

"interculturalism"(Garcia Canclini)(加西亚·坎科里尼的"文化国际主义"),95 – 96

Intergovernmental Panel on Climate Change (IPCC)(气候变迁政府间专业小组),210

International Monetary Fund(国际货币基金组织),78

Internet, the(互联网),166,169

"internet of things"("物联网"),142

Invaded cities(被入侵的城市),102

"Islamic" urbanism("伊斯兰"城市生活),19

Iveson, Kurt, author of Chapter 17(第17章作者库尔特·艾夫森)

Jacobs, Jane(简·雅各布斯),1,10 – 11,70,101,106 – 107,116,129,161,179,233,252 – 253

Jacobs, Jane M.(珍妮·M.雅各布斯),11,135 – 139

Jakarta(雅加达),214 – 215

Janowitz, Morris(莫里斯·贾诺维茨),28

Jayne, Mark, author of Chapter 40(第40章作者马克·杰恩)

Jelly's Bar, Chicago(芝加哥杰里士酒吧),28 – 29

Jeremijenko, Natalie(娜塔莉·杰罗米年科),8 – 11,141 – 146

Jessop, Bob(鲍勃·杰索普),52

Johns Hopkins University, Baltimore(巴尔的摩约翰·霍普金斯大学),118,220

Jones, Martin(马丁·琼斯),52

Karvonen, Andrew, author of Chapter 13(第13章作者安德鲁·卡夫嫩)

Kasarda, John(约翰·卡萨达),40

Katz, Cindi(辛迪·卡茨),188,217

Katz, Michael B.(迈克尔·卡茨),31 – 32

Kaufmann, Robert(罗伯特·考夫曼),208

Keil, Roger(罗杰·基尔),52

Kemeny, Thomas(托马斯·凯米尼),227

Kepes, Gyorgy(吉尔吉·科普斯),160

Kern, Leslie, author of Chapter 19(第19章作者莱斯利·克恩)

King, Martin Luther(马丁·路德·金),118

King, Rodney(罗德尼·金),76

Konwledge spillovers(知识溢出),106,109

Koch, Regan, author of Chapter 37 and co-editor(本书编者之一、第37章作者里甘·科克)

Kolkata(加尔各答),190 – 192

Kondratiev waves(康德拉杰耶夫长波),41

Koolhaas, R. L.(雷·库尔汉斯),11,147

- 152

Krieger, Nancy(南希·克里格),70

Kuznets cycles(库兹涅茨周期),41

Labov, William(威廉·拉博夫),28

Lacan, Jacques(雅克·拉康),155

Lagos(拉各斯),91,148,151 - 152

Land-use changes（土地利用模式变迁）, 208 - 209,244

Landscape, concept of(景观的概念),88

Landscape art(景观艺术),144

Landscape ecology(景观生态学),208 - 209

Latham, Alan, author of Chapter 32 and 36 and co-editor（第 32 章和第 36 章作者、本书主编之一艾伦·莱瑟姆）

Latin America(拉丁美洲),61,94 - 95

Latour, Bruno(布鲁诺·拉图尔),70,138, 174,235

Laws, David(戴维·劳斯),70

Le Corbusier(勒柯布西耶),131

Lefebvre, Henri(亨利·列斐伏尔),8 - 11,47,51 - 54,64,66,113,118 - 119, 153 -158,222,253

Lehman Brothers(雷曼兄弟),121

Lewis, Oscar(奥斯卡·刘易斯),97

Licensing(执照),232 - 233

Lippman, Janet(加内特·李普曼),16；参见 Abu-Lughod, Janet(加内特·阿布-卢哈德)

Local explanation and description(本地解释与描述),6 - 7

Local government（地方政府）, 70, 105, 109,173,221,234,245

Logan, John(约翰·洛根),171 - 175

Lombard，Melaine, author of Chapter 11 （第 11 章作者梅拉妮·隆巴德）

Lomnitz, Larissa(拉里萨·罗蒙尼兹),97

London School of Economics(伦敦经济学院),196,202,226

Long, Richard(理查德·朗),91

Long-wave analysis of urbanization(城市化长波分析),41 - 42

Los Angeles（洛杉矶）, 75 - 79, 160, 226 - 229

Los Angeles, University of California at (UCLA)（加利福尼亚大学洛杉矶分校),189,226

Los Angeles River(洛杉矶河),90

Lucas, Robert(罗伯特·卢卡斯),106

Lynch, Kevin（凯文·林奇）, 8, 11, 159 - 163

McCann, Eugene, author of Chapter 27 （第 27 章作者尤金·麦卡恩）

McFarlane, Colin, 112；author of Chapter 34（第 34 章作者科林·麦克法兰）

Machiavelli, Nicolo(马基雅维利),82 - 83

MacIntyre, A. (A. 麦金太尔),83

McLeod, Gordon(戈登·麦克劳德),52

McLoughlin, Brian（布赖恩·麦克劳林）,34

McNamara, Robert(罗伯特·麦克纳马拉),42

McNeill, D. (D. 麦克尼尔),66,103

Macroeconomics（宏观经济学）, 41 - 42,239

Madden, David(戴维·梅登),52

Makarem, Naji(纳吉·马克里姆),227

Manchester University(曼彻斯特大学),34

Manhattan(曼哈顿),46

Manhattan Institute（曼哈顿研究所）, 105,109

"Manhattanism"("曼哈顿主义"),150

Manufacturing(制造业),106,109

Marshall, Alfred（阿尔弗雷德·马歇尔),106

Marvin, Simon(西蒙·马文),111 - 114

Marx, Karl（卡尔·马克思）, 117 - 121,

153 - 155,222

Marxian theory(马克思主义理论),17 - 18,47,51,55,63 - 66,75 - 77,118 - 121, 154 - 157,174 - 175,219 - 221,238,250

Massachusetts Institute of Technology (MIT)(麻省理工学院),159 - 160, 165 - 166

Massey, Doreen(多里恩·马西),137

Matan, Annie; author of Chapter 15(第15章作者安妮·马坦),100

Materiality(物质性),21,25,166 - 168,198

Matza, David(戴维·马特扎),31

Max Planck Institute(马克斯·普朗克研究所),214

Mayer, Margit(玛吉特·梅耶),52

Mayors(市长),107,177 - 181,245 - 246

Mediatization(中介),167 - 168

Megaprojects(超级工程),84

Merrifield, A. (A. 梅里菲尔德),67, 77 - 78

Metinides, Enrique(恩里克·梅迪尼德斯),97

Metropolitan nature(大都市自然),89 - 90

Mexico City(墨西哥城),93 - 97

Micro-credit(小额信贷),190,192

Migration(移民),41,108,196 - 197,213, 222,235,243

Miles, G. C. T.(G. C. T. 迈尔斯),42

Military urbanism(军事化城市生活), 114 -116

Mills, C. Wright(赖特·米尔斯),199

Miniaturization in media technologies(媒体技术的小型化),167

"minor theory"("小理论"),188

Mitchell, William J.(威廉·米切尔),11, 47 - 48,165 - 169

Mobilities(移动性),115

Modelling(建模),9 - 10,34 - 37,108

Modernism and modernity(现代主义与现代性),49,99,101,183 - 186

Modernist planning(现代主义规划),57, 133,147 - 148

Molotch, Harvey(哈维·莫洛特克),11, 115,171 - 175

Monaco(莫纳克),3

Moreno, Louis, author of Chapter 18(第18章作者路易斯·莫雷诺)

Moses, Robert(罗伯特·摩西),130

Mourenx(穆朗新城),154

Multiculturalism(多元文化主义),24

"multiplex city" concept("复数城市"概念),25

Mumbai(孟买),91

Municipal governance(城市治理),234

Murdoch, Rupert(鲁珀特·默多克),65

Nanjing University(南京大学),244

Nation states(民族国家),53

Neighbourhoods(社区),7,48,107,121, 123,126,130,136,143,213,216 - 217, 221,233,239,241,250 - 252

Neoliberalism(新自由主义),52 - 55,60, 120,187,191,222,240 - 241

neoMarxism(新马克思主义),86,227,229

Networks(网络),1 - 6,15 - 18,21 - 25, 33,35,41,45,47,53,55,65 - 67,83,87 - 91,94 - 95,107,113 - 115,155,165 - 169,186,197,210,213 - 217,226 - 229,235

New international division of labour (NIDL)(新劳动力国际分工),228

New Left thinking(新左派思想),202

The New School, New York(纽约社会科学新学院),16 - 17

New Urbanism(新城市主义),133

New York City(纽约市),46,88 - 91,130, 132,144,185 - 187,196,219,222, 249 - 253

New York Institute for Humanities（纽约人文研究院），202

New York University（纽约大学），142，172，202；参见 City University of New York（纽约市立大学）

Newcastle-upon-Tyne University（纽卡斯尔大学），22，111

Newman, Oscar（奥斯卡·纽曼），133

NewsCorp（新闻集团），65

Nietzsche, Friedrich（弗雷德里克·尼采），82 - 83，154，232 - 233

Nihilism（虚无主义），78

North-South divide（南北分化），181，187，217

Northwestern University（西北大学），16

Nye, Joseph（约瑟夫·奈），196

Occupy movement（占领华尔街运动），119

Office for Metropolitan Architecture（OMA）（大都会建筑办公室），147 - 150

O'Malley, Pat（帕特·奥马丽），235

Ong, Aihwa（阿尔瓦·昂），193，195

"ordinary cities"（Robinson）（罗宾逊的"普通城市"），187

Osman, Taner（塔纳·奥斯曼），227

Outreach（服务范围的扩大），37

Oxford University（牛津大学），82，118

Palo Alto Research Center（PARC）（帕洛阿尔托研究中心），142

Paris（巴黎），154，238

Park, Robert（罗伯特·帕克），43

Participatory urban planning（参与式城市规划），59 - 60

Path dependence（路径依赖），228

Peck, Jamie（杰米·佩克），52，109

Penalosa, Enrique（恩里克·佩纳罗萨），8，11，177 - 181

Pennsylvania University（宾夕法尼亚大学），28 - 29

"persistent area dominance"（"持续的地区控制"），115

Perth（Australia）（珀斯），102 - 103

Philadelphia（费城），27 - 30，220 - 221

Phoenix（菲尼克斯），3

Phronesis and phronetic research（实践智慧与行知研究），83 - 85

Pinder, David, author of Chapter 24（第 24 章作者戴维·平德尔）

Pinochet, Augusto（皮诺切特），43

Place-promotion strategies（场所推进策略），245

Planners, role of（规划者的角色），246 - 247

Police powers（警察权），233 - 234

Policy-making（决策），10，70，88，173

Ponzini, Davide, author of Chapter 23（第 23 章作者戴维·庞兹尼）

Porter, Michael（迈克尔·波特），106

Positivist urbanism（实证主义城市研究），39 - 44

Postcolonial theory（后殖民理论），139，183 - 188，192 - 193

Post-Marxism（后马克思主义），49，63 - 64，121

Postmodernism（后现代主义），48 - 49，174 - 175

Post-structuralism（后结构主义），83，254

Poulantzas, Nicolas（尼科斯·普兰查斯），64

Poverty（贫困），2，27，37，61，76，105，189 - 192

Pragmatism as a philosophical tradition（作为哲学传统的实用主义），205

Pratt, Geraldine（杰拉尔德林·普拉特），137

Princeton University（普林斯顿大学），45

Problems represented by cities, typology

of(城市问题的类型),2-6

Public domain(公共领域),204

Public health(公共卫生),69-74

Public intellectuals(公共知识分子),202

Public life(公共生活),203-205

Public space(公共空间),102-103,178-180,204

　　Concept of(公共空间的概念),60

　　As meeting space, as market space and as connection space(作为集会场所、市场中心和联系节点的公共空间),102

Public Spaces Public Life (PSPL) studies(公共空间/公共生活研究),99,102-103

Public sphere(公共氛围),65

Public transport(公共交通),178-181

Purdum,T.(T. 珀德姆),78-79

"quantitative revolution"("量化革命")

In geography(地理学的量化革命),118

In social science(社会科学的量化革命),39

Racism(种族主义),30

Rappaport Institute(拉帕波特大波士顿研究院),105

Reagan, Ronald(罗纳德·里根),43

Reaganism(里根主义),118

"real virtuality"("真实的虚拟性"),65

Real wages(实际工资),108-109

Reconquered cities(再兴城市),102

Red Road towers, Glasgow(格拉斯哥红色之路综合体),138

Reddy, Rajyashree N.(拉亚什里·里迪),183

"regional science"("区域科学"),40

Regulatory mechanism(管理机制),235-236

Remote sensing(遥感),207-211

Rent gap theory(地租差额理论),221-223

Restaurant industry(餐饮业),229

"return to the city"("重返城市"),229

Revanchists and revanchist cities(复仇主义者和收复失地者的城市),222

Rhythm and rhythmanalysis(韵律和韵律分析),41,44,155-158

Riccoeur, Paul(保罗·利科),94

Rich, Adrienne(阿德里尼·里奇),137

Richmond (California)(加利福尼亚州里士满),72

Riesman, David(戴维·雷斯曼),202

"right to the city"("占有城市的权利"),9,119,156-158

Rights(权利),17,42-43,50,76,115,125,136,231,234

Rio de Janeiro(里约热内卢),73

Risk(风险),76-77,84,95,120,143,149,187,199,223,233,236

Robinson, Jennifer(詹妮弗·罗宾逊),11,55,181,183-188,192-193,199,247

Rodwin, L.(L. 罗德文),161

Roitman, Sonia, author of Chapter 8(第8章作者索尼娅·罗伊特曼)

Romer, Paul(保罗·罗默),106

Rose, Nicholas(尼古拉斯·罗斯),235

Ross, Kristin(克里斯汀·罗斯),157

Rowe, Colin(科林·罗),148

Roy, Ananya(安娜雅·罗伊),11,55,181,188-193

Sabatini, F.(F. 萨巴蒂尼),59

Salsis, Robert(罗伯特·萨尔辛斯),226-227

San Francisco(旧金山),72,227

Santa Barbara(圣芭芭拉),172

Santiago de Chile(智利圣地亚哥),59

Sao Paulo(圣保罗),58-60

Sarte, Jean-Paul(让-保罗·萨特),155

Sassen, Saskia(萨斯基亚·萨森),7,10-

260

11,67,121,186,195 – 199,253

Scale(规模),5 – 8,16 – 19,51 – 55,129 –
133,189 – 190,208 – 211,219,233 – 235,
239 – 240,243 – 245

"scatteration" process("分散化"进程),40

Scheinkman, Jose(乔斯•施可曼),106

Schmid, Christian(克里斯蒂安•施密德),
52,54

Schneider, C. L.(C. L. 施耐德),241

Schumpeter, Joseph(约瑟夫•熊彼得),
119 – 120

Scientific models(科学模型),9

Scott, Allen(艾伦•斯科特),25,79,
226 – 227

Scott, James(詹姆斯•斯科特),217,234

Seaside (Florida)(佛罗里达州海滨
城),133

Security(证券),59,79,115,143,145,174 –
175,203,235,253

Segregation(隔离)

 Racial(种族隔离),107

 Residential(居住隔离),59 – 61

Self, sense of(自我感),203 – 204

Self-organizing systems(自组织系统),5

Sennett, Richard(理查德•桑内特),7,11,
96,197,201 – 205,253

Seoul(首尔),3

September 11th 2001 attacks(9•11事件),
174,250

Seto, Karen C.(凯伦•塞托),9,11,
207 – 211

Shields, Rob(罗布•希尔兹),157

Shleifer, A.(A. 施勒夫),107

Shopping(购物),251 – 253

Silicon Valley(硅谷),228

Simmel, Georg(格奥尔格•齐美尔),120

Simone, AbdouMaliq(阿卜杜马利克•西
蒙尼),7,11,192 – 193,199,205,
213 – 217

Slater, Tom, author of Chapters 35 and 38
(第35章和第38章的作者汤姆•斯莱
特)

Slums(贫民窟),76,78,97,193

"smart cities"("智慧城市"),144,169

Smith, Neil(尼尔•史密斯),11,25,52,
89,109,116,157,219 – 223

Social cohesion(社会整合),24

Social constructivism(社会建构主义),171

Social Darwinism(社会达尔文主义),43

Social difference(社会差异),203

Social dynamics(社会变迁),6

Social identity(社会认同),25

Social justice(社会正义),60,69 – 71,145,
219,247

Social life of cities(城市社会生活),24 –
25,130,161

Social movements(社会运动),60,65 – 67

Social problems posed by cities(城市的社
会问题),3

Social science(社会科学),82 – 84

Social Sciences Citation Index(社会科学引
文目录),44

Socialist market economy(社会主义市场经
济),245 – 247

Socio-legal studies(社会—法律研究),
231 – 236

Socio-technical artefacts, cities as(作为社
会—技术产物的城市),4

"software-sorted geographies"(Graham)
(格拉汉姆"软件分类地理学"),114

Soholt, Helle(赫莱•索尔特),100

Soja, Edward(爱德华•索佳),47,79,
157,226,253

South Africa(南非),184

"space of flows"("流动空间"),67

Spatial analysis(空间分析),156 – 157

Spatial equilibrium(空间均衡),108 – 109

"spatial fix" concept("空间调整"概

念），119

Speculation(投机)，216

Spillover effects(溢出效应)，228

"splintering urbanism"（"分裂的城市生活"），111，114，116，197

Stannard，K.（K. 斯坦纳德），76 - 79

Stevens，Quentin，author of Chapter 25（第 25 章作者昆廷·斯蒂文斯）

Storper，Michael（迈克尔·斯托普），11，25，108，133，188，225 - 229

Strangerhood(陌生性)，23 - 24

"street individuals" and "street wisdom"（"街头个人"和"街头智慧"），29 - 30

"street science"（Corburn）（街头科学），72 - 73

Street vendors(街头小贩)，180

Street as the lifeblood of cities(作为城市血脉的街道)，131 - 133

Structural adjustment programmes(结构调整项目)，78

Subprime mortgage crisis(次贷危机)，121

Suburbs and suburbanization(郊区和郊区化)，124 - 127，221

Supply side economics(供给侧经济)，109

Surveillance(监视)，133，236

Susskind，Lawrence（劳伦斯·萨斯坎德），70

Sustainability(可持续性)，210 - 211

Suttles，Gerald(杰拉尔德·萨特尔斯)，28

Swyngedouw，Erik（埃里克·斯温格多），52

"systemic edges"（Sassen）（萨森的"系统边缘"），198

Systems thinking(系统思维)，41 - 42

Taft-Hartley Act(塔夫脱-哈特利法)，109

Taubman Center(塔布曼州与地方政府研究中心)，105

Taylor，Peter(彼得·泰勒)，199

Technological determinism（技术决定论），168

Technological innovation(技术创新)，225

Telecommunications(电子通讯)，113 - 114

"teleconnections" between urban land and distant places(城市土地与远距离之间的"有线联系")，210

Territorial stigmatization（地域污名），239 - 241

Texas University，Dallas(得克萨斯大学达拉斯分校)，40 - 41

Thacker，Eugene(尤金·撒切尔)，143

Thacker，Margaret（玛格丽特·撒切尔），43

Thackerism(撒切尔主义)，118

Theodore，Nik(尼克·西奥多)，52

Theorization of cities(城市理论化)，6 - 10；参见 minor theory(小理论)

"thick description"（"厚描"），214

Thinking styles(思维风格)，6 - 10

Thrift，Nigel(尼格尔·斯里夫特)，22 - 23

Time-space compression(时空压缩)，120

Tobio，K.（K. 托比奥），108

Togetherness，urban(城市聚合)，23

Tokyo(东京)，132

Toronto and the University of Toronto(多伦多与多伦多大学)，231 - 235

Touraine，Alan(图海纳)，64

Tourism(旅游业)，136，163，251

Trade(贸易)，15 - 19，41，78，216，227 - 228

Traditional cities(传统城市)，102

Transactional psychology（相互影响心理学），160

Transportation（交通），40，71，113，126，177 - 181

Trickle-down effects(涓滴效应)，246 - 247

Trust(信任)，24

Turner，Frederick Jackson(弗雷德里克·杰克逊·特纳)，42

261

Tuvikene，Tauri，author of Chapter 7（第 7 章作者陶里·图夫科尼）

"ubiquitous computing"（"普世计算机"），142

Uncertainty（不确定性），97，120，151，190，216

Ungers，Oswald Mathias（奥斯瓦尔德·马赛厄斯·昂格尔），148

University College London（UCL）（伦敦大学学院），33 - 34，88，183 - 184，244

"urban"，definition of（"城市"的定义），54 - 55

Urban agenda（城市议程），121

Urban condition（城市境况），113 - 114

Urban culture（城市文化），250

Urban design（城市设计），2，8，11，36，48，99 - 103，124，126，133，144 - 147，150，159，163，178 - 179，203 - 204，246

Urban forms，evaluation of（城市形态的评估），162 - 163

Urban metabolism（城市新陈代谢），89 - 90

Urban modernity，definition of（城市现代性的定义），185

Urban studies as an academic discipline（作为学科的城市研究），2，6 - 11，18 - 19，25，39，54 - 55，61，63 - 67，79，85，103，105，115 - 116，129，157 - 158，163，169，174 - 175，180 - 181，184 - 187，193，195，199，211，213，220，229，235，237，241，249 - 253

Urban systems（城市系统），41 - 42

Urbanism，redefinition of（城市主义的再定义），151

Urbanization（城市化），77 - 78，120 - 121，156，192，207 - 210，226，243，247

"urbanization science"，（Seto）（塞托的"城市化科学"），210 - 211

Values（价值），29，31，35，48，107，116，120，160，162 - 163，173，221，223，251

Valverde，Mariana（马里亚纳·瓦尔夫德），10 - 11，199，231 - 236

Van Assche，K.（克里斯托弗·范·阿斯奇），85

Venice International Architecture Exhibition（2014）（威尼斯国际建筑展），149

Vernon，Raymond（雷蒙德·沃农），196

Visual perception of the built environment（建成环境的视觉形象），160

Vriesendrop，Madelon（马德伦·福利森德罗普），148

Wacquant，Loic（卢克·华康德），11，31，232，237 - 241

"walkability"（"步行可达性"），131

Walker，Richard（理查德·沃克），226

Wallerstein，Immanuel（伊曼纽尔·沃勒斯坦），17 - 18

Walmart（company）（沃尔玛），252

Waring，George E. Jr.（小乔治·沃林），91

Waste recycling（固体废弃物回收），88

Water flows（水流），88，91

Watts，Michael（迈克尔·瓦茨），191

Weaver，Warren（沃伦·韦弗），130

Weber，Max（and Weberian theory）（马克斯·韦伯和韦伯式的理论），174 - 175，204，238

Weiser，Mark（马克·维瑟），142

White，Edmund（艾德蒙·怀特），202

Whitehead，Alfred North（怀特海），42

Whyte，William（威廉·怀特），101，179

Wigley，Mark（马克·威格利），149

Williamson，O. E.（O. E. 威廉姆斯），227

Wilson，William Julius（威廉·朱丽叶斯·威尔逊），31，107，237 - 238

Woebken，Chris（克里斯·韦布肯），143

Wolch，Jennifer（詹妮弗·沃尔克），79，144

Wolman，Abel(埃布尔·沃尔曼)，89

Women's role(女性的角色)，60，125

Woodcock，Curtis（柯蒂斯·伍德科克），208

Woolworths stores（伍尔沃斯连锁超市），252

World Bank(世界银行)，78

World cities(世界城市)see global cities(参见全球城市)

World systems theory（世界体系论），15－18

"worlding"（Roy and Ong）（罗伊和昂的"世界化"），193

Wright，Frank Lloyd(弗兰克·劳埃德·赖特)，160

Wu，Fulong(吴缚龙)，7，11，243－247

Wyly，Elvin，author of Chapter 5(第 5 章作者埃尔文·怀利)

Xerox（company）(施乐公司)，142

Yale University(耶鲁大学)，27，29，123－124，208

Yale-NUS College，Singapore(新加坡耶鲁—新加坡国立学院)，135－136

Yang，Baojun(杨保军)，247

Ye，Junjia，author of Chapter 2(第 2 章作者叶俊佳)

Yeh，A. G.（叶嘉安），244

Young，Iris Marion（艾丽斯·马里昂·扬），60

Yugoslavia(南斯拉夫)，250

Zenghelis，Elia and Zoe(伊莱亚·泽西里斯和佐伊·泽西里斯)，148

Zoning(区划)，107，130，234－235

Zukin，Sharon（莎伦·祖金），11，31，48，249－253

版权登记号：09－2018－924

图书在版编目(CIP)数据

城市思考者：关键 40 人/(英)里甘·科克(Regan Koch)，(英)艾伦·莱瑟姆(Alan Latham)主编；李文硕译. —上海：上海三联书店，2021.8
(城市史译丛)
ISBN 978－7－5426－6502－7

Ⅰ.①城…　Ⅱ.①里…②艾…③李…　Ⅲ.①城市社会学－研究　Ⅳ.①C912.81

中国版本图书馆 CIP 数据核字(2018)第 223618 号

城市思考者：关键 40 人

主　　编 / ［英］里甘·科克(Regan Koch)　［英］艾伦·莱瑟姆(Alan Latham)
译　　者 / 李文硕

责任编辑 / 郑秀艳
装帧设计 / 一本好书
监　　制 / 姚　军
责任校对 / 张大伟　王凌霄

出版发行 / 上海三联书店
　　　　(200030)中国上海市漕溪北路 331 号 A 座 6 楼
邮购电话 / 021－22895540
印　　刷 / 上海展强印刷有限公司

版　　次 / 2021 年 8 月第 1 版
印　　次 / 2021 年 8 月第 1 次印刷
开　　本 / 710mm×1000mm　1/16
字　　数 / 300 千字
印　　张 / 20
书　　号 / ISBN 978－7－5426－6502－7/C·580
定　　价 / 78.00 元

敬启读者，如发现本书有印装质量问题，请与印刷厂联系 021－66366565